KB192755

Social Studies Education
for Students with Special Needs
- Theory and Practice -

특수교육
사회과 교육의
이론과 실제

김우리 · 이예다나 공저

학지사

머리말

　저자는 2014년부터 약 10년간 '특수아 사회과 교육' 수업을 가르쳐 왔다. 매 학기 수업을 준비하면서 예비 특수교사들에게 적합한 사회과 교육 교재가 없다는 점이 늘 어려움으로 다가왔다. 이에 다양한 자료를 수집하여 수업 자료를 직접 제작하여 활용해 왔다. 사회과 교육의 전반적인 이론을 가르치기 위해 초·중등 학생을 위한 사회과 교육 개론서와 관련 논문들을 통해 자료를 수집하였고, 특수교육대상 학생을 위한 사회과 교육 내용을 다루기 위해 기본교육과정 교사용 지도서를 참고하고 현장 교사들에게 자문을 구하여 자료를 준비하였다. 이러한 과정을 통해 수업을 준비했지만, 학생들로부터 받은 피드백은 예상을 벗어났다. 학생들은 여러 권의 교재를 참고하는 것이 번거롭고, 각 교재에서 제시된 이론이 달라 혼란을 겪고 있다고 토로했다. 무엇보다도 특수교육대상 학생을 위한 사회과 교육에 대해서 제대로 배우지 못했다는 점이 가장 큰 문제였다. 이에 따라, 모든 자료가 유기적으로 연결된 교재 그리고 특수교육대상 학생을 위한 사회과 교육이 체계적으로 설명된 교재의 필요성을 절실히 느끼게 되었다.

　이 책은 특수교육대상 학생을 위한 사회과 교육에 중점을 두어, 이론적 기초부터 수업 설계에 이르기까지 체계적으로 다루고 있다. 먼저, 사회과 교육의 이론을 제시하고, 이러한 이론이 공통교육과정과 특수교육 교육과정에서 어떻게 구현되고 있는지 설명하였다. 또한 이론적 배경을 바탕으로 특수교육대상 학생을 위한 수업 설계 방법을 제시하고, 실제 수업 사례를 통해 이를 구체적으로 이해할 수 있도록 하였다. 저자는 이 책을 통해 특수교육대상 학생을 지도하는 예비 특수교사와 현직 교사들에게 체계적이고 종합적인 가이드라인을 제공하고자 한다.

이 책은 총 3부로 구성되어 있다.

제1부에서는 특수교육대상 학생을 위한 사회과 교육의 개념과 목표를 알아보고자 하였다. 제1장에서는 사회과 교육의 본질과 학생의 특성에 맞는 교육 목표 설정에 관한 내용을 담았다. 그리고 제2장에서는 사회과 교육에 관한 다양한 이론을 통해 특수교육 사회과 교육의 목표를 다양한 관점에서 살펴보았다.

제2부에서는 특수교육대상 학생을 위한 사회과 교육의 내용, 방법 및 평가에 대한 이론과 실제를 제시하였다. 제3장에서는 교육 내용을 선정하고 구조화하는 방법을 소개하였으며, 제4장부터 제7장까지는 교육 내용에 따른 교수 · 학습 방법을 구체적으로 다루었다. 특수교육대상 학생의 사회과 교육 내용을 '지식' '과정 · 기능' '가치 · 태도'의 세 가지 범주로 나누고, 각각의 특성에 맞춘 수업 모형 및 교수 전략을 기본 형태부터 특수교육대상 학생을 위해 응용된 형태까지 구체적으로 제시하여 교사들이 현장에서 효과적으로 활용할 수 있도록 하였다. 제8장에서는 사회과 평가에 대한 이론과 함께 특수교육대상 학생을 위한 다양한 평가 방법을 소개하였다.

제3부는 사회과 교수 · 학습의 실제 사례를 중심으로 구성하였다. 현장에서의 사회과 교육을 위한 수업 설계와 교수 · 학습 방법 및 매체의 활용 방법을 설명하였다. 이를 통해 예비 특수교사와 교사들이 이론적 지식을 바탕으로 실제 수업을 설계하고 실행할 수 있는 능력을 키울 수 있도록 하였다.

이 책의 제1, 4, 5, 6, 8장은 김우리 교수가 집필하였고, 제2, 3, 7, 9, 10장은 이예다나 교수가 집필하였다. 저자는 대학교 학부 과정과 대학원 과정에서 특수교육 사회과 교육을 강의하며 쌓은 전문성을 발휘하여, 예비 특수교사 및 현직 교사들에게 가장 필요한 자료들을 엄선하여 집필하였다. 이에 이 책이 교사들에게 유용한 가이드가 되어 특수교육대상 학생을 위한 사회과 교육의 질적 향상에 이바지하기를 기대한다. 나아가, 이를 통해 특수교육대상 학생들이 자신의 권리를 이해하고 책임을 다하며, 더 나은 사회를 만들어 가는 민주시민으로 성장하는 데 도움이 되기를 진심으로 희망한다.

끝으로, 집필 과정에서 도움을 주신 분들께 감사의 마음을 전하고자 한다. 먼저,

함께 책을 써 보자는 제안에 흔쾌히 응해 주시고, 다양한 아이디어와 고민을 나누며 끝까지 집필에 최선을 다해 주신 이예다나 교수님께 깊은 감사를 드린다. 또한 바쁜 작업 과정에서 묵묵히 응원해 준 가족에게 깊은 고마움을 표한다. 사랑하는 두 딸, 서린이, 정이와 충분한 시간을 함께하지 못한 점이 마음에 남지만, 두 딸의 이해와 응원이 있었기에 이 책을 완성할 수 있었다. 아울러 이 책이 출판될 수 있도록 아낌없이 지원해 주신 학지사 김진환 사장님, 집필 과정에서 세심한 도움을 주신 윤상우 과장님, 편집을 맡아 정성을 다해 주신 박현우 선생님께 깊은 감사의 마음을 전한다.

2025년 3월

대표 저자 김우리

차례

• 머리말 _3

제1장 **사회과 교육의 개념과 목표** • 11

1. 사회과 교육의 개념 _13

2. 사회과 교육의 목표 _19

3. 특수교육 사회과 교육의 목표 _30

제2장 **사회과 교육 관련 이론** • 35

1. 시민성 전달 이론 _37

2. 반성적 탐구 이론 _43

3. 사회 비판 이론 _48

4. 사회과학 이론 _50

5. 활동 이론 _52

제3장 **사회과 교육 내용 선정 및 구조화** • 57

1. 사회과 교육 내용 구성 _59

2. 사회과 내용 구조화 _64

제4장 **사회과 지식의 교육** • 83

1. 지식의 구조 _85

2. 직접교수 _87

3. 개념학습 _90

제5장 **사회과 사고력 교육** • 109

1. 사고력의 의미와 유형 _111

2. 탐구학습 _115

3. 문제해결학습 _122

4. 의사결정학습 _132

제6장 **사회과 가치 · 태도 교육** • 145

1. 가치의 의미와 특성 _147

2. 가치명료화 모형 _149

3. 가치분석 모형 _164

제7장 **사회과 교수 · 학습 방법 및 전략** • 179

1. 사회과 교수 · 학습 방향 _181

2. 사회과 교수 · 학습 방법 _184

3. 사회과 교수 · 학습 전략 _191

제8장　사회과 평가 • 209

1. 평가의 의미와 내용 _211
2. 평가 방법 _216

제9장　사회과 수업 설계 • 233

1. 특수학교 성취기준 _235
2. 교육과정-수업-평가 일체화 _240
3. 기본교육과정 사회과의 교육과정 재구성 _245

제10장　사회과 교재 · 교구 및 매체 • 253

1. 사회과 교재 · 교구 및 매체의 개념과 기능 _255
2. 특수교육대상 학생을 위한 사회과 교재 · 교구 및 매체의 분류와
　　특성 _257
3. 사회과 교재 · 교구 및 매체의 분류 활용 수업의 예 _263

• 찾아보기 _273

제**1**장

사회과 교육의
개념과 목표

학습 목표

1. 사회과 교육과 민주시민의 개념을 알 수 있다.
2. 사회과 목표를 지식, 기능, 가치 · 태도로 나누어 설명할 수 있다.

핵심 용어

사회과 교육, 민주시민, 지식, 기능, 가치 · 태도

사회과(social studies)는 학생들에게 시민으로서의 자질을 교육하기 위한 학교의 교과를 의미하며, 이러한 교과를 가르치는 것이 사회과 교육(social studies education)이다. 다음에서는 사회과 교육의 개념과 특수교육대상 학생을 위한 사회과 교육의 개념을 제시한다. 또한 사회과 교육의 목표를 지식, 기능, 가치·태도를 포함하여 다양한 측면에서 설명하고, 특수교육에서 추구하는 사회과 목표에 대해서 설명한다.

1. 사회과 교육의 개념

1) 보편적인 사회과 교육의 개념

(1) 사회과 교육과 민주시민

사회과 교육의 정의에 대해서 학자들은 다양한 견해를 제시하였다. 하지만 그 핵심은 사회과 교육의 주요 목적이 한 사회와 국가가 필요로 하는 '훌륭한 시민(good citizen)'의 육성이라는 점이다. 바람직한 시민상에 대한 관점은 시간이 지나면서 변천해 왔다. 과거에는 국가에 충성하는 애국심 있는 시민 양성을 중시하였지만, 최근에는 지구촌 구성원으로서의 자질과 소양을 갖춘 시민 육성에 초점을 맞추고 있다. 이러한 측면에서 사회과 교육은 학교에서 학생들을 대상으로 실시하는 시민교육(civic education) 또는 시민성교육(citizenship education)이라고 할 수 있다.

사회과 교육계에서 널리 통용되어 온 사회과에 대한 정의들을 살펴보면 다음과 같다.

- 사회과는 시민성 교육을 목적으로 인간관계에 관한 경험과 지식을 통합한 교과이다 (Barr, Barth, & Shermis, 1978, p. 69).
- 사회과는 지역사회, 국가, 세계의 시민 생활에 참여하는 데 필요한 지식, 기능, 가치, 태도를 육성하는 초 · 중등학교의 교육과정이다(Banks, 1999, p. 3).
- 인간의 사회생활을 이해하는 데 필요한 사회과학적 지식과 탐구 방법을 시민교육이라는 목표를 위해 구성한 교과목이다(Martorella, 1991, p. 37).

우리나라의 학자들 또한 시민교육을 사회과의 핵심적인 부분으로 강조하고 있다. 모경환과 차경수(2021)는 "사회과는 학생들이 사회생활에 필요한 지식, 기능, 가치 ·

태도 등을 학습하여 민주사회에 요청되는 시민의 자질을 함양하게 하려는 학교의 교과목"이라고 정의하였다.

(2) 사회과 교육의 내용

미국 사회과 교육학회(National Council for the Social Studies: NCSS)는 1992년 이래 사회과 교육에 대한 정의와 함께 사회과에 들어가야 할 내용을 다음과 같이 제시하였다. "사회과는 시민적 자질을 함양시키기 위한 사회과학과 인문과학의 통합 교과이다. 학교의 교과목으로서의 사회과는 인류학, 고고학, 경제학, 지리학, 역사, 법, 철학, 정치학, 심리학, 종교 및 사회학, 인문학, 수학 및 자연과학으로부터 내용을 추출하여 통합 및 체계적으로 조직한 것이다. 사회과의 주요 목표는 학습자가 문화적으로 다양한 세계에서 민주적인 사회의 시민으로서 공공선을 위해 합리적인 의사결정 능력을 함양하도록 돕는 것이다."

이와 같이 사회과 교육은 인간의 사회생활이 주요한 내용이며, 사회과학과 인문과학을 기초로 구성되어 있다. 먼저, 사회과는 정치, 경제, 사회 및 문화적인 면에서 인간의 생활에 필요한 기본적인 지식을 가르치고, 현재 및 미래에 당면할 여러 가지 문제를 성공적으로 해결할 수 있는 능력을 기르는 교과목이다. 또한 인간의 생활은 역사적 맥락에서 이루어지는 것이기 때문에 역사적 사실에 대한 학습과 역사적 이해 및 탐구 방법 또한 사회과의 중요한 내용이다. 그리고 인간은 공간과 환경 속에서 생활하므로 지리학의 내용 또한 사회과의 주요한 부분이다. 이와 같이 일반적으로 '사회과'라고 할 때는 정치, 경제, 사회, 문화, 법, 역사, 지리 등의 내용을 모두 포괄한다.

(3) 사회과 교육의 특징

인간과 사회 현상을 탐구하고 시민의 자질을 육성하는 사회과 교육은 그 성격상 타 교과와 구별되는 몇 가지 특징을 갖는다. 첫째, 내용 측면에서 인간과 사회가 당면하고 있는 가장 중요한 문제가 사회과 교육의 주요 내용을 이룬다. 사회과 교육의 가장 큰 특징은 그것이 시대의 사회문제 또는 사회 현상과 밀접하게 관련되어 있다는 것이다. 사회문제는 시대와 장소에 따라서 다르게 나타나므로 이를 반영하는 사회과의 교육 내용도 시대와 사회에 따라 달라진다. 오늘날 인류가 당면하고 있는 주요 문제는 세계 도처의 전쟁과 테러, 환경오염에 따른 생존 위협, 질병 그리고 빈곤과 불평등의 문제 등을 들 수 있다. 또한 세계화에 따른 이주의 증가와 문화 다양성의 심화, 급격한 사회적 변동과 이로 인한 사회적 갈등 또한 사회과 교육의 주요한 내용을 이루고 있다.

둘째, 목표 측면에서 국가, 사회의 요구나 필요로부터 민감하게 영향을 받는다. 즉, 사회과는 사회 및 국가가 처해 있는 상황에서 중요하다고 생각하는 이념이나 가치들을 목표로 설정하고 학교에서 가르치게 한다. 사회과 교육은 이에 따라 사회변화나 정치적 사회화의 중요한 수단이 되기도 한다. 1960년대의 미국 사회과 교과서가 대부분 '법과 질서'를 강조하였으며 동시대의 한국 사회과 교육에서 '반공'이 가장 강조된 것도 사회과 교육이 국가적, 사회적 요구의 영향을 강하게 받고 있음을 잘 보여 준다. 우리나라의 사회과 교육과정은 국가, 사회적 요구를 적극적으로 반영해 왔다. 과거에는 애국심을 강조하는 것이 목표였으나, 제7차 교육과정부터 "사회과는 학생들이 사회생활에 필요한 지식과 기능을 익히고 민주사회의 가치와 태도를 내면화시킴으로써 '민주시민의 자질'을 육성하는 교과이다."라는 입장을 유지하고, 민주시민이 갖추어야 할 능력으로서 문제를 합리적으로 해결하는 능력, 즉 '합리적 의사결정력'을 제시하였다(교육부, 1997). 2022 개정교육과정에서도 사회과의 목표를 살펴보면, 사회과는 학생들이 시민으로서의 자질을 기르기 위해 사회 현상에 대한 기초지식과 지리, 역사, 사회과학의 개념과 원리를 습득하고 탐구하는 교과목이라고 하였다. 또한 사회과를 통해 우리 사회와 세계를 종합적으로 이해하고, 사회문제를 창의적이고 합리적으로 해결할 수 있는 능력과 태도를 기르는 것을 목표로 하였다. 궁극적으로는 개인의 성장뿐 아니라 지역사회, 국가, 세계 발전에 기여할 수 있는 책임감 있는 시민을 육성하는 것이다.

셋째, 조직 측면에서 사회과 교육은 단일한 학문 영역이 아닌 여러 학문 영역을 교육적으로 포괄하여 내용을 조직하는 종합적인 성격을 가지고 있다. 사회과는 다양한 학문(예: 정치학, 경제학, 사회학, 인류학, 지리학)의 기초 위에서 시민으로서의 생활에 필요한 내용을 초·중등학교에서 학습할 수 있도록 재조직한 것이다. 최근에는 정치학이나 경제학, 지리학, 역사학뿐만 아니라 인간과 사회의 문제를 이해하는 데 크게 기여해 온 사회학, 인류학, 심리학, 법학 등이 사회과의 중요한 내용을 차지하고 있다. 그뿐만 아니라 이들 사회과학의 연구 방법도 사회과의 교수·학습에 중요한 영향을 미치고 있다. 이와 같이 다양한 내용과 연구 방법을 통합적으로 조직한 것이 사회과의 특징이다.

2) 특수교육대상 학생 사회과 교육의 개념

(1) 특수교육대상 학생 사회과 교육과 민주시민

특수교육대상 학생에게 있어서 '사회(social studies)'는 학문, 집단, 체제, 제도, 조직 등으로 파악하는 대신 '삶'으로 해석한다(한경근, 박기범, 2016). 사회는 학생이 현재 살아가는 삶의 시간이자 공간이며 과거와 미래의 삶과 연계된다. 즉, 학습 대상으로서의 사회는 학생이 살아가는 생태학적 체계로서 자연과 인간이 공존하며 다양한 사회 현상이 일어나는 곳이다. 따라서 특수교육대상 학생에게 '사회과'는 삶이라는 생태학적 맥락에서 사회 현상에 관심을 가지고, 생활연령에 따른 사회·문화적 경험을 통해 사회에 참여하면서 민주시민의 자질을 함양하는 교과이다. 특수교육대상 학생은 사회과를 통해 실제적 사회 경험을 하고, 사회에 참여하며, 시민으로서 삶을 가꾸어 나간다.

특수교육대상 학생에게 '민주시민'은 자율적인 삶의 태도, 도덕적 인성 및 사회성, 생태시민성, 역사·문화적 소양, 민주시민성 등을 갖춘 사람이다. 여기에서 민주시민성을 갖춘 사람이란 사회 구성원 모두가 공유하는 행동 양식과 가치 및 태도를 바탕으로 자신과 공동체의 발전을 위해 노력하며 능동적인 사회 참여를 실천하는 사람을 의미한다. 이러한 맥락에서 특수교육 사회과에서는 '자율생활 역량, 대인관계 역량, 사회참여 역량'을 기르는 데 중점을 두었다. '자율생활 역량'은 자신을 바르게 이해하고 책임 있는 자기 결정력을 바탕으로 한 주체적 삶의 태도이며 독립적 개인이자 사람들과 함께 살아가는 데 필요한 기본 소양이다. '대인관계 역량'은 도덕적 인성과 사회성을 바탕으로 사람들과 상호작용하며 사회생활을 영위하는 사회적 존재의 기본 특성이다. '사회참여 역량'은 사회 현상과 문제에 관심을 갖고 시민으로서 책임과 의무를 다하는 민주시민의 소양이다.

(2) 사회과 교육의 내용

특수교육대상 학생을 위한 사회과 교육에서는 '삶'이라는 통합적 맥락을 제시해야 한다. 이에 따라 사회과의 내용은 세 가지 영역으로 구성되어 있다. 첫 번째는 자율적이고 주체적인 삶을 추구하는 '나의 삶'이다. 두 번째는 사회적·도덕적 인성을 갖추고 타인과 사회적 관계를 형성하는 '관계의 삶'이다. 세 번째는 삶의 터전을 알고 경제생활을 영위하며 역사적·문화적 소양을 갖추어 민주주의 가치를 실현하는 '시민의 삶'이다. 〈표 1-1〉은 기본교육과정에서 사회과의 내용을 요약하여 제시한 것으로, 삶이라는 주제가 등장하기 전 교육과정부터 2022 개정교육과정까지 포함한 것이다.

〈표 1-1〉 기본교육과정 사회과 내용 영역 구성의 변화

2008 기본교육과정	2011 기본교육과정	2015 기본교육과정	2022 기본교육과정
• 개인 생활 • 공동 생활 • 경제·문화 생활	• 지리 • 일반사회 • 역사	• 나의 삶(자율성) • 관계의 삶(사회·도덕적 인성, 사회적 능력) • 시민의 삶(공간과 삶, 역사·문화 소양, 민주주의 가치)	• 나의 삶(자율성) • 관계의 삶(도덕적 인성, 사회성) • 시민의 삶(인간과 자연의 공존, 역사·문화 소양, 민주시민)

(3) 사회과 교육의 특징

특수교육대상 학생을 위한 사회과 교육과 일반 학생을 위한 사회과 교육의 차이점은 학습자의 요구(needs)가 다르다는 것이다. 특수교육대상 학생을 위한 사회과 교육은 그들의 삶과 밀접하게 연결된 교육적 접근을 제공한다. 이는 단순히 지식 전달의 차원을 넘어서 학생들의 일상생활과 직접적으로 관련된 경험을 중심으로 구성

된다.

첫째, 내용적 측면에서는 특수교육대상 학생들이 일상에서 마주하는 실제적인 상황과 문제를 해결하는 데 필요한 지식과 기술을 제공한다. 이를 통해 학생들은 자신들이 살고 있는 사회를 더 잘 이해하고, 사회의 다양한 구성원과 상호작용하는 법을 배운다. 예를 들어, 실생활에서 자주 마주치는 도덕적, 경제적 문제들을 다루면서 학생들이 보다 독립적으로 생활할 수 있도록 돕는다.

둘째, 목표 측면에서는 무엇보다도 먼저 특수교육대상 학생들이 자신들의 권리와 책임을 이해하고 자율적으로 살아가는 능력을 기르는 것을 강조한다. 또한 자신을 둘러싼 주변과 지역사회의 여러 가지 모습을 알고, 상황과 맥락에 맞게 상호작용하는 방법을 익히게 한다. 궁극적인 목표는 학생이 주체적으로 사회에 참여하고 민주시민으로서의 역할을 수행하게 하는 것이다. 따라서 교육의 중점은 자기 결정력을 강화하고, 자율적으로 사회에 참여할 수 있는 능력을 배양하는 데 있다.

셋째, 조직 측면에서는 학생들의 생활연령과 발달 단계에 따라 나선형 순환의 계열화를 적용함으로써, 학생들이 반복적으로 학습 내용에 접근하면서 점진적으로 깊이 있는 지식과 기술을 쌓아 갈 수 있도록 한다. 이는 생태학적 접근과 아동중심의 경험주의 교육과정 특성을 반영한 것이다. 또한 기능적 생활중심 교육과정 원리에 따라 내용 범위를 조직하고 계열화시킴으로써, 학생들이 사회에서 실제로 살아가면서 필요한 기술을 학습하게 한다. 이 외에도 사회과 학습은 다양한 학문 분야와의 연계를 통해 이루어질 수 있다. 예를 들어, 주제를 중심으로 국어, 수학, 혹은 진로 직업 교과와 통합하여 학생들에게 더 폭넓은 지식과 실용적인 기술을 제공한다.

2. 사회과 교육의 목표[1)]

1) 사회과 교육 목표

사회과 교육 목표는 역사적으로 반성적 사고, 지식의 구조화, 탐구 기능, 사고력 등 인지적인 목표와 함께 가치·태도의 정의적인 목표, 그리고 시민의 실천적 행동 등을 강조하였다. 이러한 목표들을 지식, 기능, 가치·태도로 요약해 볼 수 있다. 각각에 대한 구체적인 내용은 다음과 같다.

(1) 지식

훌륭한 시민이 되기 위해서는 여러 가지 지식을 가지고 있어야 한다. 이러한 지식은 사회 현상에 관한 탐구를 통해 얻어지는 사실, 개념 또는 원리와 법칙으로서 사회에서 발생하는 여러 가지 문제들을 합리적으로 이해하고 해결하는 데 중요한 역할을 한다. 지식은 크게 사실(fact), 개념(concept), 일반화(generalization)로 구분해 볼 수 있다. 사실에 기반하여 개념이 형성되며, 개념들의 속성과 관련성을 파악하여 일반화를 도출해 낼 수 있다. 이러한 개념과 사실들이 일반화 지식을 설명하고 증명함으로써, 일반화 지식은 보편적이고 명확하고 객관성을 지니게 된다.

① 사실적 지식

사실적 지식이란 어떤 특정한 사건이나 사물, 인물, 현상, 제도 등에 관한 정보를 경험적인 자료에 기반하여 설명하는 것(Banks, 1999)이라고도 하고, 혹은 어떤 특정한 현상에 대하여 명확한 근거에 따라 설명이나 진술한 것(Martorella, 1991)이라고 한

---

1) 사회과 교육의 네 가지 목표에 대한 내용은 모경환, 차경수(2021), pp. 43-44, 박인현(2019), pp. 85-101에서 발췌 후 수정하였다.

다. 이는 감각을 통해서 인지되거나 자료에 의해 입증될 수도 있고, 또한 동시에 어떤 사실이나 개념 혹은 일반화 지식을 증명하기 위한 자료가 되기도 한다. 사실적 지식의 예로는 '서울은 한국의 수도이다.' '제주도는 섬이다.' '지구는 태양의 둘레를 돈다.' 등이 있다.

이러한 사실적 지식은 주로 견학, 실험, 사전, 문서 등과 같은 자료를 통해 제시된 결과나 기억된 경험 등이 그 원천이 된다. 아동은 현지에서의 견학이나 실험을 통해 자료를 확보하고, 성인들이 발견한 사실들을 아동들 스스로가 탐구과정을 통해 재발견함으로써 지식으로 연결한다. 문헌을 통해 증명된 자료는 확실하고 권위가 있는 것이어야 한다. 기억된 경험자료란 학생들 자신의 경험이나 교사나 전문가들의 경험, 또는 책이나 뉴스 등을 통한 경험 등이 포함된다.

그런데 사실적 지식을 형성하는 자료의 확실성과 권위는 때로 변경될 수 있으며, 이에 따라 지식 내용이 변경되기도 한다. 예를 들어, 과거에는 '우리나라는 사계절이 뚜렷하다.'는 것이 사실적 지식이었다. 그러나 현대에 와서 기후 변화의 영향으로 계절의 경계가 점차 모호해지고, 계절 간의 길이가 변하는 현상이 나타나면서 이러한 지식이 수정되고 있다. 따라서 모든 사실적 지식은 당시에 얻은 가장 정확하고 권위 있는 객관적인 경험적 자료에 의해 '참'으로 판단될 수 있지만, 나중에 '거짓'으로 밝혀질 수도 있다. 이처럼 사실적 지식은 시간과 함께 그 내용이 바뀔 수 있는 역동적인 성격을 가진다. 이러한 사실적 지식은 문장이나, 표, 그림, 통계 등 여러 형태로 제시될 수 있다. 사실적 지식은 그 기반으로 개념이 형성되거나 설명되어야 하며, 일반화된 지식을 증명하거나 설명하는 방법적 자료로 활용될 수 있어야 한다.

② 개념적 지식

학자들은 개념을 다양하게 정의하였다. Vygotsky는 개념을 단어의 의미와 동일하게 보는 관점을 제시하였고, 뱅크스는 공통되거나 관련된 속성을 연계시켜 주는 하나의 규칙을 가진 경험의 범위로 정의하였다. Klausmeier와 Hooper(1974)는 주변의 정보 관계를 이해하는 인지 도식으로 개념을 설명하였으며, Martorella(1991)는 많은 특수한 사례에서 하나의 일반적인 사례를 만드는 범주로 정의하였다. 여기서 '범주

(category)'는 어떤 속성에 따라 집단을 형성하는 것을 의미한다. 개념적 지식은 복잡한 사실들을 분류하고 사회 현상을 설명할 때 간략하게 표현할 수 있는 지식이다.

예를 들어, 환경미화원, 경비원, 사무원 등을 '근로직'이라는 개념으로, 교수, 의사, 연구원 등을 '전문직', 교장, 사장, 병원장 등을 '관리직'이라는 개념으로 분류할 수 있다. 이는 서로 다른 사실적 지식을 그 사실들의 공통된 속성을 파악하고 범주화하여 형성한 개념적 지식이다. 모양이 다르더라도 세 각이 있고 내각의 합이 180도인 도형을 삼각형이라고 하는 것 역시 여러 사실을 조합하여 개념을 형성한 예이다.

개념 중심의 학습은 사회과의 많은 지식을 효과적으로 익히고 체계화할 수 있다는 장점이 있다. 학생들은 개념적 지식을 통해 여러 대상을 공통된 특징과 속성에 따라 분류하거나 종합하고, 그에 의미 있는 이름을 부여하여 기억함으로써 정보를 쉽게 학습할 수 있다. 또한 개념적 지식은 추상적 사고를 가능하게 하며, 대화 시 개념적 이해가 선행되면 자세한 설명 없이도 풍부한 지식을 이해하고 효율적으로 정보를 교환할 수 있다.

③ 일반화 지식

자연과학에서 '법칙이나 원리'로 불릴 만큼 포괄적인 지식을 사회과학에서는 주로 '일반화'라고 칭한다. 자연의 법칙처럼 확고하지는 않지만, 사회 현상이 일정한 원리나 보편성을 가질 때 '일반화'라고 표현된다. 일반화 지식은 개념적 지식보다 상위 수준으로, 두 개 이상의 개념들의 상호 관계를 일정한 원리나 보편적 현상으로 나타내는 지식이다. 이는 오랜 관찰과 경험을 통해 축적된 다양한 사실적 지식과 개념적 지식을 조직적이고 체계적인 방법으로 표현할 수 있게 한다. 따라서 일반화 지식을 활용하면, 반복적으로 현상이나 사실을 표현하거나 다루는 번거로움을 줄일 수 있다. 이러한 일반화 지식은 일반적인 보편성을 지녀 경우에 따라 더욱 정교한 과학적 검증을 거쳐 '법칙' 또는 '원리' 등의 학문적 이론으로 발전할 수 있다.

일반화 지식은 두 개 이상의 개념 간의 관계를 나타내는 것이 핵심 특징이다. 일반화 지식의 예로는 '지역의 특성에 따라 사람들의 삶의 모습이 다르다.' '기후가 온난하고 강수량이 많으며 토양이 비옥하면 수목이 울창해진다.' '인간사회는 규모에 관계없이 질서 유지를 위해 규범이 존재한다.' 등이 있다.

일반화 지식의 표현은 다양하며, 간단히 일반화할 수 있는 개념들 간의 관계를 일반적 보편성에 따라 나타내기도 하고, 조건과 결론의 관계, 인과적 관계를 일반화의 요소로 사용하기도 한다. 자연현상의 법칙과 달리 사회 현상에는 예외가 많기 때문에 일반화 지식의 적용 범위를 기준으로 일반화 수준을 분류한다. 즉, 적용 범위가 넓을수록 상위 일반화, 적용 범위가 좁을수록 하위 일반화로 간주한다. 교육과정에서는 초등학교에서 중·고등학교로 올라갈수록 하위 일반화에서 상위 일반화로의 활용 빈도가 증가한다. 일반화의 계층적 구조는 다음과 같다.

- 상위 일반화: 최상위의 일반화는 법칙이나 원리로 불리기도 한다.
  예 문화는 인간 행동과 사회적 관계에 근본적인 영향을 미친다.

- 하위 일반화: 특정한 장소나 특정의 소수 표본으로부터 나온 자료에 근거한다.
  예 제주도의 연중 높은 평균기온과 비옥한 토양 그리고 해양성 기후는 감귤 재배에 적합한 조건을 제공해 준다.

(2) 기능

어떤 과제를 성취하기 위해 지식과 경험을 활용하는 능력을 기능(skill)이라 한다. 사회과에서 기능은 중요하며 실제적인 의미를 갖는다. 사회과 교육에서 지식이 '무엇'인지에 해당하는 반면, 기능은 '어떻게'에 해당한다. 예를 들어, 선거와 투표 과정에서 선거의 역사, 선거의 민주주의적 의미, 정당과 후보의 정책 등에 대한 지식은 선거에 대한 이해를 돕는다. 이는 지식 부분에 해당한다. 반면, 이 지식을 바탕으로 투표소를 찾아가고, 투표 용지를 작성하며, 투표를 완료하는 과정은 기능적 부분에 해당한다. 지식은 선거의 중요성을 이해하는 데 필요하지만, 기능은 그 지식을 활용해 실제로 투표에 참여하고 권리를 행사하는 방법을 알려 준다. 이는 선거라는 사회적 행위를 완성시키는 실질적인 행동 지침이 된다. 특수교육대상 학생의 경우, 물건을 구입할 때는 금액을 지불해야 한다는 사실을 알고 있지만, 막상 계산하는 방법을 모른다면 실제로 물건을 구입할 수 없다. 즉, 학생들은 '물건 구입'에 대한 기능을 이해하지 못한 것이다.

1980년대 후반부터 학자들은 사회과에서 필요한 기능에 대해 많은 연구(예: Banks, 1999; Martorella & Beal, 2002)를 진행해 왔다. 이들의 연구 결과를 종합해 보면, 사회과 교육에서의 기능은 기초적인 것부터 고차원적인 기능까지 포괄한다. 사회과 교육에서 다루어야 할 기능을 학습을 위한 기능을 중심으로 기초 기능, 시간과 공간적 기능, 사고 기능으로 나누어 설명하였다.

① 기초 기능

사회과 교육에서의 '기초 기능'은 정보에 접근하고 이해하기 위한 과정적 기능으로, 언어적 기능, 정보 이해 기능, 협력적 기능 등을 포함한다. 이 기능들이 중요한 이유는 사회과의 모든 정보와 지식에 접근하는 데 필수적인 기반을 마련해 주기 때문이다. 기초 기능을 구체적으로 살펴보면, '언어 및 관찰 기능' '해석 및 제작 기능' '학습참여 기능'으로 나눌 수 있다.

'언어 및 관찰 기능'은 읽기, 듣기, 쓰기, 말하기와 관찰하는 능력을 포함하며, 사회과 학습에 필수적이다. 읽기 기능은 문장의 의미를 정확히 이해하는 능력을, 듣기 기능은 정보를 그대로 수용하는 기능을 넘어 정보의 흐름에 능동적으로 참여하는 능력을 요구한다. 쓰기 기능(예: 요약, 종합, 분석, 비판적 글쓰기)은 정확한 단어 선택과 정보 정리 능력을 필요로 하며, 말하기 기능은 의사소통과 발표 능력을 중시한다. 관찰 기능은 사회 현상을 체계적으로 파악하고 정보를 수집하는 과학적인 능력이다.

'해석 및 제작 기능'은 사회과 교육에서 중요한 역할을 한다. 사회과 교육의 내용에는 문장으로 된 정보뿐만 아니라 이미지로 표현된 정보도 함께 들어 있다. 초등학교의 경우 이미지 정보의 양이 더욱 큰 비중을 차지한다. 해석 기능은 이미지화된 정보를 정확히 해석하여 언어로 표현할 수 있는 능력을 말하며, 제작 기능은 주어진 문장이나 정보를 시각적 정보로 변환하는 능력을 말한다.

'학습참여 기능'은 학습 집단 내에서 협력하여 학습 목표를 달성할 수 있는 능력을 의미한다. 이 기능은 학습자의 개별적 지식 축적과는 별개로, 학급이나 지역사회에서 공적 문제에 대한 집단 토의에 참여하고, 이를 이끌고 중재하며 협상하는 능력을 포함한다. 이는 공동의 과제를 계획하고 수행하는 데 필수적이다.

② 시간과 공간적 기능

'시간과 공간적 기능'은 사회과 교육에서 연대기적 사고 기능과 지도 및 지구본 활용 기능으로 나누어 살펴볼 수 있다. 연대기적 사고 기능은 시간의 흐름 속에서 발생한 사회적 사건이나 현상의 전후 관계를 이해하는 능력을 말한다. 이는 역사를 시간의 흐름에 따라 이해하고, 사건들이 일어난 순서와 시간적 관계를 파악하는 데 중요하다. 시간적 전후 관계의 인식은 문제해결이나 원인 분석에 필수적이므로, 사회과 교육에서는 연대기적 사고가 매우 중요한 기능이다.

지도 및 지구본 활용 기능은 공간을 이해하고 활용하는 능력으로, 사회과 교육에서 중요한 역할을 한다. 공간은 우리 눈으로 볼 수 있지만 한계가 있다. 따라서 사회과 학습에서는 주로 지도나 지구본을 활용하여 공간을 시각화하고 학습한다. 지도나 지구본에서 나타난 정보를 읽고 해석하는 능력, 또한 주어진 자료나 정보를 바탕으로 새로운 지도를 제작하는 능력은 공간에 대한 이해와 학습을 수행하는 데 필수적인 기능이다. 이러한 기능은 학생들에게 보다 깊은 지리적 이해와 공간적 사고력을 개발하는 데 도움을 준다.

③ 사고 기능

사회과 학습을 효과적으로 수행하기 위해서는 기초 기능이나 시공간적 기능만으로는 부족하다. 사회과에서는 자료 수집, 자료 비교, 올바른 판단, 합리적 결정, 새로운 해결책 모색 등의 과정이 요구되기 때문이다. 또한 이러한 기능은 정보화 사회를 넘어 4차 산업혁명 시대에 사회과 교육에서 더욱 강조되고 있다.

사고력(higher level thinking)은 과거의 경험을 단순 재생하는 것이 아니라, 문제를 새롭게 해석하고 다양한 방안 중에서 선택하여 해결하는 능력이다. 사고력에는 탐구력, 의사결정력, 비판적 사고력, 창의적 사고력, 메타인지 등이 포함된다. 사고 기능은 단순 암기나 이해를 넘어서, 문제를 해결하고자 하는 사고력을 말하며, 주도적이고 능동적인 학습자의 참여가 필수이다(Woolever & Scott, 1988). 또한 새로운 상황에서 과거의 방법을 넘어 독창적으로 문제를 해결하려는 사고 과정(모경환, 차경수, 2021)과 사회 현상이나 문제를 다양한 관점에서 바라보고 객관적으로 이해하며 창의적으로 해결할 수 있는 사고 능력(박상준, 2018)을 포함한다. 요약하자면, 사고 기능은 문제를 정확히 인식하고, 그 문제해결을 위해 지식과 정보를 수집, 분석, 평가, 활용하여 합리적이고 객관적인 해결책을 제시하는 능력이라고 할 수 있다. 여기에는 탐구 및 문제해결 기능, 의사결정 기능, 비판적 사고 기능, 창의적 사고 기능 등이 속한다.

첫째, '탐구 및 문제해결 기능'은 사고 기능 중 가장 기본적인 것으로 사회과학적 탐구력을 포함한다. 이 기능은 문제를 정확히 인식하고, 해결을 위한 가설을 세우며, 그 가설을 검증하기 위해 자료를 수집하고 분석하여 해결책을 스스로 찾아내는 사고 과정을 말한다. 가설을 세울 때는 개념 간의 관계가 논리적이고 연역적이어야 하며, 가설 검증을 위해서는 자료 수집 및 분석과 경험적 근거가 중요하다. 탐구 기능은 논리성과 과학성을 기반으로 하는 문제해결 능력을 의미한다. 예를 들어, 법의 필요성이나 지역별 생활 모습의 차이 같은 주제를 다룰 때 객관적이고 실증적인 근거를 바탕으로 결론을 도출할 수 있다.

둘째, '의사결정 기능'은 여러 대안 중에서 자신의 행동 목표에 적합한 선택을 할 수 있는 능력을 말한다. 우리는 일상에서 빈번하게 결정해야 할 상황에 직면한다. 물건 구입, 진학, 취업, 결혼, 인간관계, 대표자 선출 등의 상황에서 지속적으로 의사결정을 내려야 한다. 의사결정을 할 때 충분한 지식과 정보를 바탕으로 자신의 가치와 결정이 가져올 영향을 고려하여 신중하게 결정해야 한다. 이런 의사결정은 개인적인 차원을 넘어 공동체, 국가, 사회에 큰 영향을 미칠 수 있다.

셋째, '비판적 사고 기능'은 어떤 사물이나 현상, 지식의 순수성, 정확성, 진실성 등을 평가하는 사고 능력이다. 비판적 사고를 가진 사람은 사실과 의견, 편견과 공정성, 정보의 신뢰성, 논리적 오류를 구별할 수 있는 능력을 갖추고 있다. 이 기능은 탐구 및 의사결정 기능을 개발하는 과정에서 중요한 역할을 한다. 정보, 자료, 사실, 주장 등을 다루며 그 진실성과 정확성을 판단하는 과정이 비판적 사고에 의존하기 때문이다. 따라서 비판적 사고는 탐구와 의사결정 기능을 효과적으로 수행하도록 지원하며, 사고 기능에서 필수적인 역할을 한다.

넷째, '창의적 사고 기능'은 기존의 방법과 다른 새로운 방식으로 문제를 해결하거나 상황을 변화시키려는 능력을 의미한다. 교과 교육에서 창의적 사고를 발전시키는 것은 단순한 목적이 아니라, 이를 통해 창의적 사고를 자극하는 여러 하위 요소적 기능을 개발하는 데 중점을 둔다. 창의적 사고의 주요 요소로는 사고의 유창성, 융통성, 독창성, 정교성이 있다. 유창성은 특정 문제에 대해 다양한 반응을 생성하는 능력, 융통성은 아이디어의 다양성을 추구하는 능력, 독창성은 희귀하고 참신한 아이디어를 내는 능력, 정교성은 기존 아이디어를 발전시켜 가치를 높이는 능력을 말한다. 이러한 요소들을 통해 사회과 교육은 학생이 탐구 과정에서 다양하고 새로운 결론을 유도하고, 의사결정 과정에서 타당하고 합리적인 결론을 도출할 수 있게 돕는다.

(3) 가치 · 태도

① 가치와 가치관

'가치(value)'는 사회적 의미로는 '어떤 사물이 인간과의 관계를 통해 갖게 되는 중요성'을 말하며, 철학적으로는 '인간의 욕구나 관심의 대상이 되는 진, 선, 미를 포함한 모든 것'으로 정의된다. 많은 학자들이 가치의 개념을 다양하게 해석해 왔다. 예를 들어, 한면희(2001)는 가치를 '인간의 신념 속에서 무엇이 더 좋고 바람직한지를 결정하고, 이를 통해 자신과 타인의 신념과 행위를 판단하고 평가하는 기준'으로 보았다. 반면, Raths, Harmin, Simon(1975)은 가치를 '경험에서 비롯된 행동의 일반 지표로서, 좋음과 나쁨을 구분하고 자신의 행동이나 타인의 행동을 판단하는 표준'으로 설명하였다. 결론적으로 가치는 '삶에서 개인이 중요하다고 여기는 신념과 판단의 기준'으로 볼 수 있다.

'가치관'은 '사람들이 일정하게 지니고 있는 사물이나 행동에 대한 심리적 반응의 경향이나, 그에 대한 중요성의 정도 또는 평가 기준'을 의미한다(차경수, 모경환, 2017). 가치관은 사회적으로 학습되며, 역사적이고 전통적인 성격을 지니고 있다. 이는 행동 선택의 기준으로 작용하며, 쉽게 변하지 않는다는 특성이 있다.

　'태도(attitude)'는 '어떤 사태에 대한 호불호, 느낌, 의견 등을 나타내는 일련의 신념'으로 정의되며(Martorella, 2001), 가치나 가치관과 밀접하게 연결되어 있다. 사회과 교육에서는 가치와 태도를 종종 동의어로 사용하여 구별 없이 적용하는 경향이 있다. Krathwohl 등(1964) 역시 가치와 태도에 부여된 의미의 범위를 동일하게 보았다. 간단히 말해, 내면의 가치관이 외부로 표현되는 것이 곧 태도라고 볼 수 있다.

② 가치화

　'가치화(valuing)'는 사람들이 특정한 가치를 수용하고 그것을 자신의 내면에 통합하는 과정 및 결과를 지칭한다. 즉, 가치가 가치관으로 전환되는 과정을 의미한다. 가치는 일반적으로 사회적 배경, 상호작용, 개인 경험 등으로 형성된다(Dynneson et al., 2003). 이 가치들이 내면화되어 가치관을 형성하는 과정에는 다양한 요인이 영향을 미친다. 가치화에 영향을 미치는 요인으로는 '권위, 논리, 과학, 감각, 감정, 직관' 등을 들 수 있다.

〈표 1-2〉 가치화의 원천

권위	● 통치자나 종교 지도자 등의 권위 ● 개인의 신념이나 가치관을 형성하는 데 강한 영향을 줌
논리	● 절차나 결과물을 평가함에 있어 논리적인 설명이나 설득 ● 가치를 내면화하는 데 직접적인 원천
과학	● 가치체계를 발달시키는 구체적인 공식이나 절차 등을 적용 ● 가치 판단의 근거로 작용하는 힘 ● 가치관의 형성에 강한 영향을 미치는 요인
감각	● 감각적 경험이나 감각기관의 활용 ● 가치 판단의 방향을 제시
감정	● 낙관적이거나 비관적인 감정이 작용 ● 가치의 내면화에 강한 영향
직관	● 이성에 의존하지 않는 통찰력 ● 뜻밖의 해답을 찾아냄으로써 가치의 원천으로 작용

출처: 박인현(2019), p. 101.

2) 2022 개정공통교육과정 사회과 목표

2022 개정교육과정 사회과 목표 부분에서 기존 교육과정과 비교하여 변화를 시도한 주요 내용을 살펴보면 다음과 같다(은지용, 2023).

첫째, 총괄 목표 및 학교급별 목표의 경우 성격 부분에서의 변화와 동일하게 기존의 '사회, 국가, 인류'를 '지역사회·국가·세계'로 수정하였다.

둘째, 학교급별 목표의 경우 기존의 '개인적·사회적 문제'를 개인적·사회적·지역적 등 다양한 층위의 범위로 제시하기보다는 다양한 층위의 문제를 포괄할 수 있는 '사회적 문제'로 수정하였다.

셋째, 세부 목표의 경우 역사 영역의 지식 목표에 해당되는 기존 항목은 "각 시대의 특색을 중심으로 우리나라의 역사적 전통과 문화의 특수성을 파악하여 민족사의 발전상을 체계적으로 이해하며, 이를 바탕으로 인류 생활의 발달 과정과 각 시대의 문화적 특색을 파악한다."였다. 이를 생활사 중심의 내용 구성 방식으로 변화한 초등 사회 역사 영역의 특성을 반영하여 "역사 지식과 개념에 대한 이해를 바탕으로 과거 사람들이 각 시대의 사회구조와 상호작용한 방식과 그 영향을 탐구함으로써 시대별 생활 모습을 파악한다."로 수정하였다.

넷째, 세부 목표 부분의 태도 목표에 해당되는 기존의 항목 중 후반부 진술문인 '민주 국가 발전과 세계의 발전에 적극적으로 이바지하려는 태도'를 각 영역에서 다루는 내용 및 국가·사회적 요구를 반영하여 '개인·지역사회·국가·세계적 차원에서 지속가능한 삶을 위해 적극적으로 노력하는 태도'로 수정하였다.

요컨대, 사회과는 학생들이 시민으로서의 자질을 함양할 수 있도록 사회 현상에 관한 기초적 지식을 습득함은 물론, 지리, 역사, 제 사회과학의 기본 개념과 원리를 발견하고 탐구하는 능력을 익히는 것을 목표로 한다. 이를 통해 우리 사회의 특징과 세계의 여러 모습을 종합적으로 이해하게 하는 것이다. 또 다른 목표는 다양한 정보를 활용하여 현대 사회의 문제를 창의적, 합리적으로 해결하는 데 적극적으로 참여하는 능력과 태도를 기르는 것이다. 이를 통해 사회과는 개인을 성장시킴은 물론, 지역사회·국가·세계의 발전에 기여하는 책임 있는 시민을 기를 수 있다.

사회과는 학습자의 발달 정도와 사회·문화적 경험을 고려하여 학교급별 주안점을 달리한다. 초등학교에서는 학생들이 주변의 사회 현상에 관심과 흥미를 가지며, 생활과 관련된 기본적 지식과 능력을 습득하고, 이를 자신의 주변 환경이나 문제에 적용할 수 있는 적극적인 태도를 기른다. 중학교에서는 학생들이 초등학교에서의 학습을 바탕으로 각 영역에서 중요시하는 지식을 과학적 절차에 의하여 발견·적용하며, 사회적 문제에 관심을 갖고 지역사회·국가·세계에 속한 구성원으로서의 시민성을 함양한다. 이에 따른 2022 개정 사회과의 세부 목표는 다음과 같다.

- 사회의 여러 현상과 특성을 그 사회의 지리적 환경, 역사적 맥락, 정치·경제·사회적 제도 등과 관련지어 이해한다.
- 지표 공간의 자연환경 및 인문환경에 대한 이해를 통해 지역에 따른 인간 생활의 다양성과 역동성을 파악하고, 지역적, 국가적, 세계적 수준의 지리 문제와 쟁점에 관심을 갖는다.
- 역사 지식과 개념에 대한 이해를 바탕으로 과거 사람들이 각 시대의 사회구조와 상호작용한 방식과 그 영향을 탐구함으로써 시대별 생활 모습을 파악한다.
- 사회생활에 관한 기본적 지식과 정치·법·경제·사회·문화 현상에 대한 기본적인 원리를 종합적으로 이해하고, 현대 사회의 성격 및 민주적 사회생활을 위하여 해결해야 할 여러 문제를 파악한다.
- 인간과 사회 현상을 파악하는 데 필요한 지식과 정보를 획득, 분석, 조직, 활용하는 능력을 기르며, 공동체 생활과 관련된 여러 문제를 합리적으로 해결하기 위한 탐구 능력, 의사결정 능력 및 사회 참여 능력을 기른다.
- 개인과 사회생활을 민주적으로 운영하고, 우리 사회가 당면한 문제들에 관심을 가지고 개인·지역사회·국가·세계적 차원에서 지속가능한 삶을 위해 적극적으로 노력하는 태도를 가진다.

3. 특수교육 사회과 교육의 목표

1) 특수교육대상 학생 사회과 목표

특수교육대상 학생을 위한 사회과에서도 교육 목표를 지식, 기능, 가치·태도의 세 가지 범주로 나누어 제시하였다.

(1) 지식

특수교육대상 학생을 위한 지식은 독립적으로, 관계 속에서 그리고 삶의 공간에서 시민으로 살아가는 과정에서 알고 이해해야 하는 것으로써, 정보, 사실, 개념 등 여러 가지 형태로 제시될 수 있다. 먼저, 개인 및 사회적 상호작용 측면에서는 학생들이 자신의 건강, 안전, 자신의 특징과 같은 개인적인 요구뿐만 아니라 사회적 상호작용, 예절, 규칙 등을 아는 것이 있다. 이는 학생들이 가족, 친구, 교사와의 관계뿐 아니라 지역사회에서도 활동적으로 참여할 수 있는 기반을 마련하기 위한 것이다. 다음, 민주시민이 되기 위해 갖춰야 할 지식으로는 지역사회와 국가 내에서 자신의 권리와 책임, 공공 장소에서 지켜야 할 규칙 및 법률을 이해하는 것 등이 있다.

(2) 기능

기능은 지식에 기초해서 실제로 행동하는 것을 의미한다. 사회과에서 특수교육대상 학생을 위한 기본적인 기능으로는 자기관리 및 의사소통 능력이 있다. 일상생활에서 자기 결정을 내리고, 감정을 적절히 표현하는 능력을 개발한다. 그리고 다양한 상황에서 효과적으로 의사소통하고, 갈등 해결 및 협상을 통해 문제를 해결하는 능력을 배양한다. 또 하나의 핵심적인 기능은 사회 참여를 위해 갖추어야 할 능력이다. 공공 장소와 지역사회의 규칙에 대한 지식을 토대로 사회생활에 필요한 활동에 참여하고, 공동의 목표를 위해 다른 사람들과 협력하는 방법을 알아야 한다. 앞에서 제시한 모든 기능을 익히기 위해서는 '조사(살펴보기)' '활동/체험하기' '비교하기' '분석하기' 등의 기초 기능 및 사고 기능을 갖추어야 한다.

(3) 가치 · 태도

특수교육대상 학생의 사회과 가치 · 태도 목표는 '자기 존중 및 다양성 존중'과 '민주적 가치와 사회적 책임'으로 요약해 볼 수 있다. 자기 존중 및 다양성 존중은 자신과 타인을 긍정적으로 인식하고 존중하는 태도를 갖는 것을 의미한다. 학생들은 자기 자신을 긍정적으로 보고, 다양한 배경을 가진 사람들을 존중하고 배려하는 방법을 배운다. 민주적 가치와 사회적 책임 측면에서는 학생들은 민주적 가치를 이해하고, 시민으로서 자신의 역할과 지역사회에 대한 책임을 존중하고 이에 기여하는 태도를 개발하는 것을 의미한다.

2) 2022 개정 기본교육과정 사회과 목표

학생은 사회과를 통해 생활연령과 교육적 요구에 맞는 다양한 사회 · 문화생활을 경험하고 사회에 참여하여 민주시민으로서 가치와 태도를 기르고 실천한다.

- 자신을 바르게 인식하고 자기 결정과 자기 옹호를 실천하여 자율적이면서 함께 살아가는 삶의 태도를 기른다.
- 사회 · 도덕적 인성을 기르고 사회적 맥락에 맞게 사회적 상호작용을 하며 다양한 사회적 관계를 형성한다.
- 지속가능한 생태환경을 소중히 여기고 경제활동 주체로서 소양을 기른다.
- 우리 역사와 다양한 문화에 관심을 가지고 즐기며 역사 · 문화적 소양을 기른다.
- 사회 현상과 문제에 관심을 가지고 사회 참여를 실천하며 민주시민의 자질을 기른다.

논의해 볼 문제

1. 사회과 교육의 개념과 특수교육대상 학생을 위한 사회과 교육의 개념을 비교, 분석해 봅시다.

2. 사회과에서의 지식, 기능, 가치·태도를 기르기 위한 사회과의 내용을 구상해 봅시다.

 참고문헌

교육부(2022). 기본교육과정. 교육부 고시 제2022-34호(별책3).

교육부(2022). 사회과 교육과정. 교육부 고시 제2022-33호(별책7).

교육부(1997). 사회과 교육과정. 교육부 고시 제1997-15호(별책7).

모경환, 차경수(2021). 사회과 교육(제3판). 동문사.

박상준(2018). 사회과 교육의 이해(제3판). 교육과학사.

박인현(2019). 사회과 교육과 수업(개정판). 교육과학사.

은지용(2023). 2022 개정 사회과 교육과정의 특징과 쟁점 및 과제. 시민교육연구, 55(4), 121-154.

정문성, 구정화, 설규주(2020). 초등 사회과 교육(제3판). 교육과학사.

차경수, 모경환(2017). 사회과 교육(제2판). 동문사.

한경근, 박기범(2016). '삶' 중심의 사회과 융합 교육과정 설계의 논리와 과제. 사회과 교육, 55(3), 105-114.

한면희(2001). 새로운 패러다임에 기초한 사회과 교육. 교육과학사.

Banks, J. A. (1999). *Teaching strategies for the social studies* (5th ed.). Longman.

Barr, R. D., Barth, J. L., & Shermis, S. S. (1978). *The nature of the social studies*. ETC Publications.

Dynneson, T. L., Gross, R. E., & Berson, M. J. (2003). *Designing effective instruction for secondary social studies* (3rd ed.). Merrill/Prentice Hall.

Klausmeier, H. J., & Hooper, F. H. (1974). Conceptual development and instruction. *Review of Research in Education, 2*(1), 3-54.

Krathwohl, D. R., Bloom, B. S., & Masia, B. B. (1964). *Taxonomy of educational objectives*. Handbook II: Affective domain. David McKay Company.

Martorella, P. H. (1991). *Teaching social studies in middle and secondary schools*. Macmillan.

Martorella, P. H. (2001). *Teaching social studies in middle and secondary schools* (3rd ed.). Merrill/Prentice Hall.

Martorella, P. H., & Beal, C. (2002). *Social studies for elementary school classrooms: Preparing children to be global citizens* (3rd ed.). Merrill/Prentice Hall.

Raths, L., Harmin, M., & Simon, S. (1975). Values and Valuing. *Humanistic education sourcebook*. Prentice-Hall.

National Council for the Social Studies (2010). *National curriculum standards for social studies: A framework for teaching, learning and assessment*. National Council for the Social Studies.

Woolever, R., & Scott, K. P. (1988). *Active learning in social studies*. Foresman and Company.

제**2**장

사회과 교육 관련 이론

학습 목표

1. 사회과 교육과 관련된 대표적인 이론의 개념을 이해한다.
2. 사회과 교육과 관련된 대표적인 이론의 특징을 이해한다.
3. 사회과 교육과 관련된 이론을 기반으로 교육의 방향성을 정립할 수 있다.

핵심 용어

시민성 전달 이론, 반성적 탐구 이론, 사회비판 이론

사회과는 교육은 '어떻게 가르쳐야 할 것인가'라는 방법론적인 물음도 중요하지만 '왜 가르쳐야 하는가' '무엇을 가르쳐야 하는가'와 같은 근본적인 물음에 초점을 맞춰야 한다. 사회과 교육에서의 교육은 학습자가 단순히 전문 지식을 습득하는 것을 넘어, 본질적인 물음을 기반으로 사회과를 바라보는 여러 관점을 파악하고, 이를 통해 다양한 사회 현상에 대응할 수 있는 능력을 갖추도록 하는 데 중점을 둔다.

사회과 교육 관련 이론들은 교사들이 수업 전문성을 기르고, 학생들이 사회적 역할을 효과적으로 수행할 수 있는 다양한 접근법을 제시한다. 또한 학생들이 사회적 역할을 이해하고 수행할 수 있도록 하는 데 초점을 맞춘다. 대표적인 예로, 시민성 전달 이론은 교사 중심의 강의 방식으로 전통적 지식, 가치, 규범을 전달하며 안정적이고 전통적인 교육 접근 방식을 취한다. 이는 역사와 전통을 중시하고 이를 통해 학생들이 사회의 일원으로서 책임감을 느끼고 적극적으로 참여할 수 있도록 돕는다. 반성적 탐구 모형은 학생들이 자신의 경험과 사회적 쟁점을 바탕으로 비판적으로 사고하고, 학생들이 사회적 문제를 해결하는 데 필요한 창의적 사고와 실천적 능력을 배양하도록 한다. 또한 학생 중심의 참여적 학습을 강조하며 실제 문제해결 과정을 중시한다. 마지막으로, 사회과학 모형은 사회과학적 지식을 바탕으로 사회과학적 개념과 원리, 이론을 중심으로 하여 학생들이 사회 현상을 과학적으로 이해하고 분석할 수 있도록 한다. 이 모형은 탐구 중심 학습 방법을 활용하여, 논리적, 체계적인 방식으로 학생들이 비판적 사고와 문제해결 능력을 기르도록 돕는다.

이 장에서는 사회과에서 중점적으로 제시하는 대표적인 사회과 관련 이론의 개념과 의미, 특징 등을 살펴보고자 한다. 이를 통해 사회과가 무엇을 가르쳐야 할 것인지에 대한 최선의 대답을 찾고, 사회과 교육의 본질에 대하여 탐색하여 실질적인 교육의 방향성을 모색하고자 한다.

1. 시민성 전달 이론

1) 시민과 시민성의 개념

시민(citizen)이라는 개념은 고대 아테네 사회에서부터 중세, 근대, 현대의 민주사회에 이르기까지, 수천 년 역사의 층위들 속에서 역동적인 변화의 과정을 겪으며 발전해 온 개념이다. 이는 정치적 주체로서 공동체 속 개인이라는 의미에 도달하게 된 것이며, 각 시대와 공동체에서 어떤 변화를 겪어 왔느냐에 따라 개념화되었다.

시민성은 영어의 'citizenship'이라는 단어에서 유래한 개념으로 '법적 지위(legal status)'와 '바람직한 활동(desirable activity)'이라는 두 가지 의미로 구분된다. 법적 지위로서의 시민권은 일정한 요건을 갖춘 사람에게 부여되는 자격이라는 의미를 지니며, 바람직한 활동으로서의 시민성은 시민으로서의 자질, 조건, 덕성이라는 의미로 시민이 갖춰야 할 조건과 태도를 지칭한다. 시민성은 사전적인 의미로 어떤 공동체 속의 시민에게 공통적으로 나타나는 가치관, 행동 양식, 사고방식, 기질 따위의 특성을 말하며, 개인이 공동체의 일원으로서 가지는 지위, 권리, 의무 및 참여 태도를 포함하는 개념이다. 이는 개인이 특정 공동체, 예를 들어 국가 또는 지역사회 내에서 활동하고 상호작용하는 방식으로서 시간과 장소에 따라 다양한 의미를 지니며, 정치적, 사회적, 경제적 문맥에 따라 다르게 이해될 수 있다. 시민성은 지식, 기능, 가치·태도, 행동을 포함하는 가변적인 의미로, 시대와 사회를 반영하고 있어 다소 포괄적으로 정의내릴 수 있다. 또한 시민성은 인성과는 구별되는 시민의 덕성으로서, 인지적, 정서적, 행동적 영역에서 시민으로서의 자질과 역량을 나타내는 구체적인 개념이다. 이는 동시에 사회적 영향을 받아 변화하는 다차원적인 개념으로 시대와 사회가 처한 조건, 상황에 따라 다양하게 논의되고, 관점에 따라 다르게 이해될 수 있다. 따라서 시민성이라는 개념은 독립적으로 다루기보다 특정 맥락과 결부시켜 다루고 있다.

시민성은 국가 차원에서 세계 차원으로 그 범위가 확대되고 있으며, 시민성이 상정하고 있는 공동체는 지역적 단위와 상관없이 동질성을 가진 집단을 의미한다. 철학적 관점으로는 일종의 실천의 의미로, 사회적으로 만들어진 복잡한 인간 활동을 의미한다. 이러한 시민성의 개념은 현대 사회에서 더 다양하게 다뤄지고 있으며, 특히 글로벌화와 디지털화의 영향으로 디지털 시민성(digital citizenship)이라는 새로운 형태의 시민성이 등장하였다. 디지털 시민성은 디지털 플랫폼에서의 시민의 역할과 책임을 강조하는 것으로, 디지털 환경에서의 책임 있는 행동과 디지털 리터러시를 포함한다. 또한 디지털 기술을 통해 민주적 참여를 촉진하고 정보의 접근과 공유를 통해 공동체 발전에 기여하는 것을 목적으로 한다.

2) 시민성 전달 이론

시민성 전달 이론(citizenship transmission model)은 사회의 안정과 질서를 유지하는 데 필수적인 지식, 가치, 태도 등을 교육을 통해 다음 세대에 전달하는 것을 강조하는 모형이다. 이 이론은 주로 전통적인 교육 접근법에 기반을 두고 있으며, 학교 교육과정에서 중요한 역할을 한다. 이는 학교 교육을 통해 시민으로서의 자질과 능력을 함양하고, 학생들에게 시민으로서의 역할과 책임을 이해하며, 사회의 유지 및 존속에 필요하다고 여겨지는 바람직한 지식, 기능, 가치 등을 습득하여 실천할 수 있도록 하는 것을 목적으로 한다. 또한 시민성 전달 이론은 학생들이 지식, 기술, 가치, 태도를 고루 갖춘 성숙한 시민으로 성장하도록 돕는 것을 목표로 한다. 이를 위해 학교 교육과정에서는 다양한 교육 방법과 활동을 적용할 수 있으며, 이는 학생들이 실질적으로 사회에 참여하고 기여하는 데 도움이 될 수 있다. 교사는 지식과 가치의 전달자로, 설명과 설득을 중심으로 한 교수법을 통해 자신이 속한 문화의 전통적인 지식과 사회의 가치, 규범을 학생들에게 전달한다. 시민성 전달 이론의 핵심 요소는 다음과 같다.

① 전통적인 교과 지식과 사회적 기본 가치

시민성 전달 이론에서 교육은 법과 제도, 역사, 정치 시스템 등과 같은 다양한 주제가 포함된 지식을 학생들에게 전달하는데 가치를 둔다. 특히 역사, 지리와 같은 전통적인 교과 지식을 강조하며, 이러한 지식을 통해 학생들이 시민으로서의 역할을 이해하고, 사회적 문제를 인식하며, 사회의 기본적인 가치와 규범을 이해하고 비판적으로 사고하여 지식을 내면화하도록 돕는다. 이를 통해 학생들은 인간의 존엄성과 자유, 평등 등의 가치를 내면화하게 되며, 이러한 가치는 사회적 안정과 질서를 유지하는 데 중요한 요소로 제시된다.

② 공동체의 동질성과 공동체주의적 접근

시민성 전달 이론은 사회 구성원들이 공동체의 동질성을 확립하기 위해 특정 문화와 전통을 강조하고, 공통된 가치와 행동 양식을 공유하도록 한다. 또한 개인의 권리보다는 공동체의 이익과 공익을 우선시하며, 시민의 책임과 의무를 강조한다.

③ 민주사회 참여 기술 및 태도 형성

시민성 전달 이론은 비판적 사고, 의사소통 능력, 협력 능력 등 학생들이 민주사회에 효과적으로 참여하는 데 필요한 기술을 개발하는 데 중점을 둔다. 또한 학생들이 민주주의, 인권, 평등, 사회적 책임감 등의 올바른 가치와 태도를 내면화함으로서 성숙한 시민으로 성장하고, 바람직한 가치를 형성하도록 한다.

④ 실천과 참여

시민성 전달 이론은 학생들이 실제로 사회에 참여하고 기여할 수 있는 기회를 제공하는 것을 중요하게 여긴다. 이는 학교 수업뿐 아니라, 교내외에서 수행되는 다양한 프로젝트, 봉사활동, 토론 등의 활동을 통해 이루어질 수 있다. 이러한 실천 활동을 통해 학생들은 이론적으로 배운 내용을 실제 생활에서 적용하고 경험할 수 있게 된다.

시민성 전달 이론은 대표적으로 프로젝트 기반 학습, 미디어 리터러시 교육, 비판적 사고 교육 등을 통해 교수될 수 있다. 프로젝트 기반 학습은 학생들이 실제 사회 문제를 해결하기 위해 협력하고 연구하는 과정을 통해 시민성을 함양하는 교육 방법이다. 즉, 프로젝트를 수행함으로 학생들은 문제를 인식하고, 이를 해결하기 위한 구체적인 행동 방안을 계획하고 실행할 수 있다. 미디어 리터러시 교육은 디지털 시대에 학생들이 정보를 비판적으로 분석하고, 책임감 있게 미디어를 활용할 수 있도록 하여 디지털 시민성을 함양하는 데 중요한 역할을 한다. 마지막으로, 비판적 사고 교육은 학생들이 정보를 분석하고 평가하는 능력을 개발하도록 하는 것으로, 이를 통해 학생들은 복잡한 사회 문제를 이해하고 해결하는 역량을 기를 수 있다.

3) 디지털 시민성과 시민성 교육

정보화 시대가 도래되며 디지털 환경은 인간의 사회적 삶에서 중요한 요소가 되었고, 이에 따라 새로운 시민성, 즉 디지털 시민성(digital citizenship)에 대한 논의가 대두되고 있다. 디지털 시민성은 시민성에 '디지털'이라는 수식어를 추가하여 만든 합성어로, 디지털 리터러시를 기반으로 디지털 사회에서 필요한 지식, 기술, 태도 및 가치를 포함하며 디지털 시민으로서 자질과 역량을 뜻하는 개념이다. 디지털 시민성은 디지털 기기를 적극적으로 사용하고 디지털 사회의 문화를 이해하며 디지털 사회와 현실 사회에서 사회적 규범을 준수하고 책임감 있게 참여하는 것을 의미한다. 디지털 시민성은 최근 시민성의 변화를 나타내는 개념으로, 디지털 환경 속에서 나타나는 새로운 의사소통 방법들은 디지털 공간에서 보다 더 효율적이고 빠른 방식으로 구성원들의 민주적 참여를 이끌어 내며, 사회 공동체에서의 이상을 실현하고 있다.

디지털 시민성에 대한 관점은 다양하며, 크게 세 가지로 구분할 수 있다. 첫째, 새로운 차원의 시민성으로 디지털 시민성을 논의하는 입장이다. 둘째, 기존의 시민성 논의의 연장선으로 디지털 시민성을 선형적으로 확장하여 바라보는 입장이다. 셋째, 기존의 전통적 시민성과 연결되면서도 한편으로는 디지털 환경의 특성에 따라 비선형적 확장과 변형이 일어난다라는 입장이다.

(1) 새로운 차원으로서의 디지털 시민성

디지털 시민성을 새로운 차원으로 지지하는 연구들은 디지털 시민성을 디지털 공간, 사이버 공간, 온라인 공간 등의 표현 등을 활용하여 한정된 디지털 공간 안에서 발휘되는 시민성으로 규정한다. 해당 관점은 디지털을 새로운 시대에 적응하기 위한 핵심 요소로 간주하며, 이를 새로운 형태의 시민성으로 정의하고 논의한다. 또한 디지털 시대의 시민성이 혁신적 기술과 미래의 변화에 따라 새로운 개념으로 규명되어야 한다는 점에 주목한다.

(2) 선형적 형태로서의 디지털 시민성

선형적 형태로서의 디지털 시민성은 기존 시민성의 연장선상에서 디지털 시민성을 바라보는 입장이다. 이는 기존의 시민성의 확장된 형태로 시민성에 대한 관점에 디지털과 관련된 논의를 추가하여, 시민성과 디지털 시민성 간의 선형적 관계를 상정한다. 이를 지지하는 입장의 연구들은 기존의 시민성에 대한 개념을 기준으로 두고, 디지털 시민성이 기존의 시민성과 비교해 약화되거나 강화된 측면이 무엇인지를 분석하고, 필요한 요소들을 추가한다. 그뿐만 아니라 기존의 시민성 요소들에 '디지털 환경에서(in digital)'라는 수식어를 추가하여 디지털 시민성에 대한 논의를 지속한다.

(3) 비선형적 형태로서의 디지털 시민성

비선형적 형태로서의 디지털 시민성은 디지털 시민성을 기존의 시민성의 논의와 연결하면서도, 디지털 환경의 특성에 따라 확장된다고 보는 입장이다. 이는 디지털 시민성을 시민성의 확장된 개념으로 보는 동시에, 발현되는 맥락과 범위가 디지털 환경에 따라 더욱 확대되고 있음을 강조한다.

디지털 시민성은 크게 지식, 기능, 가치 · 태도, 행동의 네 가지 요소로 구분되며, 각 요소에는 다양한 하위 구성 요소가 포함된다.

① 지식

디지털 시민성에서 제시하는 지식은 디지털 기기의 사용과 관련된 법과 규칙, 사이버 공간의 특성, 디지털 민주주의와 같은 사회적 현안에 대한 이해를 포함한다. 또한 디지털 사회의 구조와 정치적 과정, 사회적 역할 등 디지털 사회에 대한 폭넓은 지식을 의미한다.

② 기능

디지털 시민성에서의 기능에는 디지털 의사소통 능력, 디지털 도구 사용 능력, 디지털 보안이 포함된다. 디지털 의사소통 능력은 합리적이고 비판적인 사고, 이성적 의사결정, 민주적 의사소통, 의견 형성 등을 의미한다. 디지털 도구 사용과 기술 변화 적응 능력은 디지털 기기 사용, 정보 검색 능력, 책임감 있는 온라인 행동을 의미한다. 마지막으로, 디지털 보안은 개인정보 보호, 안전한 디지털 환경 유지를 뜻한다.

③ 가치 · 태도

디지털 시민성에서는 디지털 사회에서의 책임감과 권리 인식, 자신에 대한 이해와 존중, 타인에 대한 배려, 디지털 에티켓, 인간 존엄성을 기반으로 한 디지털 사회에서의 타인 존중, 다양한 문화와 규범에 대한 이해와 수용, 공동체 의식을 바탕으로 한 공동체 존중을 중요하게 여긴다.

④ 행동

법과 규칙 준수, 사회적 이슈에 대한 적극적 참여 등 책임감 있는 디지털 참여는 정치적, 사회적 이슈에 대한 관심과 참여, 비판적 저항 등 사회 이슈에 적극적으로 참여하는 것을 의미한다.

따라서 디지털 기기 사용이 증가하는 현대 사회에서 학생들이 디지털 세계에서 올바르게 행동하고, 정보와 기술을 비판적으로 활용할 수 있도록 교육하는 것이 중요하다. 나아가 모든 학생이 디지털 세계에서 소외되지 않도록 하기 위해 디지털 시민성 교육을 강화해야 한다. 교사는 디지털 사회의 특성과 중요성을 이해하고, 모든 학생이 디지털 세상에서 소외되지 않도록 학생들의 특성에 맞는 디지털 시민성 교육을 설계하여 전인적인 디지털 시민 교육을 수행해야 한다. 나아가 교사는 모든 학생이 디지털 사회에서 지식, 기능, 가치·태도, 행동의 네 가지 요소를 균형 있게 학습하여, 책임감 있게 행동하고 사회적 규범을 준수하며, 윤리적이고 상대방을 존중하는 태도로 디지털 시민성을 함양할 수 있도록 지도해야 한다.

2. 반성적 탐구 이론

반성적 탐구 이론(reflective inquiry model)은 John Dewey의 교육 철학을 기반으로 한 교육 방법론으로, Dewey의 교육 이론을 보다 직접적이고 체계적으로 사회과 교육에 적용한 모델이다. 이는 '반성적 탐구'의 개념을 중심으로 하며, 교육 철학에서 교과 모형의 이론적 근거를 찾고 있기 때문에 'Dewey식 탐구모형'으로 부르기도 한다.

반성적 탐구 이론은 학습자가 주체적으로 문제를 인식하고 이를 해결하는 과정을 통해 비판적 사고와 창의적 사고를 발전시키는 교육 이론으로, 사회과 교육에 유용하다. 이 이론은 학습자가 자신의 경험을 반성하고 이를 통해 새로운 이해와 지식을 구성하는 과정을 강조하며, 학습자 스스로가 주어진 문제를 인식하고 이를 해결하는 과정에서 비판적 사고를 발전시킨다. 또한 학습자가 자신의 삶과 밀접한 관련이 있는 문제를 다루며 스스로 성장할 수 있는 기회를 제공한다. 반성적 탐구 이론은 Dewey의 철학을 기반으로 하지만, 기존의 가치 명료화, 가치 분석, 가치 추론 모형과는 차별점을 지닌다. 기존 모형들은 주로 학습자의 가치나 태도를 명확히 하고 분석하는 데 초점을 맞추지만, 반성적 탐구 이론은 학습자가 자신의 경험을 반성적으로 검토하고 이를 통해 지속적으로 자신의 이해와 가치를 재구성하는 과정을 중시한다. 또한 기존의 단순한 가치를 명료화하고 분석하는 것을 넘어서, 합리적 의사결정 능력을 기르도록 하여 학습자가 자신의 개인적인 경험을 바탕으로 지속적으로 새로운 가치를 창출하고 확장해 나가는 과정을 포함한다.

Dewey의 반성적 탐구 이론은 다섯 가지 단계에 따라 수행된다. 첫째는 문제 인식 단계로, 난관에 부딪혀 사태를 파악하는 과정이다. 둘째는 가설 설정 단계로, 현황을 파악하여 잠정적인 가설을 설정하는 단계이다. 셋째는 현황 조사 단계로, 현황이나 사태를 세밀하게 조사하는 과정이다. 넷째는 가설 검토 단계로, 설정한 가설을 정밀하게 검토하는 단계이다. 다섯째는 가설 검증 단계로, 해결책을 적용하여 가설을 검증하는 과정이다. 각 단계에 대한 세부적인 내용은 다음과 같다.

1) 문제 인식 단계

문제 인식 단계는 학습자가 흥미나 관심을 가진 문제에 대하여 곤란함이나 어려움을 느끼는 단계이다. 문제 인식 단계에서 학습자는 자신의 환경에서 문제를 인식하고 이를 명확하게 정의하며, 문제를 정의하는 과정 중에 문제의 본질과 범위를 파악한다. 또한 해당 단계에서 학습자는 시간이 지남에 따라 점차적으로 그 문제를 해결할 방안을 찾기 시작한다.

문제 인식 단계는 학습자가 문제 상황에 대하여 의문, 혼란, 곤혹을 느끼는 불완전한 상태로, 문제 상황에 마주쳤을 때 당혹감, 불편함, 혼동을 경험하며 그것이 어떤 문제인지를 인식하는 과정이다. 이때 학습자는 문제에 직면하여 당혹감을 느끼는 과정을 통해 그것이 어떤 문제인지를 파악하며, 이는 문제해결을 위한 출발점이 된다.

문제 인식 단계에서 제시되는 문제는 지금까지 가졌던 경험 조건에서 발생하는 것으로, 그것은 학생의 능력 범위 안에 있어야 한다. 또한 이러한 문제는 학습자에게 새로운 지식을 탐구하고 새로운 아이디어를 찾아내려는 마음을 불러일으키는 것으로, 학습자는 이를 해결해야 할 과제로 인식한다. 따라서 문제 인식 단계에서의 문제는 경험 주체 각자의 흥미와 관심에 따라 달라지며, 당면한 문제가 해결해야 할 과제로 인식될 경우에만 반성적 사고가 제대로 작동하게 된다.

2) 가설 설정 단계

가설 설정 단계는 문제의 요지를 파악하여 학습자가 잠정적으로 파악한 문제를 확인하고, 그에 대한 다양한 해결 방안을 모색하고 정리하는 단계이다. 이 단계에서는 문제를 해결하기 위한 정확한 답을 도출해 내기 전에, 주어진 문제를 잠정적으로 해석하고 선행 경험과 다양한 자료를 바탕으로 다양한 해결책을 강구하며, 각각의 해결책이 가져올 결과를 예측해 보는 것까지 포함된다. 이 단계는 문제를 해결하기 전에 결론을 유보하고, 문제의 본질을 정확하게 확인하기 위하여 모든 경우의 수와 다양한 가능성을 열어 둔 채 해결책을 예측해 보고 탐구하는 과정이라 할 수 있다. 따라서 해당 단계에서는 섣불리 결론을 내리지 않으며, 다양한 해결 방법을 도출해 보는 과정 속에서 여러 가지 결과를 예상하고 예견할 수 있게 된다. 또한 해당 단계에서 도출되는 아이디어는 이후 학습 과정에서 중요한 기반이 된다.

3) 현황 조사 단계

현황 조사 단계는 당면한 문제의 성격을 규정하고 명료화하는 것과 관련되는 모든 고려 사항을 면밀하게 조사하고 탐색하여 분석하는 단계이다. 해당 단계에서는 잠정적인 가설 설정 단계에서 도출한 결과들 중 목표로 하는 해결책을 찾기 위하여, 다양하게 도출된 조건들을 세밀하게 조사하여 가설의 논리적인 함의를 도출한다. 이 단계에서 결과의 예견은 잠정적인 해결책 또는 목표로 하는 해결책을 나타낸다. 현황 조사 단계에서 제시될 수 있는 가설은 가설 그 자체로 여러 가지 아이디어에 의해서 제시될 수 있으며, 무엇을 관찰해야 하는가를 밝혀 주는 동시에 사실적 자료를 수집하는 지침을 제공한다. 그러나 해당 단계에서 제시되는 내용들은 가설에 기반하여 도출된 것으로, 현실적인 해결책을 제시하기 위해서는 정확한 조사와 검토가 필요하다. 또한 이를 위해 다양한 방법이 동원되어야 하며, 다양한 수단과 효과적인 방법을 토대로 조사를 수행해야 한다.

4) 가설 검토 단계

가설 검토 단계는 잠정적 가설을 광범위한 영역에 맞도록 일관성 있고 정확하게 다듬어 도출된 아이디어를 정교화하는 단계이다. 이 단계에서는 보다 넓은 범위의 사실에 맞도록 잠정적 가설을 더 정확하고 일관성 있게 가다듬는다. 앞서 가설 설정 단계에서는 당면한 문제를 해결하기 위해 여러 가지 해결 방안을 모색하고, 현황 조사 단계에서는 현재의 구체적인 문제 사태를 면밀하게 점검하였다. 따라서 가설 검토 단계에서는 가설 설정 단계에서 수립한 가설을 실제 문제해결 방안에 적용하여 그 효과성을 검토해 봐야 한다. 이는 반성적 사고 과정으로 살펴보면 가정을 논증하는 과정이다. 즉, 논증(reasoning)은 아이디어로부터 시작되는 것으로 문제와 관련해서 아이디어의 의미와 유효성을 점검하는 전개 과정을 의미한다. 따라서 가설 검토 단계에서는 아이디어에 대한 치밀한 관찰과 객관적인 자료를 바탕으로 주어진 문제를 더욱 세분화하여 탐구해 나가는 것이 중요하다. 해당 과정을 통해 생산적으로 변형된 자료는 여러 가지 방법으로 수립된 가설들을 예비적으로 하나씩 차례로 검토하며, 이 중 가장 타당성이 높다고 판단되는 가설을 선택해 다음 단계인 검증으로 가져가게 된다. 따라서 논증을 통한 아이디어의 전개는 주제를 일관된 전체로 통합시키며, 중재적인 혹은 중간적인 조건을 제공하여 가설을 효과적으로 검토해 나갈 수 있도록 한다.

5) 가설 검증 단계

가설 검증 단계는 설정된 가설을 기초로 하여 현재의 사태에 적용할 행동의 계획을 수립하고, 예견된 결과를 산출하기 위하여 실제로 행동으로 옮겨 가설을 검증하는 과정이다. 다시 말해, 해당 단계는 앞서 추정된 아이디어에 대하여 실험적으로 확증하거나 검증하는 단계로, 가설에 따른 해결책을 실행으로 옮기고 이를 검증하는 것이다. 가설 검증 단계에서 도출된 결과가 현실적으로 적합한 결과를 가져오면, 그 가설은 타당한 것으로 받아들이게 된다. 반면, 가설 검증 단계에서 기대하는 현실적 결과가 도출되지 않으면 그 가설은 수정되게 되고 또 다른 가설과 실행이 뒤따르게 된다. 사실상 반성적 탐구 모형에서는 학습자가 아이디어에 의해 요구되는 모든 조건을 찾고 발견하면, 그 아이디어의 요구조건에 따른 조건들은 의도적으로 설정된다. 나아가 의도적으로 검증된 아이디어는 추론 과정을 통해 의미로서 포착하게 되며, 이 추론이 만족할 만한 결론에 도달할 때 의미하는 목표에 달성된다.

반성적 탐구 이론에서 제시하는 문제해결을 위한 다섯 단계는 학생들이 각각의 단계에서 모든 지식과 모든 과학을 활용하여 사물과 사건의 의미를 이해하는 것을 목표로 한다. 또한 주어진 각각의 과정은 사실상 서로 독립적인 듯 보이지만, 이는 가정된 더 큰 전체의 일부라는 것을 발견함으로써 귀납적 발견 과정을 구성한다. 또한 이렇게 귀납적으로 진행된 과정에 다시 연역적으로 사물이나 사건을 설명하고 해석하는 과정이 필요하며, 해당 과정을 통해 학습자는 가설을 검증하는 능력, 즉 과학적 사고를 통해 논리적 사고 능력을 획득하게 된다. 반성적 탐구 이론에서는 이 다섯 가지 단계를 반드시 거쳐야 하는 것은 아니며, 학습자의 선행 경험이나 경험 주체의 수준에 따라 중간의 한두 단계를 뛰어 넘어갈 수도 있다. 그러나 이때 한두 단계를 생략하더라도 논리적으로는 일관성을 유지해야 하며, 인접 단계들이 서로 분리되지 않고 밀접하게 연결되어 진행될 수도 있어야 한다.

겉보기에 반성적 탐구 이론은 앞서 제시한 시민성 전달 이론과 공통점이 전혀 없어 보이지만, 일정 부분에서 많은 유사점을 지닌다. 반성적 탐구 이론은 사회과학 모형과 유사하게 탐구나 사고 과정을 강조하는 반면, 시민성 전달 이론은 지식과 가치의 전달에 초점을 둔다. 그러나 어떤 지식과 가치를 가르치느냐에 주목해 보면 두 이론은 상당한 유사점이 있음을 발견할 수 있다.

첫째, 지식 측면으로 살펴보면 시민성 전달 모형은 역사와 지리와 같은 전통적인 교과 지식을 강조하는 반면, 반성적 탐구 이론은 문제해결 및 의사결정의 수단으로서 사회과학 지식을 활용한다. 이를 현대적 상황에 적용해 보면, 시민성 전달 모형은 지식에 대한 강조와 직접적인 전수를 강조하는 반면, 반성적 탐구 이론은 문제해결 및 의사결정 과정에서 지식의 수집과 활용을 주장한다. 그러나 두 이론 모두 사회과 내용을 통해 사회과학 개념 및 일반화를 가르친다는 점에서 공통점을 지닌다.

둘째, 가치 측면에서 두 이론은 적어도 사회적 기본 가치를 전수한다는 점에서 많은 공통점을 지닌다. 시민성 전달 이론에서는 사회적 기본 가치를 다른 가치들과 함께 전달하고, 반성적 탐구 모형에서도 사회적 기본 가치를 가치 갈등 해결의 기준이나 전제로 활용한다. 물론, 반성적 탐구에서 사회적 기본 가치 이외의 가치들에 대해서 논쟁하는 것은 시민성 전달 모형의 지지자 입장에서는 적합하지 않은 것으로 보일 수 있다. 그러나 시민성 전달 이론이라도 다원적인 현대 사회에서는 사회적 기본 가치가 아닌 다른 부차적인 가치에 대해서 논의하는 것은 실제적으로 다루어질 수밖에 없다. 결론적으로, 시민성 전달 이론과 반성적 탐구 이론 간의 가장 큰 차이점은 탐구와 사고의 위상이다. 그러나 현대 사회에서 기능 및 사고의 중요성을 간과할 수 없으며, 지식과 가치가 실체적인 내용을 갖고 있다면 기능 및 사고는 절차적이고 과정적인 요소라 할 수 있다. 또한 실제 교육과정과 수업 현장에서는 두 이론의 차이가 주로 교수·학습 방법상의 차이로 나타나게 된다.

3. 사회 비판 이론

사회 비판 이론(Informed Social Criticism)은 사회 구조와 제도를 비판적으로 분석하고, 사회적 불평등과 억압을 해소하는 데 중점을 두며 학생들에게 과거의 전통, 현재의 사회적 관행, 문제해결 양식에 대한 검토 및 비판, 대안 모색의 기회를 제공한다. 주어진 이론은 사회 구조의 불평등과 억압을 비판적 분석하며, 사회 변혁의 필요성을 강조한다. 이 이론은 주로 마르크스주의, 페미니즘, 비판적 인종 이론 등을 포함하며, 사회의 부정적인 측면을 비판하고 개선 방안을 모색하는 데 초점을 맞춘다. 이에 대한 교육 내용으로는 사회적 불평등, 권력 구조, 억압과 저항, 사회변혁 운동 등을 다루며, 신자유주의 체제와 같은 사회 구조의 문제를 분석하고 변혁의 가능성을 탐구한다. 이를 토대로 사회 비판 이론은 사회의 변화를 이끄는 주체와 구조적 조건을 분석하여, 사회변동을 이해하도록 한다.

현재의 사회과 교육과정과 교과서, 수업에서 시민성 이론과 사회 비판 이론의 차이점은 찾기 어렵다. 실제 우리나라 국가 수준의 교육과정 문서에서 사회과, 특히 일반사회 영역 내용은 주로 개념과 일반화로 구성되어 있고, 우리나라 학교의 사회과 수업을 보더라도 개념과 일반화의 교수가 주를 이루어 왔다. 이는 시민성 전달 이론이나 사회과학 이론 등 한쪽으로 단언하기도 어려우며, 단지 사회 비판이 수업 장면에서 교사 주도의 강의와 설명이 주가 되느냐, 또는 학생들의 발견학습과 탐구활동이 주가 되느냐에 따라 다르게 판단할 수 있을 뿐이다.

지식 교육과 달리, 가치의 교수와 관련해서 시민성 전달 모형과 사회 비판 이론 사이에는 표면적으로 큰 차이점이 존재한다. 시민성 전달 모형에서는 명시적으로 사회적 기본 가치의 주입과 전달을 강조하는 반면, 사회과학의 주된 모형으로 간주되는 본류라 할 수 있는 실증주의 사회과학자들은 가치를 개인의 주관적인 심리나 선호로 인식하며, 이를 사회과학 탐구 대상에서 제외하는 경향이 있다. 따라서 사회 비판 이론에서도 표면적으로 가치중립적 태도를 취하거나 가치를 배제하는 경향을 띤다. 그러나 사회 비판 이론의 과정에서도 종종 지배적인 가치나 이데올로기를 내포하고 있는 경우가 많으며, 실제로 탐구 과정에서 주류의 가치가 담겨 있는 사회문제 해결책이 객관적인 진리인 것처럼 제시되는 현상이 나타난다. 이는 가치에 대한 중립과 침묵으로 기존 가치에 대한 암묵적 수용을 의미할 수 있다. 이런 점에서 실제로 몇몇 교육이론가들은 가치중립을 표방하는 사회문제에 대한 탐구 과정에서 나타나는 이데올로기적인 측면을 비판하였다. 따라서 두 이론 사이에서 제시할 수 있는 차이는 기본 가치의 명시적인 전달이나 암묵적인 수용의 차이로, 교수·학습 방법상의 차이로 전환할 수 있다.

4. 사회과학 이론

　사회 비판 이론은 사회 구조의 비판적 분석과 변혁을 강조하며, 활동 이론은 실천 중심의 학습을 중시한다. 반면, 사회과학 이론(social science model)은 과학적 분석과 체계적인 지식을 강조하며, 이를 통해 학습자들은 다양한 시각에서 사회를 이해하고, 민주사회의 성숙한 시민으로 성장할 수 있도록 한다. 사회과학 이론은 사회과에서 수행되는 교육과정이 사회과학자들이 학문하는 방법과 유사하게 이루어져야 한다는 점을 강조하며, 사회 현상을 과학적으로 연구하고 분석하는 학문적 접근을 기반으로 한다. 사회 비판 이론은 사회 현상에 대한 체계적인 이해와 분석, 과학적 방법론 적용을 특징으로 하며, 주로 사회학, 정치학, 경제학 등의 학문적 지식을 바탕으로 사회과 교육을 수행함에 있어 학습자들에게 체계적인 지식과 분석 능력을 제공한다. 사회과학 이론의 주요 목적은 사회 현상의 이해를 통해 사회적 문제를 해결하는 데 있으며, 주로 사회적 구조와 기능, 정치 시스템, 경제 원리, 사회적 변화와 갈등 등 사회 현상과 문제를 이해하고 설명하는 데 필요한 학문적 틀을 제공한다.

　사회과학 이론은 반성적 탐구 이론과 유사하며, 사실상 두 이론은 구분하기 어렵다. 반성적 탐구 이론은 사실상 일상생활과 학습자 경험의 중요성을 강조하는 동시에 지적 탐구와 과학적 사고도 강조한다. Dewey는 반성적 탐구 이론에서 경험을 단순한 체험이 아니라 의미 부여를 포함하는 지적 탐구의 과정으로 이해하였다. 이와 마찬가지로 사회과학 이론 역시 반성적 탐구 모형과 일맥상통하며, 탐구와 사고 과정을 동일하게 강조한다. 그러나 두 이론 사이의 차이점은 학습자를 사회과학 탐구의 대상으로 파악하느냐, 아니면 능동적이고 주체적인 탐구 수행자로 간주하느냐, 또는 탐구 문제가 주로 학문적인 것이냐 실생활적인 것이냐 하는 관점 차이가 있다. 또한 이를 현대 사회과학 이론에 대입할 경우, 두 이론 사이의 차이점은 보다 더 축소된다. 현재 제시되는 사회과학 이론 역시 실생활의 문제에 관심을 가져왔으며, 사회과학자들은 학습자들이 능동적이고 주체적으로 탐구를 수행하도록 제시한다. 이를 교육의 측면에서 보다 세분화하여 살펴보면 다음과 같다.

　지식 교육 측면에서 사회과학 이론은 사회과학의 개념 및 일반화와 지식의 구조를 강조한다. 반성적 탐구 이론에서 지식 교육을 사회과학 이론만큼 강조하지는 않지만, 사회문제해결에 있어 사회 과학 지식이 중요한 정보임을 부정하지 않는다. 따라서 반성적 탐구 이론에서도 사회과학 지식은 문제해결과 의사결정의 가장 주요한 정보로 활용된다.

　가치 교육 측면에서도 사회과학 이론의 경우에는 사회적 기본 가치를 암묵적으로 수용하는 경향이 있는 반면, 반성적 탐구 이론은 사회적 기본 가치를 가치 갈등 해결의 전제로 삼는다. 따라서 가치 교육과 관련해서 두 모형의 차이점은 부차적 가치들에 대해서 소극적으로 탐색하느냐, 아니면 적극적으로 탐구하여 선택하느냐의 차이에 있다.

　시민성 전달 이론이 주로 역사와 지리 등 전통적인 교과 지식에 초점을 맞추고 있는 반면, 사회과학 이론은 개념과 일반화 등 사회과학의 체계화된 지식에 초점을 맞추고 있다. 그러나 학문적 지식이 보편화된 현대 사회에서 정치학, 경제학, 사회학 등에 대하여 가르치는 지식 간에는 큰 차이점을 찾기 어렵다. 단지, 시민성 전달 모형은 이를 교육함에 있어 설득과 설명 등 연역적 방법을 통한 지식 전달을 주요 교수·학습 방법으로 사용하는 반면, 사회과학 이론은 탐구와 발견 학습 등 귀납적 방법을 통해 좀 더 구조화된 지식을 가르치려고 한다.

　사회과학 이론과 시민성 전달 이론을 살펴볼 때 모두 사회를 이해하는 데 필요한 기본 지식을 가르친다는 점에서 유사하다. 특히 사회과학 이론의 경우에 시민성 전달과 유사하게 학생들의 주관적인 인식이나 상황보다는 객관적인 사실과 보편적인 지식 등에 중점을 두고 있으며, 강조하는 교수·학습 방법만 다를 뿐 현상을 이해하고 문제를 파악하며, 추론 과정을 통해 논리 정연한 결론을 이끌어 낼 수 있다는 점에서는 유사점을 지닌다. 구체적으로, 시민성 전달 이론에서는 시민성을 기본적인 지식의 학습과 더불어 신념의 내면화와 헌신, 적절한 참여 및 올바른 태도와 동일시한다. 반면, 사회과학 이론에서는 학생들이 훌륭한 시민이 되기 위해 사회과학 지식과 탐구 방법을 배워야 한다고 주장한다. 또한 사회과학 이론에서도 객관적 원칙으로서의 가치를 제시하고 있지만, 의사결정자의 주관적 가치를 의미하지 않으며 가치에 대해서도 직접적으로 판단하지 않는다. 결국, 시민성 전달 이론과 사회과학 이론 간의 차이점은 탐구와 사고의 중요성에 대한 관점 차이로 요약할 수 있다.

시민성 전달 모형 이론은 사회과의 여러 목표 중 하나인 기능과 사고에 대한 관심이 결여되어 있는 반면, 사회과학 이론에서는 기능과 사고를 시민 자질의 핵심으로 강조한다. 그러나 사회과 교육에서 기능과 사고 학습의 중요성을 부정하기 어려우며, 지식과 가치가 실체적인 내용을 갖고 있다면 기능과 사고는 그 목적을 이루기 위한 하나의 방법일 뿐이다. 따라서 두 모형의 차이는 교육과정 실제와 교수 · 학습 방법의 차이로 나타난다.

5. 활동 이론

활동은 사고의 건축적 과정이다. 활동 이론(activity theory)에 기반이 되는 교육 경험에 있어 Dewey는 교육과 경험의 관계를 "교육은 경험 안에서(within), 그리고 경험에 의해서(by), 경험을 위해서(for) 이루어지는 발전"이라고 표현하였다. 사회 교과에서 활동이란 삶의 실천적 성격을 반영하여, 인간의 활동을 중심으로 사회적 현상을 이해하는 접근법이다. 결국 '활동'이라는 개념은 전체적인 삶이나 경험의 활동을 지칭하는 넓은 의미를 가지며, 삶은 경험의 총체이자, 교육은 경험의 계속적인 재구성이기 때문에 삶의 사태와 교육의 상황은 서로 구분되지 않는다. 그런 점에서 보면, 활동의 관점에서 지식이라는 것은 지금 우리의 의식 속에 들어 있는 정적인 무엇이 아니라, 지금 일어나고 있는 일을 이해하는 데 우리가 의식적으로 사용할 수 있는 성향을 말한다. 사회과 교육은 지식, 기능, 가치 · 태도라는 세 가지 목표 측면을 지니고 있다. 기존의 사회과는 사회과학의 다양한 지식을 효과적으로 전달하는 지식 위주의 사회과 모습에 중점을 두었다면, 현재의 사회과는 사회 인식을 형성하기 위해 필요로 하는 다양한 기능을 익히는 데 더욱 중점을 두고 있다. 따라서 사회과에서의 활동은 학습자의 능동적인 활동을 강조하며, 사회적 상호작용의 측면과 여러 요소들의 복합적 작용을 통해 학습이나 활동을 중요시한다.

활동 이론은 1980년대 이후 서구에 소개되기 시작하였으며, 최근 다양한 분야에서 사회 현상을 이해하기 위한 방법으로 활용되고 있다. 역사적 맥락으로 볼 때 활동 이론은 Vygotsky의 1세대 이론, Leont'ev의 2세대 이론, Engeström의 3세대 이론으로 발전되어 왔다. 활동이론의 제1세대는 Vygotsky가 창안한 문화적 매개체 개념을 중심으로, 주체와 객체 간의 상호작용에서 매개체의 중재적 역할을 강조하였다. 그 뒤 그는 행동은 주체(subject), 객체(object) 그리고 매개 도구(mediation tools)로 구성된다고 보았다. 활동 이론의 제2세대는 1970년대 서구를 중심으로 다양한 적용을 시도하는 데 토대를 이룬 Leont'ev의 연구이다. 제3세대 활동 이론은 확장학습(extended learning)이론으로도 불리며, Engeström이 대표적인 학자이다. 제3세대 활동 이론은 활동 체제에 관한 담론, 다양한 관점, 상호작용을 포괄하는 개념적 도구들이 개발되고 있기 때문에 지속적으로 발전하고 있는 이론이다. 이에 대하여 최근 활동 이론의 잠재성을 인식하고 이를 지식 창출 과정에 적용하고자 하는 시도들이 활발하게 논의되고 있다. 활동은 행위와 다르게 특정 목적에 따라 수행한다는 점에서 동기 지향적이고 목표 지향적이다. 활동을 설명하기 위해서는 반드시 동기의 개념이 필요하다. 동기 없는 활동은 존재하지 않기 때문이다.

활동 이론에서 제시하는 활동 중심의 사회과 교육의 필요성에 대해서는 대체로 공감하지만, 사회과 교육의 실제 현장에서는 '활동만 지나치게 많고 내용은 부족하다.'는 비판이 제기되기도 한다. 학습자들이 끊임없이 무엇인가를 하고 있다고 해서 그것이 반드시 '활동'이라고 볼 수는 없다. 활동 이론은 교육 현장에서 학생들의 참여와 실천을 강조하며, 활동과 사회적 맥락의 상호작용과 실천 중심의 학습을 특징으로 한다. 따라서 학습 활동 설계, 사회적 상호작용과 협력, 문제해결 과정 등을 주요 교육 내용으로 한다.

사회교과에서 관련 이론은 근본적인 물음에 대한 해결 방안을 제시하는 데 기반이 된다. 사회과 교육에서의 교육이론은 학생들이 사회적 역할을 이해하고, 다양한 관점으로 사회 현상에 대응할 수 있도록 돕는다. 사회과 관련 이론을 요약하면 다음과 같다.

사회과 이론 중 시민성 전달 이론은 사회의 안정과 질서 유지하기 위해 필수적인 지식, 기능, 가치·태도 등을 다음 세대에 전달하는 것을 강조하는 이론이다. 이 이론은 학교 교육을 통해 학습자가 시민으로서의 자질과 능력을 함양하도록 하며, 시민으로서의 역할과 책임을 인지하고 사회의 유지에 필요하다고 여겨지는 지식, 기능, 가치·태도 등을 전달하여 실천할 수 있도록 한다. 또한 시민성 전달 이론은 학생들이 실제 사회에 참여할 수 있는 기회를 제공한다. 최근 정보화 시대가 도래되며 디지털 시민성에 대한 논의가 확산되고 있다. 이에 따라 교사는 디지털 사회의 특성과 중요성을 이해하고, 모든 학생이 디지털 환경에서 소외되지 않도록 디지털 시민성 교육을 설계해야 한다. 나아가 전인적 차원에서의 시민성 교육을 수행하여 학생들이 디지털 사회에서도 성숙한 시민으로 성장할 수 있도록 해야 한다.

반성적 탐구 이론은 학습자가 주체적으로 사회 현상에서 발생될 수 있는 문제를 인식하고, 문제를 해결하는 과정을 통해 다양한 사고를 발전시키는 것을 돕는 교육 이론이다. 반성적 탐구 이론은 학습자가 주어진 문제를 자신의 경험을 기반으로 반성적으로 검토하고, 이를 통해 기존의 가치를 재구성하여 새로운 가치를 창출하고 확장해 나가도록 한다.

사회 비판 이론은 사회 구조와 제도를 비판적으로 분석하고 변혁의 가능성을 탐구하며, 이를 토대로 사회의 변화를 이끄는 주체와 구조적 조건을 분석하여 사회 변동을 이해하도록 한다. 사회 비판 이론은 종종 사회 현상에 주가 되는 가치나 이데올로기를 내포하고 있는 경우가 많으며, 실제로 사회문제해결책이 객관적인 진리인 것처럼 제시되는 경향이 나타나기도 한다. 한편, 사회 과학 이론은 반성적 탐구 이론과 유사하게, 사회과학의 개념 및 일반화 그리고 지식의 구조를 강조하는 이론이다.

마지막으로, 활동 이론은 최근 다양한 분야에서 활동 이론을 통해 사회 현상을 이해하기 위한 시도로 활발히 적용되고 있으며, 동기 지향적, 목표 지향적인 활동을 중시하는 실천 중심의 학습이론이다. 해당 이론은 교육 현장에서 학생들의 참여와 실천을 강조하며 학생들이 직접적인 활동을 통해 학습할 수 있도록 한다.

 논의해 볼 문제

1. 사회과 관련 이론을 적용할 수 있는 교수 · 학습 방안을 구체적으로 구상해 봅시다.

2. 사회과 관련 이론 중 한 가지를 선택하여, 실제 수업 시간에 적용하여 교수할 수 있는 주제 혹은 단원을 선정하고 수업할 수 있는 방안을 모색해 봅시다.

 참고문헌

강대현(2014). 사회과의 성격과 모형에 대한 분석과 종합: 시민성 전달의 재구성에 기초한 사회과학과 반성적 탐구의 종합. 시민교육연구, 46(2), 1-31.

김아미, 이지영, 주주자, 이윤주, 양소은(2019). 디지털 시민성 개념 및 교육 방안 연구. 경기도 교육연구원. 정책연구, 2019-13.

김찬미(2021). 듀이 이론에 기초한 사회과 탐구모형 연구. 시민교육연구, 53(4), 1-25.

배영민(2013). 다원주의 사회에서 사회과는 무엇을 가르쳐야 하는가?: 쟁점 중심 사회과 교육과정 이론의 전형으로서 법리적 교육과정 이론 논고. 사회과 교육연구, 20(4), 27-46.

주웅영(2023). 활동이론이 사회과 교육에 시사하는 함의. 사회과 교육연구, 30(3), 37-64.

최은순(2019). 문화다양성시대의 시민성 개념에 대한 교육학적 의미 탐색: 영의 정의론을 중심으로. 교육철학연구, 41(1), 185-206.

홍남기(2013). 듀이의 반성적 탐구와 가치재구성으로서의 가치 탐구. 시민교육연구, 45(1), 147-170.

제**3**장

사회과 교육
내용 선정 및 구조화

학습 목표

1. 사회과 교육과정에서 제시하는 내용 선정과 구성의 원리를 이해한다.
2. 사회과 교육과정의 내용 선정과 구조 형성의 원리를 파악한다.
3. 사회과 공통교육과정과 기본교육과정의 내용 구조화를 확인한다.

핵심 용어

사회과 교육과정, 범위, 계열성, 공통교육과정, 기본교육과정

교육을 통해 무엇을 가르치고 배울 것인가는 교과에서 교육 내용으로서 무엇을 가르칠 것인가에 관한 문제이다. 교육 내용을 구성하는 것은 교육과정의 체계에 따라 구성되며, 이를 교과 지식으로 볼지 학습자의 경험으로 볼지에 관한 결정은 교육 내용에 실질적인 변화를 가져온다. 교육 내용의 개선에서 내용 선정 및 조직은 상호 관련성을 토대로 깊이 있는 이해를 추구해야 하며, 나아가 교과 학습을 통해 지식을 적용하고 활용할 수 있도록 하는 것이 중요하다.

사회과에서 제시하는 교육과정을 구성하고 개발하는 과정에서 교사들이 학생들에게 가르칠 내용을 명료하게 제시하는 것은 매우 중요하다. 어떻게 하면 사회과의 학문적 성격을 이해하고 그 구조를 파악할 수 있는가는 교육과정의 내용과 그 내용을 명료하게 제시하는 방식과 관련된다. 이렇게 교육과정에 포함되는 교육 내용과 제시 방식은 교과의 교육 내용을 어떻게 선정하고 조직할 것인가와 깊은 연관성을 지닌다. 즉, 교육과정의 내용 체계는 교과 교육과정에서 제시되어야 하는 적절한 교육 내용, 교과 특성에 맞는 교육 내용, 각 교육 내용의 연계 방식과 제시 방식 등 사회과에서 제시하는 역량을 갖추는 데 중요한 역할을 한다.

교사는 사회과 내용을 좀 더 체계적이고 정확하게 가르치기 위하여 교육과정의 내용 체계를 명확하게 이해하고, 이를 기반으로 좀 더 조직적이고 정교하게 재구성하여 제시할 수 있어야 한다. 다시 말해, 내용 체계는 교육과정을 실행하면서 적절성과 효과성을 보다 잘 전달하고 내용을 수월하게 이해할 수 있도록 돕는 구조이다. 이는 전체적인 내용을 분절적으로 제공하되, 그 안에서 새로운 지식을 구성하도록 돕는 작업이다. 또한 학습자에게 제공되는 교육과정의 내용을 개념 간의 구조로 제시하며, 시대의 흐름과 학습자의 특성에 따라 재구성되고 발전될 수 있다.

이 장에서는 사회과 교육과정 내용 구성을 위한 절차와 원리를 바탕으로 교육 내용을 선정하고, 이를 구조화하는 과정을 다루고자 한다. 이를 기반으로 기본교육과정과 공통교육과정에서 사회과 교육 내용이 어떻게 구조화되는지 구체화하여 살펴보고자 한다.

1. 사회과 교육 내용 구성

1) 교육과정의 내용 선정과 구성

교육 지식은 교과의 본질적인 문제에 해당하는 것으로, 학습자가 이해하거나 습득할 개념, 이론 등을 의미한다. 또한 교과 교육과정은 성격, 교육 목표, 교육 내용, 교육 평가로 이어지는 일련의 흐름으로 구성되며, 이 중 교육 내용은 학생들이 교과 지식을 체계적으로 이해할 수 있도록 구조화한 것을 의미한다. 즉, 교육 내용은 교육과정에서 가장 핵심이 되는 요소로서, 교육 내용 영역을 통해 교과 지식이 체계화될 수 있다. 교육과정을 기반으로 교육 내용을 구성하는 것은 전체 교육과정 개발의 가장 핵심적인 과정에 해당한다. 특히 국가 교육과정에서 각 교과 교육 내용을 선정하고, 이를 효과적으로 조직하여 구체적으로 진술하는 과정은 학습자들의 학습 경험의 질을 좌우한다. 따라서 교과 교육과정은 교과 지식이 체계화되는 방식으로, 이를 구성하기 위해서는 무엇보다 교육 내용의 적정성을 먼저 확인해야 한다.

교육 내용의 적정성이란 교육의 목표 및 국가, 사회, 학문(교과), 학생의 요구를 바탕으로 교육 내용이 적절하고 정확하게 제시되어 있는 정도를 의미한다. 교육 내용 적정화의 목적은 학습 경험의 질을 개선하고, 깊이 있는 학습을 하는 것이다. 이를 위해 적절성과 엄격성에 기반하여 교육 내용을 엄선하는 것이 필요하다. 이는 지식의 상호 관련성을 바탕으로 유의미한 학습과 깊이 있는 학습을 지향하며 학습 경험의 질을 개선하는 데 중점을 둔다. 이는 단순히 교육의 양을 늘리는 것이 아니라, 교육 내용의 중요성 및 가치를 반영하는 것을 의미한다. 따라서 선정된 교육 내용은 연계성, 계열성, 위계성 등의 원리에 따라 체계적으로 조직되어야 하며, 적절한 학습량과 수준으로 학생들에게 제공될 수 있도록 구성되어야 한다.

교육 내용 구성이 적절한지에 대한 분석은 '무엇을 교육 내용으로 선정하여 어떻게 조직할 것인가?' 하는 문제와 직접적으로 관련된다. 이는 관련 교육 내용의 선정,

조직, 진술이라는 세 개의 영역으로 분리하여 살펴볼 수 있다. 또한 학교의 수업은 교과를 중심으로 이루어지며 교과 교육과정의 질이 결국 수업의 질을 결정하는 핵심적 요인이기 때문에, 교과 교육과정의 실질적인 개선은 학습 경험의 질 향상을 위해 중요하다.

우선, 교육 내용의 선정은 '교육을 통해 무엇을 가르칠 것인가'에 대한 문제를 해결하는 과정으로, 교육과정에서 중요하게 가르쳐야 할 내용을 명료화하는 데 중점을 둔다. 이는 단순한 지식 습득에서 벗어나, 학습자들이 지식을 가지고 무엇을 할 수 있어야 하는지를 분명하게 밝히는 것을 목표로 한다. 따라서 교육 내용은 핵심 개념과 원리의 심층적인 이해뿐만 아니라 지식의 적용 및 활용을 강조하는 것이다. 이를 위해서는 교육 내용이 국가 및 사회적 요구, 교과와 학문적 요구, 학생의 요구 등을 중요한 요소로 반영하고 있는지 중점을 두어 살펴보아야 한다. 또한 교육 내용의 조직 방식, 진술 방식 등도 중요한 요소로 고려해야 한다. 교육 내용은 교육 활동으로 자연스럽게 연결되며, 교과 교육과정의 질은 학습 경험의 질과 연관된다. 교과 교육에 있어 내용 선정은 교육과정의 핵심으로 일반화된 지식, 기능을 중심으로 내용을 선정 및 조직한다. 이러한 내용 체계를 제시하고 이를 기반으로 성취기준을 개선하는 것은 미래 사회가 요구하는 역량을 함양하도록 한다. 교과 교육에 있어 교육 내용의 구성은 학습 경험의 질과 관련되는 것으로 지식과 기능으로 구분될 수 있다. 교육 내용은 시대에 따라, 문화에 따라, 개인 및 집단에 따라 바라보는 관점이 다양하지만, 일반적으로 중요하게 고려되는 두 요소는 교과와 학습자이다. 교과와 학습자는 학문 세계와 경험 세계를 의미하지만, 이 둘은 하나의 연속선상에 위치할 수 있다. 궁극적으로 교과를 가르친다는 것은 추상적인 세계와 구체적인 경험을 연결 짓는 것이라 할 수 있다. 교육을 통해 전달되는 지식은 핵심 개념 및 원리를 중심으로 계층적으로 구분될 수 있으며, 이를 통해 지식의 구조가 형성된다. 따라서 교육에서는 핵심 개념 및 원리를 가르치는 데 중점을 두어야 한다. 이렇게 함으로써 학습자들이 지식의 상호 관련성을 이해하고, 이를 기반으로 효과적으로 적용하도록 하는 것이 중요하다. 한편 교육 내용은 지식을 축적하는 것에서 나아가, 이를 실제 상황에 적용하고 활용하는 것 또한 중요하다. 이는 교육 내용으로서 지식과 함께 기능이 중요하게 다루어져야 한다는 것을 뜻한다. 교과의 기능은 교과 학습을 통해 획득해야 하는 중요한 요소로, 교과의 특성을 반영하여 가르치고자 하는 지식이 어떠한 지식과 연결되는지를 고려하여 선정하는 것이 필요하다.

교과 교육 내용의 조직은 일정한 조직적인 틀 속에서 그 위치를 의미하는 것으로 계속성, 계열성, 통합성에 원리에 따라 구분할 수 있다. 계속성(continuity)이란 중요한 내용이 학년이 올라가는 동안 반복적으로 다루어져야 한다는 것을 의미하며, 계열성(sequence)은 교육 내용이 점차 폭넓고 깊이 있게 다루어져야 한다는 것을 의미한다. 한편, 통합성(integration)은 교육 내용의 수평적 조직과 관련되는 원칙으로 서로 다른 교육 내용이 횡적인 연계성을 갖고 조직되어야 함을 의미한다. 일반적으로 교육 내용의 조직은 수직적 조직 원리로서의 계열성과 수평적 조직 원리로서의 통합성을 다루고 있다. 구체적으로, 계열성이란 학년에 따라 혹은 학교급에 따라 교육 내용을 어떠한 원칙으로 배열할 것인가와 관련된다. 그러나 논리적인 순서나 심리적인 원칙에 따라 교육 내용을 배열할 경우, 제시된 교육 내용들이 궁극적으로 어떠한 핵심적인 아이디어를 가르치기 위한 것인지 드러나지 않을 수 있다. 이러한 한계를 극복하기 위하여 제시할 수 있는 것이 나선형 교육과정이다.

나선형 교육과정에서는 학년별로 제시되는 내용들이 서로 개별적일지라도, 결국 그것이 어떠한 의미가 있는지, 어떠한 핵심적 아이디어를 가르치기 위한 것인지의 차원에서 해석되어야 한다. 즉, 나선형 교육과정은 여러 학년에 걸쳐 다루어져야 할 내용과 점차 폭과 깊이를 점진적으로 심화하며, 이를 통해 지식의 구조를 쌓아 가는 방식이라 할 수 있다. 따라서 교육 내용의 조직은 지식의 구조를 중심으로 교육 내용을 전체적인 체계와 구조 속에서 이해할 수 있도록 구성되어야 한다. 또한 통합성의 원리는 교육과정의 수평적 조직 차원과 관련되는 것으로 학생들이 심층적으로 이해해야 하는 간학문적 개념이나 원리 혹은 일반화를 명료화하여 영속적 이해(enduring understandings)에 도달할 수 있어야 함을 강조한다. 이에 따라, 교과 교육 내용의 조직은 핵심 개념과 원리를 기반으로 우선순위 및 계열성과 통합성에 따라 선정되어야 하며, 이는 교육 내용들 간의 계열성을 나타내고 통합을 위한 기반을 마련하는 데 기여할 수 있다.

교과 교육 내용의 진술은 교육 내용을 명료하게 제시하는 것이다. 이는 지식과 기능을 학습하기 위해 수업에서 학생들이 구체적으로 어떠한 활동을 수행해야 하는지, 학습한 지식과 기능을 적용하기 위해 학습의 도착점에서 기대되는 수행이 무엇인지를 명시한다. 교육 내용의 진술은 '기준'으로 제시할 수 있으며 학생들이 알아야 하고 할 수 있어야 하는 것으로 내용 기준, 교육과정 기준, 수행 기준으로도 구분할 수 있다. 이러한 기준은 학문적 엄격성(rigor)을 기반으로 한다고도 볼 수 있으며 학생들이 학습해야 할 지식과 기능에 대한 명확한 기대와 학습 결과로서의 능력을 나타낼 수도 있다. 이러한 교과 교육 내용의 진술 방식은 교육 내용에 대한 기준을 제공하며, 수행을 어느 수준으로 진술해야 할지에 관해서는 다양한 입장이 존재하지만, 현재까지는 교과 교육에서의 수행을 상세하게 진술하는 것이 중요하다는 입장이 강조되고 있다.

2) 사회과 교육과정의 내용 선정과 구성

사회과는 사회생활에 필요한 지식과 기능을 바탕으로 사회 현상을 정확하게 인식하고, 민주시민으로서의 자질을 갖추도록 하는 교과이다. 사회과 교육과정은 사회과의 본질과 정체성에 기초하여 학생들이 시민으로서 필요한 자질을 갖추도록 설계되고 있다. 이러한 사회과 교육은 사회 현상에 관한 기초적 지식을 습득하는 것뿐만 아니라, 지리, 역사 및 사회과학의 기본 개념과 원리를 발견하고 탐구하는 능력을 기르는 데 목적을 둔다. 이를 통해 학생들은 우리 사회의 특징을 이해하고, 세계의 여러 모습을 종합적으로 인식할 수 있다. 또한 사회과는 다양한 정보를 활용하여 현대 사회의 문제를 창의적이고 합리적으로 해결하고, 공동체 생활에 적극적으로 참여하는 능력을 기르는 것을 목표로 한다.

사회과는 2022 개정교육과정에서 '지리 인식' '자연환경과 인간생활' '인문환경과 인간생활' '지속가능한 세계' '정치' '법' '경제' '사회·문화' '역사 일반' '지역사' '한국사' 등의 영역을 중심으로 구성되어 있다. 이러한 구성은 시·공간 속의 인간과 사회 현상을 종합적으로 이해하고, 이와 관련된 문제나 쟁점을 창의적으로 해결할 수 있는 시민의 자질을 함양하는 데 기여한다.

　지리 관련 영역은 지표 공간의 자연환경과 인문환경에 대한 이해를 통해 우리나라와 세계 여러 지역의 문제와 쟁점에 대한 해결 방안을 모색하고, 나아가 지속가능한 세계를 만드는 데 기여한다. 이를 위해 학생들은 지리 현상을 인식하고, 자연환경과 인문환경의 영향과 상호작용을 파악하여 학습하게 된다. 이러한 과정은 지속가능한 세계를 위해 협력하고 실천하는 시민의 자질을 함양하도록 구성하고 있다. 일반사회 관련 영역은 정치, 법, 경제, 사회·문화적 측면의 사회생활에 필요한 지식과 기본적인 원리를 종합적으로 이해하고, 민주적 가치를 바탕으로 현재 및 미래 사회의 문제나 쟁점을 해결할 수 있는 능력을 기르는 것을 목표로 한다. 이를 통해 학습자는 사회문제를 해결하는 데 참여하는 시민의 자질을 갖출 수 있게 된다. 마지막으로, 역사 관련 영역은 각 시대의 특색을 중심으로 우리나라의 역사적 전통과 문화의 특수성을 파악하여 과거 사람들의 생활상을 이해하고, 삶에 대한 안목을 기를 수 있도록 한다. 또한 다양한 시각에서 인간의 삶과 관련된 문제를 해석하고, 인류 생활의 발달 과정과 각 시대의 문화적 특색을 파악함으로써 시민으로서 살아가는 데 필요한 자질을 기른다. 이를 기반으로 학생들은 과거와 현재, 나와 타인의 삶에 대해 통찰하는 능력을 갖출 수 있다.

　사회과 교육과정의 내용 구성은 지식·이해, 과정·기능, 가치·태도의 세 요소로 구분한다. 지식·이해는 시민의 역량을 형성하기 위하여 필요한 지식을 의미하며, 과정·기능은 인간과 사회 현상을 탐구하고 관련된 문제나 쟁점을 분석하여 다른 사람 및 집단과 소통하여 해결하는 과정에서 필요한 기능을 포함한다. 마지막으로, 가치·태도는 민주적 기본 가치 및 지구적 가치를 포함하여 시민으로서 갖추어야 할 태도를 의미한다.

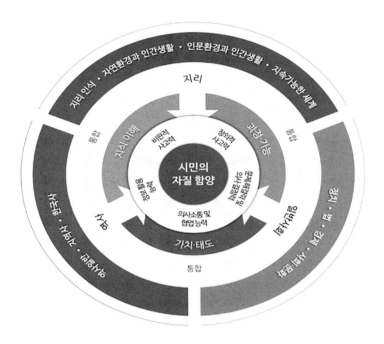

[그림 3-1] 2022 사회과 교육과정 설계의 개요

2. 사회과 내용 구조화

1) 내용 선정을 위한 구체적 원리

    교육과정에서 가르칠 내용을 선정하는 것은 학교에서 가르칠 만한 가치가 있는 지식을 선택하는 것이다. 교육과정은 지식을 무엇으로 설명하고, 중요한 지식의 성격을 어떻게 규정하는가에 따라 다르게 구성된다. 따라서 교육과정을 설계할 때 내용 선정을 위해 핵심요소라 할 수 있는 지식의 성격을 규명하는 과정이 필수적이다. 교육과정에서 내용을 선정하고 구성하기 위해서 어떤 성격의 지식을 가르쳐야 하는

지와 가르쳐야 하는 지식의 범위가 무엇인지를 정의하는 과정에서 핵심적인 내용 선정의 요소를 도출할 수 있다. 사회과의 내용 선정은 교육과정에서 제시된 목표에 따라 확인할 수 있으며, 이는 사회과 교육이 나아가야 할 방향을 설정해 준다. 교육 내용의 선정은 해당 교과의 배경이 되는 학문적 근거를 바탕으로 하지만, 모든 중요한 교육 내용이 합의된 것은 아니다. 이는 교육 내용이 시대적 요구, 사회적 가치, 교육 목표 등에 따라 다양한 시각에서 선정되고 조정될 수 있기 때문이다.

　교육과정 내용 선정은 사회과에서 요구되는 지식을 고려하여 실재적 개념과 핵심 개념을 선정하여 제시하는 것을 포함한다. 실재적 개념은 학습자가 직접 획득할 수 있는 개념으로 학습의 주요 내용 선정 요소이다. 일반적으로 교육과정의 내용 요소나 교수요목 중에 포함되어 있는 개념은 대부분 실재적 개념에 해당한다. 이러한 실재적 개념은 학습의 대상이 되는 사실을 공통의 속성으로 묶은 개념이다. 실재적 개념에 해당하는 내용 선정은 교육과정 개발자들의 판단에 따라 이루어지며, 이러한 개념들은 사회 문화적 맥락과 시간의 흐름에 따라 변화될 수 있다. 핵심 개념은 직접적인 내용이나 구체적인 개념이 아니라, 실재적 개념을 학습함으로서 파악할 수 있는 것으로 본질적 속성이나 연구 방법을 의미한다. 따라서 중요한 개념을 내용 요소로 반영하고 선정하기 위해서는 사회과의 성격을 이해하며 지식의 본질을 깊이 있게 파악해야 한다. 또한 실재적 개념과 핵심 개념을 정확히 인식하고 이를 적절하게 해석하는 과정이 필요하다. 교육과정은 지속적이고 일관되게 개념을 가르치도록 내용을 구성해야 하므로, 교육과정 계획 단계에서부터 개념을 바탕으로 교육 내용을 선정하는 것이 중요하다. 특히 교육과정에서 중요하게 여기는 지식의 의미를 새롭게 조명하고, 개념을 중심으로 지식의 지위를 복원하려는 움직임이 강조되고 있다.

　사회과에서 개념을 중시하는 교육 접근법은 미국의 교육 컨설턴트 Lynn Erickson에 의한 개념 기반 교육과정(concept-based curriculum)과 밀접하게 연관된다. 1994년 미국은 Bill Clinton 행정부하에 「목표 2000년: 미국 교육법(Goals 2000: Educate America Act)」을 통과시키며 미국의 교육 개혁을 추진했다. 이 법안은 21세기를 맞이하는 미국 교육의 방향을 설정하고, 국가 수준에서 교육 목표와 기준을 확립하는 데 중요한 역할을 했다. 이 법안은 거의 모든 학문 분야에서 국가 표준(National

Standard) 개발을 위한 토대를 마련했다. 이에 따라 Erickson은 미국의 연방정부가 마련한 국가 표준과 연계하여, 교실 및 학구 차원의 교육과정을 체계적으로 개발하려고 하였다. Erickson은 학생들의 사고력을 체계적으로 발달시키기 위해 아이디어 및 개념 중심의 교육과정을 계획하는 데 목표를 두었다. Erickson은 고차원적 사고 활동을 위해서 개념에 대한 이해가 필수적이라 보며, 이를 본질적 이해(essential understanding) 또는 심화된 이해(deep understanding)라 정의하였다. 이와 같은 개념적 아이디어에 중점을 둠으로써 학생들이 지적 통합에 도달할 수 있도록 하는 높은 수준의 교육과정, 즉 개념적 이해를 목표로 하였다. Erickson이 제시하는 사회과와 관련된 핵심 개념은 갈등과 협력, 패턴, 인구, 시스템, 변화와 지속성, 문화, 혁명, 이주, 독립과 상호의존성 등이 포함된다. 이러한 개념들은 특정 학문의 내용을 구성하며 개념을 조직할 때 학문의 완전성을 유지해야 한다는 점에서 중요성을 지닌다.

　지식의 구조와 과정의 구조는 교육 내용 선정을 위한 중요한 기반이 되며, 이는 과정, 전략, 기능으로 설명할 수 있다. 과정은 결과를 창출하는 행동을 의미하며, 전략은 학습자가 자신의 학습 수행을 향상하기 위해서 의식적으로 적용하거나 점검하는 체계적인 계획이다. 기능은 전략을 실행하기 위해 필요한 기본적인 능력이다. 과정의 구조 모형에서 개념은 학생들이 단원 학습을 마치고 난 다음에 깨달을 수 있기를 기대하는 일반화된 진술로 사용된다. 개념 기반 교육과정의 방향과 내용 선정은 의미 있는 지식, 즉 개념을 정의하는 방식에 기초한다. 따라서 핵심 개념은 지식의 구조를 바탕으로 하며, 개별 사실들이 나타내는 핵심 아이디어, 핵심 개념을 통해 내용이 선정되어야 한다.

　사회과는 일반화된 지식을 중요하게 여기며, 교육 내용 선정은 국가교육과정에 포함되거나 학교 교실에서 공통적으로 다뤄지는 학습 내용으로 구성된다. 이러한 내용 선정은 중요성(significance), 타당성(validity), 지속성(durability), 적절성(appropriateness), 균형성(balance)으로 설명된다. 중요성, 타당성, 지속성이 주로 학문적 측면과 관련된 기준이라면, 적절성과 균형성은 학습자 측면을 고려한 것이다. 즉, 사회과의 내용 가운데서 적절하게 전체적 흐름을 설명하고 교육 목표 달성에 적합하며, 장기적으로 유지될 가치가 있는 내용을 학습자 수준에 맞게 선정하여 제시한다. 구체적으로 사회과 내용 선정은 인간 활동의 중요한 측면들과 현대 세계의 중요한 부분들을 충분히 설명하고 있는지, 또한 사회과 교육의 목표를 달성하기에 적합한지를 검토해 보아야 한다. 나아가, 선정된 내용은 학생들에게 오래 지속될 수 있는 지식으로, 사회과에서 제시하는 여러 사실을 설명하는 데 유용하게 활용될 수 있어야 한다. 마지막으로, 학습자의 필요나 흥미 그리고 발달단계에 적합하고 적절한 범위와 깊이를 포함하는 내용을 선정해야 한다.

핵심 내용을 선정하고 구성하는 원리는 나선형 교육과정(spiral curriculum)에서 찾아볼 수 있다. 나선형 교육과정이란 교육과정이 달팽이 껍질(나선)과 같다는 의미에서 유래된 말이다. 여기서 제시하는 개념은 학습 내용이 되는 사실을 하나의 끈으로 엮어 반복적으로 학습하게 하는 조직 원리를 제시한다. 이 방법에서는 기본 개념이나 주요 아이디어를 반복적으로 학습하되, 학년이 올라갈수록 그 개념에 포함되는 사실의 범위와 깊이를 점차 확대한다. 나선형 교육과정에서 핵심 개념은 일련의 교육과정을 통해 학생들이 반드시 습득해야 할 주요 아이디어. 학생들은 실제 학습 내용을 통해 이러한 핵심 개념을 반복적으로 다루며 이해를 깊이 해 나간다. 이때 학습 내용에 해당하는 사실이나 주제 그리고 실제적 개념이 핵심 내용이 된다. 학생들은 학년이 올라갈수록 이러한 핵심 개념을 토대로, 점차 넓어진 공간적 범위와 시간적 길이의 확장을 통해 이해를 심화하게 된다. 나선형 교육과정에서는 한 학년 또는 한 단원에서 제시되는 내용을 핵심 아이디어와 관련되도록 구성한다. 그리고 그 의미를 명확히 파악할 수 있도록 한다. 이때 개별적인 사실들은 전체적인 핵심 내용에 부합하는 내용으로 선정하고 있다. 학습자는 이러한 사실들을 통해 내용에 제시된 의미 또는 그 사실이 나타내고 있는 핵심 아이디어를 배워야 한다. 궁극적으로 핵심 개념에 대한 이해는 교육 목표이며 사회과 교육과정의 내용 선정 및 조직의 중요한 원리이다.

한편, Hilda Taba의 교육과정 또한 1960~1970년대 미국 교육과정 개발자들에게 큰 영향을 미쳤다. Taba의 아이디어는 개념을 강조하는 교육과정 이론에 바탕이 되며, James Banks의 사회과 개념학습, Erickson의 개념 기반 교육과정에도 Taba의 핵심 개념에 관한 아이디어가 포함되어 있다. Taba는 교육 내용 수준과 그 기능을 다음과 같이 구분한다.

① 구체적 사실과 과정(specified facts and process)

하위 수준의 추상적 설명 아이디어는 특정 과정과 기능을 포함하며, 사실은 일반화와 통찰을 이끌어 내고 사고를 명료하고 정확하게 만드는 기반이 된다.

② 기본 아이디어(basic ideas)

교과의 구조는 일반성을 가진 사실로 구성되며, 이해된 사실을 설명하는 아이디어는 다양한 구체적 현상을 이해하고 설명하는 데 도움을 준다.

③ 개념(concepts)

다양한 맥락에서의 연속적 경험에 의해서만 형성될 수 있는 매우 추상적인 아이디어의 복합체로 사회과 교육과정을 구성하는 중요한 요소이다. 예를 들어, 다원적 인과관계, 상호의존, 민주주의와 같은 개념들은 이러한 아이디어를 반영하며, 이를 바탕으로 전체 교육과정을 구성할 수 있다.

④ 사고체계(thought system)

탐구와 사고의 흐름을 지시하는 명제와 개념을 의미한다. 사회과는 기본 아이디어와 개념을 기반으로 교육 내용을 선정하고 조직하며, 이를 통해 지식 영역을 효과적으로 구현한다.

Taba는 교육과정에서 핵심 개념(key concepts), 조직 아이디어(organizing ideas), 특정 사실(specific fact)로, 지식을 세 가지 수준으로 구분하여 포함하도록 하였다. 핵심 개념은 많은 양의 정보를 체계적으로 조직하고 통합할 수 있는 것으로 하며, 한 학년에서 얻은 개념의 이해는 학년이 올라감에 따라 더 추상적이고 복잡한 방식으로 발전해 나간다. 이는 학년이 올라갈수록 개념이 축적되며, 서로 다른 수준의 추상화, 복잡성 및 일반성을 점진적으로 확장될 수 있다는 의미로, 이러한 계층 구조는 교육 내용이 학생들에게 깊이 있게 이해되도록 한다. 조직 아이디어는 핵심 개념의 결과 물로, 단원을 조직하는 기준이자 학생들이 한 단원의 학습을 마친 후에 이해하기를 기대하는 내용을 의미한다. 조직 아이디어는 핵심 내용의 틀을 규정하는 것으로, 핵심 개념과 유사한 역할을 하며 교과의 구조를 반영한다. 마지막으로, 특정 사실은 조직 아이디어를 보완하기 위한 구체적 사례이며, 주요 아이디어를 설명하고 발달시키는 역할을 한다.

2) 내용 구조 형성의 원리

교육과정을 구성하는 데에 있어서 핵심 요소는 범위(scope)와 계열(sequence)이다. 범위는 교육과정의 '무엇'에 해당하는 것으로, 사회과 교육에서 학생들에게 제공되는 학습 내용을 의미한다. 한편, 계열은 교육과정의 '언제'에 해당하는 내용으로, 학생들에게 학년이 올라감에 따라 매년 제공되는 경험의 순서와 계속성을 의미한다. 사회과는 여러 학문이 통합된 교과로 사회과의 영역별로 내용 체계가 구성된다. 이러한 내용 구성은 사회과 각 영역의 전문가들이 일차적으로 구체적인 내용을 선정하고 구성한 후, 각 영역에 대한 상호 검토 후 전체의 내용 체계를 구성하도록 형성한다. 이때 교육과정에서 제시하는 내용 구조는 교수요목이라 할 수 있으며, 교수요목은 한 교과의 교육 내용을 주제별 항목으로 조직하여 나열하는 것을 의미한다. 교수요목은 그 자체가 교육과정은 아니지만, 학교 교육 기간 동안 학습자가 배워야 할 내용을 개괄하며 실제적인 교육 여정의 기반이 되기도 한다. 교수요목은 실재적 개념의 범주화에 따라 제시될 수 있으며, 교과의 핵심적인 개념에 대한 근거를 포함하고 있어 학습자가 무엇을 학습해야 하고 어떠한 차례로 학습해야 하는가를 보여 준다. 내용으로 선정된 실재적 개념들은 핵심 개념의 속성을 지니고 있으며, 하나의 개념으로 여러 개의 핵심 개념을 가르칠 수 있다. 그러나 실재적 개념을 학습 내용으로 하여 개념을 가르치도록 구조를 형성한다 하더라도 특징이나 중심 아이디어는 달라질 수 있기도 하며, 학교급별로 주안점을 두는 아이디어가 다를 수도 있다. 학습자는 선정된 내용으로 실재적 개념을 통해 핵심 개념을 인식할 수 있는 아이디어를 마련해야 하며, 동일한 실재적 개념으로 계열화하여 활용할 수도 있다. 따라서 사회과 내용 구조는 교육 내용의 성격을 바탕으로 가장 기본적인 내용 요소를 추출하고, 계열성을 고려한 뒤 일관성 있는 내용 체계를 설정하여야 한다. 중복되는 내용을 조정하고 계열성을 확인하여 학년과 내용을 종합적으로 고려하여 전체적인 내용 체계를 완성하여야 한다. 이를 통해 학습자는 핵심 개념과 실재적 개념을 연결하여 내용 구조를 형성한다.

　Taba의 사회과 교육과정에서 제시하는 주요 아이디어는 구체적 사실의 학습을 통해 도달할 수 있는 내용으로, 학습자들이 실재적 개념을 학습한 후 일반화에 도달하였을 때 학습에 결과로 남아 있는 아이디어를 의미한다. 따라서 주요 아이디어는 일반화할 수 있는 문장으로 제시되며, 단원의 목표로 활용될 수 있다. 주요 아이디어는 추후 성취 기준을 설정하는 기반이 되며, 학습 후 평가에도 활용된다. 교육과정에서 제시하는 내용 구조는 학습 경험의 질을 개선하기 위해 핵심 개념과 원리를 중심으로 교육과정의 교육 내용을 엄선하고 구조화하는 데 목적을 둔다. 즉, 분절적이고 단편적인 지식 습득을 지양하고, 소수의 핵심적인 개념과 원리를 중심으로 교육 내용을 체계적으로 구조화해야 한다. 사회교과에서 제시하는 핵심 개념과 원리는 학습량 과다에 대한 문제를 실질적으로 개선하는 데 효과적일 뿐만 아니라, 세부적인 내용 요소 간의 상호 관련성을 통하여 전체적인 개요를 이해하도록 한다. 따라서 핵심 개념과 원리를 중심으로 선정한 교육 내용을 엄선하고 구조화하는 것은 단편적인 사실적 지식을 암기하는 학습을 넘어서, 지식의 상호 관련성을 토대로 깊이 있는 학습을 추구하는 데 목적이 있다.

　사회과 내용 구조는 교육 목표를 달성하기 위해 범위를 선정한 후, '해당 내용을 어떻게 배열해야 하는가?'와 관련된다. 이는 내용 적정화를 목적으로 하며, 학습 경험의 질을 향상시키고, 깊이 있는 학습을 촉진하는 방향을 지향한다. 사회과 교육을 위한 내용의 폭이 줄어든다고 해서 반드시 깊이 있는 학습이 따라오는 것은 아니며, 피상적인 학습이 이루어질 가능성도 있다. 이는 곧 단순히 내용의 범위를 축소하는 것만으로는 깊이 있는 학습을 보장하지 않음을 의미한다. 결국, 내용 구조의 형성은 궁극적으로 학습 내용의 적정화를 의미하며 학습 경험을 통한 교육 내용의 질을 개선하는 방향으로 구조화하여 제시해야 한다. 이러한 사회과 내용 구성은 기존의 암기 중심의 방식에서 학습자가 스스로 탐구하며 협동하는 방식으로 변화되고 있다. 이러한 변화는 크게 나선형 교육과정, 환경확대법, 주제 중심의 통합적 구성, 교육과정의 지역화라는 네 가지 방식으로 구분하여 살펴볼 수 있다. 궁극적으로, 이러한 내용 구성의 원리는 어떤 내용 요소를 어느 수준에서 다룰지, 어떤 순서로 가르칠지에 대한 내용으로 사회과에서 추구하는 기본 지식과 사회 현상을 과학적으로 이해하고 통합적 관점에서 학습 경험의 질을 향상시키는 것과 밀접하게 관련된다.

(1) 나선형 교육과정

지식의 구조를 가르치기 위한 형태로 '어떤 지식이든지 그 성격에 충실한 형태로 어떤 발달단계에 있는 어떤 학습자에게도 효과적으로 가르칠 수 있다.'는 원리를 기반으로 한다. 나선형 교육과정은 교육과정의 조직 원칙의 하나인 '계열성'의 원칙을 기존의 방식이 아니라 통합성이 강조된 지식의 전달체계로 해석하면서, 사회과의 각 학문의 개념을 강조하며 단순한 것부터 복잡한 것으로, 구체적인 것부터 추상적인 것으로 교육 내용을 반복적으로 심화하며 제시할 것을 강조한다. 또한 동일한 내용을 수준을 달리하여 여러 번 반복하여 가르침으로써 학습자에게 개념에 대한 심층적인 이해와 추상적 사고 발달에 기여하도록 구성하는 원리이다. Jerome Bruner(1960)는 나선형 교육과정의 특징으로, 교육과정 전반에 걸쳐 같은 주제가 계속적으로 반복해서 등장하고 점차 학습의 난이도가 높아지며, 새로운 학습이 반드시 선행 학습과 관련이 있다는 것으로 제시한다. 이에 따라 교육 내용을 구조화하는 데 각 과목에서 반드시 가르쳐야 할 내용을 선정하고 학습자의 인지적, 심리적 수준에 적합하게 내용을 재구성하여 점차 폭넓고 깊이 있게 가르쳐야 한다.

(2) 환경확대법

사회과 범위와 계열을 조직하는 많은 방법 중 가장 널리 사용되고 있는 방법으로 Paul Hanna가 사회과를 위해 제안한 원리이다. 환경확대법은 1930년대 이후 사회과 교육과정의 학년별 내용을 배열하는 데 가장 큰 영향을 미쳤으며, 다양한 계열화의 논리 중에서 가장 널리 사용되는 전통적인 방법이다. 이 원리는 학생들이 친숙함을 느끼는 것에서부터 낯선 것으로 내용을 배열한다는 원리를 기초로 한다. 이는 교육과정을 구성하는 내용은 저학년 시기에는 자기 자신을 중심으로 가까운 환경이나 손쉽게 경험할 수 있는 곳에서부터 시작하여, 고학년으로 올라갈수록 확장되어 가는 사회적 환경과 더 복잡한 주제를 다룬다는 것을 뜻한다. 또한 인간과 환경의 상호작용과 이를 통한 인간의 경험, 그리고 경험이 학생들의 성장을 촉진할 수 있다는 관점에서 비롯되었다. 학생들이 정서적 친밀감을 느끼는 환경은 흥미를 유발하기 때문에 친근한 것에서부터 점차 정서적 거리감이 있는 것으로 내용을 배열할 때 학습 효과가 높아진다는 것을 의미한다. 환경확대법은 교육 내용을 친근감과 경험 세계를 중심으로 조직하여, 학습자에게 더 유익하고 흥미로운 경험을 제공하는 계열의 논리라고 할 수 있다.

(3) 주제 중심의 통합적 구성

사회과는 사회과학에서 요구하는 지식을 넘어 사회생활에 필요한 지식과 기능을 습득하여, 사회 현상을 올바르게 인식하고 민주시민으로서의 자질을 갖추는 것을 중요하게 여긴다. 통합의 형태에는 학문적 형태, 교육적 형태, 종합적 형태로 구분할 수 있는데, 이 중 주제 중심의 통합적 구성은 교육과정을 구성할 때 하나의 학문적 영역의 내용에만 의존하지 않고 두 개 이상의 학문적인 내용을 바탕으로 구성한다는 원리이다. 주제 중심의 통합적 구성은 Willard Kniep에 의하여 제안된 개념으로, 교육과정에 대한 범위가 인간의 가치, 세계 체제, 세계적인 이슈와 문제들, 세계의 역사에 대한 학습을 포함해야 한다는 관점에서 출발한다. 이는 사회 현상 속에서 제기되는 문제들을 개념적 주제, 현상학적 주제, 지속적인 문제 주제로 구분하여 접근한다. 사회과의 다양한 영역에 해당하는 지리, 역사, 정치, 경제, 법, 사회문화, 윤리 등에 관한 내용을 통합적으로 재조직하여 교육과정을 구성하는 방식을 의미한다. 또한 여러 가지 학문을 기반으로 통합 교육과정을 구성할 때 그 조직 요소로 사회적으로 논의가 되고 있는 중요한 이슈나 문제를 활용하는 방법이다. 이를 통해 학습자는 교육과정의 내용을 활용하여 교실에서 실제 세계의 문제를 학습할 수 있는 기회를 제공받고 학교에서 학습한 내용과 실생활을 연결할 수 있다.

주제 중심의 통합적 구성에 있어 이슈나 문제 중심으로 통합하였을 때는 그 내용에 따라 특정 학문 영역에 국한될 수 있으며, 내용 조직에 있어 학문적 지식체계에 많이 의존하게 된다는 단점이 따른다. 이러한 단점을 보완하기 위하여 주제 스트랜드(strand) 중심의 통합 개념이 제안되었다. 스트랜드란 사회과 교육 영역에 있는 개념·주제·문제·이슈·일반화·법칙·가치 등을 모두 종합하여 사회과에서 가르쳐야 할 것으로 기대되는 것들을 종합할 수 있는 핵심적인 요소를 의미한다. 학습자는 사회의 모습을 이해하기 위해서 지리적 학문 요소뿐만 아니라 역사, 경제, 정치 등의 사회과학적 지식과 삶의 태도를 통합적으로 학습해야 한다. 이러한 관점은 사회과의 완전한 통합교육과정 구성을 가능하게 한다.

(4) 교육과정 지역화

사회과는 사회과학과 인문과학을 함께 아우르는 교과로, 시대적인 문제와 사회 현상, 사회나 국가가 중요하게 생각하는 내용들을 포함한다. 사회과 교육은 상황과 배경에 맞게 운영하는 것을 중요시하며, 교육과정 지역화는 교육과정의 개발 및 운영의 지방분권화를 의미하는 동시에 지역에 관한 내용을 가르친다는 의미를 지닌다. 이를 통해 지역의 특수성과 교육 여건을 고려하여 운영할 필요성도 지닌다. 교육과정의 지역화는 각 지역의 특수성과 다양성을 교육에 반영하려는 시도에서 비롯된 것으로, 학습자가 살고 있는 지역의 자원과 소재를 활용하여 학습을 구성하는 원리이다. 이를 통해 학습자는 지역 수준의 교육과정으로 사회 교과의 학습 소재를 학습자가 살고 있는 지역에서 찾아, 지역에 대해 배우며 직접 경험해 봄으로써 능동적인 학습이 실현되는 동시에 소속감을 기반으로 한 정체성을 형성할 수 있다. 또한 지역의 특수성을 이해하고 지역사회 내에서의 역할을 파악하여 민주시민으로서의 자질을 함양하게 된다.

교육과정 지역화는 '내용의 지역화'와 '방법의 지역화'로 구분된다. 내용의 지역화는 '지역에 대한(about the region) 학습'으로서, 지역에 분포하는 지리적, 역사적, 사회적 현상과 사실 자체에 대하여 체계적이고 전반적인 내용을 교수하고 학습하는 것을 의미한다. 이를 통해 학습자는 지역 현상 전체를 종합적으로 이해하고 체계적으로 학습하며 지역에 대한 가치와 태도를 함양하게 된다. 반면, 방법의 지역화는 '지역으로서(by the region)의 학습' 또는 '지역을 통한 학습'으로, 학습자가 거주하는 지역에 분포하는 자원을 도구나 소재로 활용하여 교육과정이 규정하는 내용을 지역사회와 밀접한 관계를 맺으며 학습하는 것을 의미한다.

3) 공통교육과정 사회과 교육 내용 구조화

사회과는 인간과 사회 현상에 대한 내용을 다루는 교과이다. NCSS(National Council for Social Studies, 전국사회과협회)는 사회과 교육과정 지침에서 사회과학적 지식의 유용성을 설명하기 위하여 사회과 교육의 범위와 계열성의 원리를 제시하였다. 우선 사회과의 범위는 학생의 경험, 사회과학 개념 중심, 주제 중심, 스트랜드 중심으로 발전해 왔다. NCSS는 사회과 교육 내용 조직의 핵심 요소를, ① 문화, ② 시간, 연속성과 변화, ③ 사람, 장소와 환경, ④ 개인의 발달과 정체성, ⑤ 개인, 집단과 단체, ⑥ 권력, 권위와 통치, ⑦ 생산, 분배와 소비, ⑧ 과학, 기술과 사회, ⑨ 국제 관계, ⑩ 시민 이상과 실천과 같은 10개의 스트랜드로 제시하였다. 이 스트랜드는 사회과의 핵심 아이디어와 학습자가 알아야 할 질문 및 학습의 기본 방향을 제시하며 학습자가 사회적 이해를 확장하고 실천할 수 있도록 돕는다. 구체적으로 범위를 선정할 때는 실제 사회 세계에 대한 내용과 쟁점을 포함해야 하며, 인문·사회과학 및 관련 학문 분야의 개념과 일반화를 강조해야 한다. 이를 통해 지식, 기능 및 여러 관련 학문분야로부터 도출된 내용들을 통합할 수 있어야 한다. 계열성은 범위에서 결정된 요소들의 순서를 일정한 순서에 따라 배열하는 것으로, 어떤 학년 수준에서 가르칠지(between-grade-question)와 언제 가르쳐야 할지(within-grade-question)을 결정하는 데 중점을 둔다.

2022 개정교육과정의 사회과는 학생들이 시민으로서 필요한 자질을 갖추도록 하며, 민주시민 및 생태전환 교육과 연계하여 구성하였다. 이를 통해 공동체 의식, 평화, 인권, 문화 다양성 등의 민주시민 관련 내용과 기후위기 대응, 지속가능한 발전,

생태 감수성 등의 생태전환 교육 관련 내용을 반영하도록 구성하였다.

첫째, 사회과 교육의 궁극적인 목표는 민주사회의 구성원으로서 요구되는 시민으로서의 자질 함양이다. 이를 통해 사회생활에 필요한 기본적인 지식과 정치, 법, 경제, 사회, 문화 현상에 대한 기본적인 원리를 종합적으로 이해할 수 있다. 또한 여러 당면한 문제들에 관심을 가짐으로서 민주적 사회생활에 필요한 가치와 태도를 학습한다.

둘째, 사회과는 지리, 역사, 다양한 사회과학의 개념과 원리, 문제와 쟁점, 탐구 방법과 절차 등에 관한 요소를 통합적으로 살펴볼 수 있도록 선정·조직하였다. 이는 사회생활에 관한 기본적 지식과 사회 현상과 사회문제, 공간구조와 변화, 시간의 변화와 지속성 등 여러 학문과의 관련성을 지니고 있다. 또한 사회과의 융합적 성격이 미래 교육에 있어 적합한 교과로서의 가능성을 보여 준다.

셋째, 사회과는 사회의 여러 현상과 특성을 여러 측면에서 다루며, 다양한 측면을 소재로 하고 있다. 이를 위해 학생들이 그 사회의 지리적 환경, 역사적 맥락, 정치·경제·사회적 제도 등과 관련지어 이해하도록 한다. 또한 개인과 공동체 생활에서 직면하는 여러 문제를 합리적으로 해결할 수 있도록 한다. 이를 통해 학생들은 복잡한 현상으로부터 현상의 본질을 읽어 내고, 실제 상황이나 문제를 해결하는 능력을 기를 수 있다.

사회과는 교육의 목표를 '시민의 자질 함양'을 중심으로 한다. 이러한 목표를 토대로 과목 체계와 내용을 구조화하고 교육과정의 목표를 학년군별로 구분하여 제시하고 있다. 2022 개정교육과정의 내용 체계는 사회과의 여러 영역을 아우르면서 각 영역의 학습을 통해 일반화할 수 있는 내용을 핵심적으로 진술하고, 이를 '지식·이해' '과정·기능' '가치·태도'로 각각 구성한다. '지식·이해'는 사회교과군의 각 영역별로 하위 영역을 4개 이내로 구성하며, '핵심 주제' '핵심 주제 관련 내용 또는 일반화 진술문'을 두었다. '지식·이해'는 학년군별로 학습해야 할 세부 내용을 제시한다. 해당 내용에는 과목에서 학습해야 할 내용 요소(개념, 원리, 이론)로서 교육 목적 부합성, 학문적 내용 타당성, 실생활과의 연관성 및 유용성, 교수·학습의 실행 가능성, 국가·사회적 요구, 학년 및 학교급 간 계열성, 단원 간 연계성 및 통합성, 학습량 및 수준의 적정화 등을 종합적으로 제시한다. '과정·기능'은 과목의 지식을 습득하는

데 활용되는 절차적 지식이나 능력을 의미하며 학교급별로 제시하면서 과목 고유의
탐구 및 사고 과정과 기능을 명료화하고 학년이 올라갈수록 심화되는 방식으로 구성
한다. 한편, '가치·태도'는 과목 학습 활동을 통해 함양할 수 있는 가치 및 태도로서
영역별로 각각의 특성을 고려하여 제시하되 '지식·이해' 및 '과정·기능' 요소와 유
기적으로 연계되도록 구성한다.

〈표 3-1〉 2022 개정교육과정 사회과의 영역과 하위 영역

영역	하위 영역(초·중·고 공통)	핵심 주제
지리	지리 인식	지리적 속성, 공간 분석, 지역과 지리 사상
	자연환경과 인간생활	기후 환경, 지형 환경, 자연-인간 상호작용
	인문환경과 인간생활	인구의 지리적 특성, 생활공간의 체계 , 경제활동의 지역 구조, 문화의 공간적 다양성
	지속가능한 세계	갈등과 불균등의 세계, 지속가능한 환경, 공존의 세계
일반사회	정치	민주주의 이념, 정치, 국제 사회, 국제 문제해결
	법	일상 규율, 인권 보장, 헌법
	경제	가계와 기업의 합리적 선택, 시장 가격, 세계화 과정
	사회·문화	사회적 지위, 문화, 사회변동, 사회 문제
역사	역사 일반	시대에 따른 생활 모습, 과거 자료
	지역사	국가유산, 지역 정체성, 지역의 역사적 문제
	한국사	당시 사람들의 생활상, 사고방식, 역사 정보

사회과 교육과정은 영역을 기반으로 사회과의 과목 특성과 가독성을 고려하여 내
용 체계표를 제시한 후, 각 영역별 핵심 아이디어와 지식·이해에 해당되는 내용요
소를 다룬다. 또한 2022 개정교육과정은 내용 체계표에 따라 핵심 아이디어를 영역
(주제)별로 나열하고, 지식·이해 범주에 해당되는 내용 요소를 영역(주제)별로 정리
하여 제시한다.

〈표 3-2〉 2022 개정교육과정 내용 체계

핵심 아이디어		
범주		내용 요소
지식 · 이해		
과정 · 기능		
가치 · 태도		

〈표 3-3〉 2022 개정교육과정 내용 체계 구성 예시: 자연환경과 인간생활

핵심 아이디어		● 지표상에는 다양한 기후 특성이 나타나며, 기후 환경은 특정 지역의 생활양식에 중요하게 작용한다. ● 우리나라와 세계 각지에 다양한 지형 경관이 나타나고, 해당 지역의 인문환경과 인간생활에 중요한 영향을 미친다. ● 인간은 자연환경에 의존하고 적응하며, 자연환경을 변형시키기도 한다.	
범주		내용 요소	
		초등학교	중학교
		3~4학년	5~6학년	1~3학년
지식 · 이해	기후환경	● 우리 지역의 기온과 강수량 ● 사례 지역의 기후환경	● 우리나라의 계절별 기후 ● 세계의 기후	● 우리나라의 계절별, 지역별 기후 특성과 변화 양상 ● 세계 각 지역의 기후 특성
	지형환경	● 사례 지역의 지형환경	● 우리나라의 지형 ● 세계의 지형	● 우리나라 주요 지형의 위치와 특성, 지형 경관 ● 세계 각 지역의 지형 특성
	자연-인간의 상호작용	● 이용과 개발에 따른 환경 변화	● 다양한 자연환경과 인간 생활 ● 기후변화 ● 자연재해	● 기후변화에 대한 지역별 대응 노력 ● 자연재해의 지리적 특성과 대응 노력

범주	내용 요소		
	초등학교		중학교
	3~4학년	5~6학년	1~3학년
과정·기능	• 자료를 바탕으로 다양한 자연환경과 생활모습 조사하기 • 자료를 바탕으로 우리나라의 계절별 기후 특징 탐구하기 • 지도, 기후 그래프, 사진 등을 활용하여 세계의 다양한 기후 비교하기 • 사진, 기록물, 영상자료 등을 활용하여 다양한 지형의 사례 조사하기 • 자연재해 대비 노력 조사하기		• 지도상에서 세계와 우리나라의 주요 자연환경 요소의 위치 파악하기 • 다양한 지리 정보와 매체를 활용하여 지리적 시각화하기 • 지리적 특성이나 문제를 지도로 표현하기 • 자연환경과 인간생활 간 상호 연계성 파악하기 • 일상생활에서 자연재해에 적극적으로 대처하기
가치·태도	• 개발과 보전에 대한 균형 있는 관점 • 자연환경에 대한 감수성 • 기후변화 대응에 대한 관심		• 세계와 우리나라의 자연경관에 대한 호기심과 소중히 여기는 태도 • 자연환경 보호 활동의 참여 및 실천 • 기후변화 문제해결을 위한 생활 속 실천과 참여

4) 기본교육과정 사회과 교육 내용 구조화

기본교육과정의 사회과는 학생이 자신을 바르게 이해하고 사람들과 상호작용하면서 세상을 알아가도록 돕는 교과이다. 사회과 교과 역량은 '자율생활 역량, 대인관계 역량, 사회참여 역량'으로 설정되었다. 사회과 내용 영역은 '나의 삶' '관계의 삶' '시민의 삶'으로 구성하며, 이는 학생의 삶과 연계한 교육이라는 2022 개정교육과정 중점 사항을 반영한 것이다. 이에 따라 사회과 내용 영역은 지리, 역사, 정치, 법, 경제, 사회, 문화 등으로 나누는 분과적 구성 방식 대신, 학생의 삶을 중심으로 통합된 형태를 유지한다. 이는 2015 개정 특수교육 기본교육과정의 사회과 내용 영역의 틀을 유지하는 것이다.

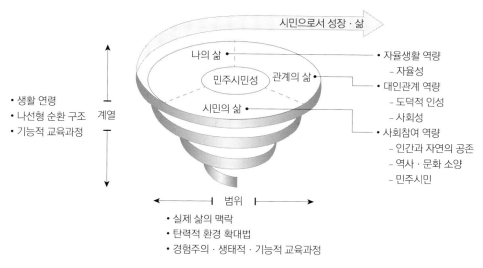

[그림 3-2] 2022 개정교육과정 사회과 구조 개요

'나의 삶' 영역은 도덕과의 자율생활 관련 주제들뿐만 아니라, 자기 결정 및 자기 옹호 등의 개념들을 자율성이라는 하위 범주로 포함하여 반영한다. '관계의 삶' 영역은 도덕적 인성과 사회성을 하위 범주로 두며, 학생들이 삶의 시·공간적 환경에서 사람들과 다양한 사회적 관계를 형성하며 도덕성과 사회성을 기르는 내용으로 구성한다. 또한 '시민의 삶' 영역은 인간의 계통 발생적 보편성에 기반을 두고, 사회 구성원으로서 능동적으로 사회에 참여하는 기회를 확대하는 것을 목표로 한다. 하위 범주는 전통적인 사회과 영역들에 참정권을 포함한 민주시민 교육, 생태전환 및 디지털 기초 소양 교육을 포함한다. 이를 통해 다양한 사회생활 경험을 활동으로 연결하여, 탄력적 환경확대법을 적용하고 학생의 교육적 요구에 따라 유연하게 해석하여 구조화한다. 또한 나선형 순환 구조를 갖춘 교육과정 계열로 구성되어 있다. 나선형 순환의 계열화는 기능적 교육과정 원리를 기초로 하여, '지식·이해' 수준을 심화하지 않고, 사회과 학습 경험을 통해 '과정·기능'과 '가치·태도' 형성 기회를 넓고 다양하게 제공하는 데 중점을 둔다.

개정 특수교육 기본교육과정 사회과는 학생들이 독립적으로 생활하는 데 필요한 내용을 중점적으로 재구성하였다. 기본교육과정 사회과는 인성과 관련한 도덕 교과의 학습 요소와 지리, 일반사회, 역사와 같은 사회과의 전통적인 학습 영역에서 핵심 요소를 추출하여, 학생 중심의 새로운 통합교육과정을 개발하였다. 또한 전체 학년 군에 걸쳐 경험해야 할 학습 요소들을 선정한다. 그 후 학생의 생활 연령에 맞는 다양한 경험을 제공하고자 학습 주제와 성격에 따라 내용을 계열화한다. 또한 교육과정을 통해 제공하는 보편적 사회 과제는 학생의 학습 양식이나 지역 특성 등을 고려해 학생에게 의미 있는 경험으로 재구성하거나 실생활과 경험적으로 통합할 수 있도록 주제 중심 통합 수업으로 구성하여 제시한다.

이 장의 내용을 요약해 보면, 교육 내용의 구성은 전체 교육과정의 가장 핵심적인 요소에 해당하는 것으로, 교육 내용을 선정하고 이를 효과적으로 조직하여 진술하는 일은 학습자들의 학습 경험의 질을 좌우한다. 교과 지식이 체계화되는 방식으로 이를 구성하기 위해서는 교육 내용의 적정성을 먼저 확인해야 한다. 교육과정을 기반으로 교육 내용을 선정하는 것은 교육을 통해 무엇을 가르칠 것인가에 관한 부분으로 교육과정에서 가르쳐야 할 핵심을 명료화하는 과정이다. 또한 교과 교육 내용의 조직은 계속성, 계열성, 통합성에 원리에 따라 구분해야 하며, 핵심 개념 및 원리를 기반으로 우선순위를 정하고, 계열성과 통합성을 고려하여 제시해야 한다.

사회과는 사회생활에 필요한 지식과 기능을 바탕으로 사회 현상을 정확하게 인식하고, 민주시민으로서의 자질을 갖추도록 하는 교과이다. 사회과는 사회 현상에 관한 기초적 지식뿐 아니라 지리, 역사 및 제반 사회과학의 기본 개념과 원리를 발견하고 탐구하는 능력을 함양하도록 구성해야 한다. 2022 개정교육과정에서 사회과는 '지리 인식' '자연환경과 인간생활' '인문환경과 인간생활' '지속가능한 세계' '정치' '법' '경제' '사회 · 문화' '역사 일반' '지역사' '한국사' 등의 영역을 중심으로 구성하고 있다. 각 영역은 지식 · 이해, 과정 · 기능, 가치 · 태도로 구분되며, 이를 통해 학습자가 민주시민으로서 살아가는 데 필요한 과거와 현재, 나와 타인의 삶에 대해 통찰하는 능력을 함양하도록 한다.

사회과는 일반화된 지식을 중요하게 여기며, 내용 선정은 국가교육과정에 포함되거나 학교 교실에서 공통적으로 다뤄지는 학습 내용을 바탕으로 이루어진다. 사회과 학습을 통해 학습자는 교육과정 내에서 핵심 개념을 습득할 수 있으며, 이와 관련된 아이디어로 학습자는 핵심 개념, 조직 아이디어, 특정 사실을 학습할 수 있다. 한편 사회과는 여러 학문이 통합된 교과로 사회과의 영역별로 범위와 계열에 따라 내용 체계가 구성된다. 사회과 내용 구조는 교육 목표를 달성하기 위한 것으로, 내용 구조의 형성은 내용의 적정화와 관련되기 때문에 학습 경험을 통한 교육 내용의 질을 개선하는 방향으로 체계화되어야 한다. 사회과 내용을 구조화하는 방식에는 나선형 교육과정, 환경확대법, 주제 중심의 통합적 구성, 교육사회 지역화로 구성될 수 있다.

사회과 교육 내용 조직의 핵심 요소에 대하여 NCSS는 10개의 스트랜드로 제시하고 있다. 이를 바탕으로, 공통교육과정과 기본교육과정으로 구분하여 살펴볼 수 있다. 우선 2022 개정공통교육과정의 사회과는 학생들이 시민으로서 필요한 자질을 갖추도록 하며 민주시민 및 생태전환 교육과 연계하여 민주시민 관련 내용과 생태전환 교육 관련 내용을 반영하고 있다. 또한 각 내용 영역을 아우르는 동시에 해당 영역 학습을 통해 일반화할 수 있는 내용을 핵심적으로 진술하고 '지식·이해' '과정·기능' '가치·태도'로 각각 구성하여 제시하고 있다. 기본교육과정 사회과의 경우도 2022 개정교육과정 중점 사항을 반영하여 '나의 삶' '관계의 삶' '시민의 삶'으로 구성하고 있다. 학생의 삶과 연계한 교육으로 내용을 구성하되 학생들이 독립적으로 생활하는 데 필요한 내용에 중점을 두어 재구성하고 있다.

 논의해 볼 문제

1. 사회과의 핵심 개념 중 한 가지를 선정하여 교육과정에서 제시하는 내용 선정과 구성 원리를 기반으로 내용을 재구성해 봅시다.

2. 사회과의 내용 구조 형성의 원리로 제시된 네 가지 구성 방안을 적용할 수 있는 사회과의 영역과 내용을 제시해 봅시다.

참고문헌

교육부(2022). 2022 초등학교 사회과 교육과정. 교육부 고시 제2022-33호.

교육부(2022). 2022 특수교육 기본교육과정. 교육부 고시 제2022-34호.

은지용, 강대현, 김다원, 김명정, 김민성, 김병연, 김승미, 김주현, 김현경, 김현미, 박보람, 박상준, 박정서, 박형준, 범영우, 서범석, 선혜란, 성정원, 송민섭, 양지훈, 유수진, 윤신원, 윤옥경, 이경윤, 이영호, 이윤구, 이정우, 이종원, 이진희, 이해영, 임미영, 임은진, 전보애, 정필운, 조경철, 조대훈, 하준호, 하진봉, 한경동, 한춘희, 황미애(2022). 2022 개정 사회과 교육과정 시안(최종안) 개발 연구. 교육부 정책 연구 2022-7.

은지용, 이간용, 최병택, 한춘희(2015). 2015 개정 초등 사회과 교육과정 시안의 기본 방향과 주요 특징 및 변화 양상. 사회교육론, 54(4), 65-83.

주형미, 박진용, 김상범, 김현미, 변희현, 임윤진, 서지영, 이경언, 박소영, 배주경(2021). 초·중학교 교과 교육과정 개선 방안 탐색: 국어, 도덕, 사회, 수학, 영어. 한국교육과정평가원, 연구보고 RRC 2021-6-1.

제**4**장

사회과 지식의 교육

학습 목표

1. 사회과에서 '사실'과 '개념'의 의미를 알 수 있다.
2. 사회과에서 지식 교육을 위해 활용할 수 있는 모형의 특성과 과정을 설명할 수 있다.
3. 사회과에서 지식 교육을 위해 모형을 적용하여 수업 계획을 세울 수 있다.

핵심 용어

사실, 개념, 직접교수, 개념학습

사회과에서 지식은 학습자가 시민으로서 살아가는 데 필요한 사회적 지식을 의미한다. 여기에서 사회적 지식은 사회 현상에 대한 탐구를 통해 얻은 학문적 결과로서, 사회의 여러 현상에 대한 기초 지식, 역사, 지리, 경제, 정치 등의 교과 내에 제시된 정보, 사실, 개념 등을 포함한다. 특수교육대상 학생에게 사회적 지식이란 학생이 사회에서 스스로 살아가면서, 관계 속에서 그리고 다양한 삶의 공간에서 살아가는 데 갖추어야 할 사실, 개념 등을 의미한다. 즉, 특수교육대상 학생에게 지식은 자신의 삶을 살아가는 데 필요한 내용이다.

　　다음에서는 지식의 구조에 대해서 설명하고, 학생들이 지식을 습득할 때 효과적으로 활용할 수 있는 교수 · 학습 모형을 소개한다. 교수 · 학습 모형은 특수교육 분야에서 지식을 익힐 때 가장 많이 활용하고 있는 교수법으로 직접교수를 제시하고, 기본교육과정과 공통교육과정에서 지식을 익히기 위해 유용하게 사용되고 있는 개념학습 모형을 제시한다.

1. 지식의 구조

지식은 사실적 지식, 개념적 지식, 일반화의 구조로 나누어 볼 수 있으며, 사실적 지식이 가장 아래에, 개념이 지식이 중간에, 일반화는 상위에 위치하고 있다. 지식의 구조는 상위(일반화)로 갈수록 추상적이고 고차적인 지식으로 나아가는 것을 볼 수 있다.

1) 사실

사회과에서 '사실(fact)'은 특정 사건, 대상, 사람 등에 관한 정보가 경험적 자료에 의해 증명된 진술이다(Banks, 1990). 사실은 구체적인 사건이나 대상 자체보다는 그것에 관하여 경험적 자료에 의해 증명된 진술이다. 대한민국의 지리, 역사, 정치, 경제 등과 관련된 사실의 예로는 아래와 같다.

① 제주도는 대한민국 남쪽에 있는 섬이다.
② 우리나라는 여름은 대체로 무덥고, 겨울은 춥다.
③ 추석과 설날은 우리나라에서 가장 큰 명절이다.
④ 대한민국 국기는 태극기이다.

사실은 사회과 수업에서 다양한 방식으로 활용된다. 첫째, 사회 현상에 대하여 증명된 정보이기 때문에 의사결정이나 다양한 문제해결을 위한 기본 정보로서 유용하다. 둘째, 사실은 개념이나 일반화와 같이 사회과의 높은 지식을 쌓아 가는 기초가 된다. 사회과학적 지식의 가장 하위 구조를 차지하는 사실을 정확히 파악하지 못하면 그것을 개념으로 범주화하기 어렵고, 일반화에도 도달하기 어렵다. 셋째, 사실은 그 자체로서의 유용성보다는 기본적인 사회과학적 교양을 위한 지식으로서 유용하다. 우리의 사회생활 중에 일상적인 대화에서 가장 많이 사용하는 지식이 사실이다. 따라서 사실을 많이 알고 있는 경우 사람들과의 사교나 대화 등에서 교양, 시사적인 측면의 지식과 정보를 공유하는 데 도움을 줄 수 있다.

한편, 사실은 경험적 자료에 의해 증명되기 때문에, 그것을 뒷받침하던 자료의 신뢰성과 타당성이 사라지고, 새로운 경험적 자료가 발견되면 변경될 수 있다. 역사적 사실은 새로운 유물이나 사료가 발견되는 경우에, 지리현상과 관련된 사실은 기후와 지형이 변화되는 경우에 그리고 정치현상과 관련된 사실은 법률과 정치제도가 바뀌는 경우에 변경될 수 있다(정문성 외, 2020).

2) 개념

'개념(concept)'은 유사한 대상, 사건, 관념 등을 하나의 집합으로 분류하여 범주화시킨 추상적인 용어이다(Banks, 1990). 예컨대, '덥다.'와 '춥다.'는 '기후'라는 개념으로 표현할 수 있으며, 설과 추석은 '명절'이라는 개념으로 표현할 수 있다. 따라서 개념은 우리가 수많은 사실이나 현상을 일일이 암기하지 않더라도, 다양하고 복잡한 사실이나 현상을 간단하게 이해하고 설명하는 것을 도와준다. 또한 구체적으로 경험하는 사실이나 현상을 넘어서 새로운 현상을 이해할 수 있도록 도와주고, 여러 가지 사실과 경험을 명료하게 이해할 수 있는 안목과 사고의 틀을 제공해 준다.

개념은 일반적으로 다음과 같은 특성이 있다. 첫째, 개념에는 명칭이 있다. 둘째, 개념에는 결정적 속성이 있다. 이는 해당 개념을 동일시할 수 있는 특징을 말한다. 경험을 통해 다른 개념과 구별되는 추상화된 정보의 목록을 말한다. 셋째, 개념에는 본보기가 있다. 개념에 속하는 사례들이 갖는 속성들을 평균적으로 소유한 사례가 있으며 이를 원형이라고 한다. 넷째, 개념에는 규칙이 있다. 수학이나 자연 과학의 개념에서 흔히 발견되는 것으로써, 예를 들면 평행사변형의 규칙 등이 있다(최용규 외, 2014).

3) 일반화

　일반화는 지식 구조의 최상위 수준에 위치하는 지식으로서 둘 또는 그 이상의 개념들의 상호 관계를 표현한 것이다(Banks, 1990). 따라서 일반적인 보편성을 가지는 이론이나 원리를 의미한다. 예를 들어, 앞의 예에서 우리나라의 여름의 기후와 겨울의 기후의 특성과 관련지어 "계절에 따라 기후가 바뀐다." 등과 같은 지식을 말한다. 이는 여름과 겨울 외에도 봄과 가을의 기후 변화를 설명하고 예측할 수 있는 지식이며, 우리나라 외에 다양한 나라의 계절의 모습을 설명하고 예측해 볼 수 있는 지식이다.

　이는 사회 현상에 관한 탐구를 통하여 얻어지는 원리와 법칙으로서 사회문제를 합리적으로 판단하고 결정하는 데 중요한 역할을 한다. 따라서 사회과 교육을 통해서 구체적인 사실적 지식의 습득에 머무르는 것이 아니라 이러한 구체적 지식을 바탕으로 개념적 지식과 보다 고차원적 일반화된 지식으로 성장시킬 필요가 있다.

　그러나 일반화 지식도 절대적인 것은 아니다. 사회과학적 지식은 사회사상을 토대로 계속 개발, 발전되며, 사회 탐구를 통해 지속적인 수정이 이루어진다.

2. 직접교수

1) 직접교수의 의미와 특성

　직접교수(direct instruction: di)는 교사가 명시적으로 직접 가르쳐 준다는 의미에서 형성된 교수법이며, 초기에는 특수교육대상 학생의 기초학습 기능을 가르치는 데 주로 사용되었다. 그러나 적용 범위가 확장되면서, 사회과의 내용 지식에 대한 교수·학습에도 매우 효과적인 것으로 나타났으며, 특히 사회과의 사실이나 개념 이해를 위해 유용하게 사용된다. 직접교수(Rosenshine & Stevens, 1986; Stallings, 1987)의 대표적인 특성은 명시적이고 체계적인 수업, 교사주도적인 수업, 반복학습 등이다. 수업의 주요 구성 요소는 교사의 내용 제시, 점검, 평가, 평가 결과에 대한 피드백 등이다. '내용 제시'는 교사가 해당 차시에서 학습할 내용을 제시하는 것을 의미하며, 이때 교사는 '시범보이기' 혹은 사례 등을 활용하여 명시적으로 내용을 제시한다. 이어서 교사는 '안내된 교수'를 하고, 이후 학생이 스스로 '독립적 연습'을 하는 일련의 과정을 거쳐 학생들에게 '연습할 기회를 제공'한다. 이때 학습자들은 교사의 점검과 피드백을 통해 학습 내용을 완전히 숙달할 때까지 반복 연습한다. 그리고 '평가'가 실시되며, 교사는 평가 결과에 기초하여 학습자들에게 피드백을 제공한다(이대식, 2004).

2) 직접교수의 교수 · 학습 과정

직접교수의 교수 요소는 여섯 가지 교수 기능(teaching functions)으로 요약해 볼 수 있다. 즉, ① 복습, ② 제시, ③ 안내된 연습, ④ 교정과 피드백, ⑤ 독립적 연습, ⑥ 주별, 월별 복습으로 구성된다. 교수 · 학습 과정 또한 이 순서로 진행되며, 수업 내용에 따라 융통성 있게 활용될 수 있다. 각 기능, 즉 단계와 단계별로 이루어지는 구체적인 내용은 〈표 4-1〉에 제시하였다.

〈표 4-1〉 직접교수의 과정

학습 단계	교수 · 학습 활동
① 복습 (Review)	● 과제와 관련 선행 학습 내용을 복습한다. ● 본 학습을 위해 요구되는 기술이나 지식을 복습한다.
② 제시 (Presentation)	● 수업의 목표를 진술한다. ● 새로운 수업자료를 작은 단위로 쪼개어 제시한다. ● 과제 완성을 위한 학습절차를 모델링한다. ● 적절한 사례와 적절하지 않은 사례를 제공한다. ● 명확한 용어를 사용한다. ● 수업과 관련 없는 내용은 제시하지 않는다.

학습 단계	교수·학습 활동
③ 안내된 연습 (Guided practice)	• 교사와 학생의 빈번한 상호작용을 위해 빈도 높은 반응을 요구한다. • 높은 성공률을 제공한다. • 단서(clues)나 촉진(prompts) 등을 제공하고, 적시에 피드백을 제공한다. • 학생들이 잘할 수 있을 때까지 계속해서 연습하게 한다.
④ 교정과 피드백 (Corrections and Feedback)	• 필요하다고 판단될 때에는 다시 가르친다.
⑤ 독립적 연습 (Independent practice)	• 기술이 자연스럽게 나올 때까지 학생들에게 계속해서 연습하게 한다. • 학생이 연습할 때 모니터링한다.
⑥ 주별, 월별 복습 (Weekly and monthly reviews)	• 교육과정중심평가를 활용하여 학생의 진전도를 점검한다. • 필요하다고 판단되면, 학습한 내용을 복습한다.

출처: Archer & Hughes (2011), p. 4.

3) 직접 교수의 수업 적용

(1) 기본교육과정 수업 적용 사례

단원	우리 지역의 환경	
학습 주제	우리 지역을 그린 지도	
학습 목표	지도에서 사용되는 여러 가지 기호를 알 수 있다.	
학습 단계	**학습 내용**	**교수·학습 활동**
복습	• 학습 분위기 조성 • 전시 학습 상기	• 인사하기 • 방위를 읽고 동서남북 방위에 있는 것을 말한다.
제시/ 교사의 시범	• 동기유발 및 학습 문제 제시 • 건물 기호의 의미 설명하기	• 기호로 제시된 지도를 보고 어려워하는 친구의 모습을 담은 동영상을 본다. 　지도에 사용하는 여러 가지 기호의 의미를 알아봅시다. • 교사는 건물을 나타내는 기호를 제시하고, 기호의 의미를 설명한다.

학습 단계	학습 내용	교수 · 학습 활동
	● 지도 속에서 기호의 의미 알아보기	"우체국은 제비 모양을 본떠서 만든 것입니다." "병원은 우리 몸의 동맥을 초록색으로 붕대를 흰색으로 표현해서 만든 것입니다." "학교는 건물과 그 위에 태극기 모양을 보고 만든 것입니다." ◉ 지도 속 기호를 제시하고, 기호의 의미를 설명한다. ◉ 기관의 이름을 말하고 지도 속에서 그에 해당하는 기호를 찾아서 보여 준다.
안내된 연습	● 교사의 안내에 따라 기호의 의미 말해 보기	◉ 교사가 기호의 모양을 설명해 주고, 학생에게 기호와 기관의 이름을 연결하게 한다. ◉ 학생은 기호를 보고 기관의 이름을 말해 본다. ◉ 학생은 기관의 이름을 듣고 기호를 찾아본다.
교정과 피드백	● 피드백 듣고 수정하기	◉ 기호의 의미 알기 문제에서 오류를 보이면, 교사는 피드백을 주고 학생은 답을 수정한다.
독립적 연습	● 기호를 사용하여 자신의 지도를 만들고 설명하기	◉ 학생은 스스로 기호를 선택하여 의미를 말해 본다. ◉ 학생은 지도에 여러 가지 기호를 배치하여 나의 지도를 소개해 본다.
평가	● 정리하기	◉ 기호와 기관 연결하기 퀴즈를 한다.

3. 개념학습

1) 개념학습의 의미와 특성

　개념(concept)은 유사한 대상, 사건, 관념 등을 하나의 집합으로 분류하여 범주화한 용어이며, 개념의 의미를 명확하게 형성하고 획득하게 하는 학습 방법이 바로 개념학습(concept learning)이다. 개념학습은 개념의 구조에 대한 이론에 따라 세 가지 모형, 즉 '속성모형' '원형모형' '상황모형'으로 구분된다. 속성모형은 먼저 개념의 결정적 속성 또는 정의적 속성을 제시한 후 개념을 가르치는 방식이다. 반면에 원형모형은 개념의 원형 또는 대표 사례를 제시하며 개념을 가르치는 방식이다. 이 모형은 결정적 속성이 명확하지 않은 추상적 개념을 가르치기 위해 등장하였다. 끝으로, 상황모형은 개념과 관련된 사회적 상황 또는 학생의 경험 속에서 개념을 학습하는 방식이다.

다음으로는 개념학습 모형을 이해하기 위해 알아야 할 선행지식으로 '개념의 속성'과 '개념의 예와 비예'를 설명한다.

(1) 개념의 속성

개념의 속성은 '결정적 속성(critical attribute)'과 '비결정적 속성(non-critical attribute)'으로 나뉜다. '결정적 속성'은 본래 그 대상이나 사건에 속하는 특성으로서 다른 것들과 구별하는 데 결정적으로 중요한 속성이다. 반면에 '비결정적 속성'은 그 개념을 정의할 때 포함되지만 다른 대상이나 사건도 지니고 있는 속성이다. 이들은 다른 것들과 구별할 때 결정적인 요소가 되지 않기 때문에 '비결정적 속성'으로 분류된다. 예를 들면, 정치현상에서 쿠데타와 혁명이 있다. 이들은 기존의 규범에서 벗어난 정권교체 사건들이라는 점에서 같은 범주로 분류해 볼 수 있다. 그러나 '쿠데타'는, ① 지배 계층이 군사력을 동원한다, ② 비합법적 방법이나 수단을 사용한다, ③ 정권을 교체한다와 같은 속성을 지닌다. 이 속성들 중에서, ① 속성이 혁명과 구별하여 쿠데타만이 갖는 고유한 '결정적 속성'이다. 반면에 ②와 ③ 속성은 쿠데타와 혁명이 모두 갖고 있는 일반적 속성, 즉 '비결정적 속성'이다.

(2) 개념의 예와 비예

사회과의 개념들은 대부분 추상적이기 때문에, 교사는 그 개념에 가장 적합한 대표 사례를 제시해야 한다. '대표 사례(best example)'는 '공통된 속성'을 모두 갖고 있는 전형적인 사례이다. 이런 대표 사례는 학생이 추상적 개념을 쉽게 이해하고 실제 대상이나 현상에 적용하여 설명할 수 있도록 도와준다. 그리고 '비예' 또는 '예가 아닌 것(non-example)'은 결정적 속성은 없지만 비결정적 속성을 갖고 있기 때문에 그 개념에 해당하는 것처럼 보이지만 실제로는 관계가 없는 사례이다. 비예는 학생들이 추상적 개념을 다른 개념과 구별하여 더 명확하게 이해하도록 도와준다. 대표 사례는 '긍정적 예(positive example)' 그리고 비예는 '부정적 예(negative example)'로 불리기도 한다(Banks, 1990).

예를 들면, '사회집단'의 개념을 가르칠 때 동창회, 이익집단, 시민단체 등은 사회집단의 대표 사례이고, 축구 관중, 지하철 안 승객 등은 비예이다. '2인 이상 모인 집합체'라는 비결정적 속성을 갖고 있기 때문에, 얼핏 보면 모두 사회집단처럼 보인다. 그러나 후자는 구성원들이 '공유된 의식이나 소속감을 갖고 지속적인 상호작용을 하는 모임'이 아니라 일시적으로 우연히 모인 사람들의 집합체이기 때문에, 사회집단의 비예이다.

2) 속성모형

속성모형(attribute model)은 개념학습의 방법 중 가장 오래된 모형이다. 이 모형에서 개념은 '사람들이 사물과 현상에 대하여 공유하고 있는 속성'이라고 정의한다. 속성모형에서는 개념은 한 개 이상의 '결정적 속성'들로 구성되며(Howard, 1987), 한 개념은 다른 개념과 구별되는 고유한 속성을 가지고 있기 때문에 개념으로서 성립되고, 모든 개념의 결정적 속성은 항상 인식될 수 있다고 가정한다(Banks, 1990). 따라서 속성모형에서는 학생들이 그 개념의 결정적 속성 또는 정의적 속성을 추출할 수 있고, 이에 근거하여 개념을 쉽게 이해할 수 있다고 가정한다.

교수·학습 과정을 살펴보면, 교사는 먼저 개념과 관련된 현상이나 사례를 제시한후, 개념을 간략히 정의하고 특징(속성)을 설명한다. 그런 다음, 개념의 결정적 속성과 비결정적 속성을 검토하고, 결정적 속성에 맞는 대표적 예와 비예를 제시한다. 이후, 교사는 학생들이 개념을 정확하게 이해했는지를 확인하기 위해 새로운 현상이나 사례에 적용하여 설명하게 한다. 요컨대, 속성모형은 개념의 '결정적 속성에 의한 학습'이라 할 수 있다. 속성모형의 교수·학습 단계는 학자에 따라 다양하게 제시하였는데, 가장 많이 사용되는 과정을 〈표 4-2〉에 소개하였다.

〈표 4-2〉 속성모형의 과정

학습 단계 (최용규 외, 2014)	학습 단계 (모경환, 차경수, 2021)	교수·학습 활동
① 문제 제기	① 문제 제기	개념과 관련된 사회 현상이나 문제를 제기하고 질문한다.
② 속성 제시와 정의	② 속성 제시와 정의	개념을 정의하고 설명한다.
③ 결정적 속성과 일반적 속성 검토	③ 결정적 속성과 비결정적 속성 검토	개념의 정의에서 결정적 속성과 비결정적 속성을 검토하고, 결정적 속성을 통해 개념을 이해하게 한다.
④ 사례와 비사례 검토	④ 개념의 예와 비예 검토	개념의 결정적 속성과 관련하여 대표 사례와 비예를 제시하며, 개념을 이해시킨다.
⑤ 가설 검증	⑤ 가설 검증	다른 사례를 제시하여, 개념의 결정적 속성에 의거하여 설명할 수 있는지 확인한다.
⑥ 개념 분석(개념의 형태, 종류, 관계 분석)	⑥ 개념의 형태, 종류, 관계 등 개념 분석	개념에 의거하여 최근 쟁점이 되는 사회 현상이나 문제를 분석하고 토론하게 한다.
⑦ 관련 문제 검토	⑦ 관련 문제 검토	
⑧ 평가	⑧ 평가	

3) 원형모형

원형모형(prototype model)은 결정적 속성이 명확하지 않은 추상적 개념들을 가르치기 위해서 제시되었다. 이 모형에 따르면, 개념은 대상이나 사건의 결정적 속성에 의해 인식되는 것이 아니라 그 개념에 적합한 '원형' 또는 '대표 사례'에 의해서 인식되는 것이라고 한다(Howard, 1987). 여기에서 '원형'이란 그 개념에 속하는 대상이나 사례들을 이상적으로 추상화한 형상이다. 원형은 실제로 존재하는 대상이 아니라 그 개념에 속한 대상과 사례의 공통된 속성을 모두 갖고 있는 이상적인 유형이다.

속성모형은 개념의 특징을 구체적으로 제시하여 설명하지만, 원형모형은 개념의 대표성을 추상적으로 구성하여 제시한다는 점에서 차이가 있다. 이러한 원형은 구체적 대상이나 사건을 파악하고 분류하는 기준이 되고, 그 원형에 얼마나 근접해 있는가에 따라 어떤 대상이나 사례들이 분류된다. 예컨대 '자본주의'의 원형은 실제로 존재하는 경제체제의 모습이 아니라 시장경제의 특성을 잘 보여 주기 위해 인위적으로 고안된 이상적인 유형이다. 예를 들어, '생산수단의 사유화' '사적 이윤의 추구' '자유와 경쟁을 통한 경제활동' 등이 자본주의의 원형이 될 수 있다. 또한 우리가 자본주의라고 부르는 경제체제가 이런 속성을 모두 공유하고 있는 것은 아니다. 그럼에도 불구하고 우리는 자본주의의 원형에 의거해서 현실세계에서 작동하는 시장경제의 모습을 파악하고 그것에 근접한 형태의 경제체제를 보통 자본주의로 분류하여 설명한다.

교수·학습 과정은 교사는 먼저 개념과 관련된 현상을 제시한 후, 개념의 원형이나 대표 사례를 제시하고, 그 개념에 분류되지 않는 비예를 설명한다. 그리고 교사는 학생들에게 원형이나 대표 사례를 통해서 그 개념이 지닌 공통된 속성을 찾게 하고, 공통된 속성에 의거하여 개념을 정의하도록 한다. 그다음 학생들이 개념을 정확하게 이해했는지를 확인하기 위해 새로운 현상이나 사례에 적용하여 설명하도록 요구한다. 요약하면, 원형모형은 개념의 '원형 또는 대표 사례에 의한 학습'이라 할 수 있다. 원형모형의 교수·학습 단계는 다양하게 나뉘지만, 그중 가장 많이 사용하는 것을 선정하여 〈표 4-3〉에 제시하였다.

〈표 4-3〉 원형모형의 과정

학습 단계 (최용규 외, 2014)	학습 단계 (모경환, 차경수, 2021)	교수·학습 활동
① 문제 제기	① 문제 제기	개념과 관련된 사회 현상이나 문제를 제기하고 질문한다.
② 원형 또는 사례 제시	② 개념의 원형 또는 대표 사례 제시	개념의 원형 또는 대표 사례를 제시하고, 어떤 요소에 의해 그 개념에 포함되는지 설명한다.
③ 비사례 제시	③ 개념의 비예 제시	개념에 포함되지 않는 비예(예가 아닌 것)를 제시하고, 어떤 요소에 의해 그 개념에 포함되지 않는지 설명한다.
④ 개념 분석	④ 개념의 속성 검토	다른 것과 구별되는 그 개념의 주요 속성을 검토하고, 속성을 정리하여 개념을 정의한다.

학습 단계 (최용규 외, 2014)	학습 단계 (모경환, 차경수, 2021)	교수 · 학습 활동
⑤ 관련 문제 검토	⑤ 개념의 분석	다른 사례를 제시하여 그 개념의 속성에 의거하여 설명할 수 있는지 확인한다.
⑥ 평가	⑥ 문제 검토	개념에 의거하여 최근 쟁점이 되는 사회 현상이나 문제를 분석하고 토론하게 한다.
	⑦ 평가	

4) 상황모형

　사회과의 개념 중에는 사회적 상황이나 역사적 배경 또는 학생의 경험 속에서 등장한 개념이 있다. 상황모형(social context model)에서 개념은 사회적 맥락과 다른 개념들과의 연관성, 또는 학생의 경험 속에서 여러 가지 사례를 결합하는 방식으로 이해된다. 다시 말해서 학생들이 진공상태에서 개념을 이해하는 것이 아니라 사회적 상황 속에서 이해한다는 점을 강조한다. 즉, 사회과에서 다루는 개념들은 그 사회의 상황, 역사적 배경, 문화적 전통 등과 연관해야 적절하게 이해될 수 있다.

　교수 · 학습 과정을 살펴보면, 교사는 먼저 개념과 관련된 현상을 제시하고, 그 개념과 연관된 사회적 상황 또는 학생의 경험 등을 제시하고, 그 개념으로 설명할 수 있는 적합한 대표 사례와 그렇지 않은 비예를 제시한다. 그리고 교사는 학생들에게 개념의 속성을 찾고, 관련 상황과 속성에 의거하여 개념을 정의해 보도록 한다. 그런 다음, 개념을 이해했는지를 확인하기 위해 새로운 대상이나 사례에 적용하도록 요구한다. 요약하면, 상황모형은 개념과 관련된 '사회적 상황 또는 경험에 의한 학습'이라 할 수 있다. 상황모형은 개념과 관련된 사회적 상황이나 학생의 경험을 제시하는 것 외에는 원형모형의 교수 · 학습 단계와 유사하다. 상황모형의 과정은 〈표 4-4〉에 제시하였다.

〈표 4-4〉 상황모형의 과정

학습 단계(최용규 외, 2014)	학습 단계(모경환, 차경수, 2021)
① 문제 제기	① 문제 제기
② 상황 및 경험의 진술	② 상황 및 경험 진술
③ 사례와 비사례 검토	③ 개념의 예와 비예 검토
④ 속성 검토	④ 개념의 속성 검토
⑤ 개념 분석	⑤ 개념의 분석
⑥ 문제 분석	⑥ 문제 분석
⑦ 평가	⑦ 평가

5) 개념학습의 일반적인 교수 · 학습 과정

속성 · 원형 · 상황모형이 갖는 교수 · 학습 과정의 공통점을 추출해 보면 〈표 4-5〉와 같은 일반적인 개념학습의 단계와 교수 · 학습 활동을 제시해 볼 수 있다. 〈표 4-6〉에서는 개념학습의 세 가지 모형의 특징을 비교, 분석하여 제시하였다.

〈표 4-5〉 개념학습의 일반적인 교수 · 학습 과정

단계	교수 · 학습 활동

① 학습 문제 확인	● 학습 문제 제시
	  - 학습할 개념이 사용되는 문제 상황 제시하기
	● 선수 개념 확인 및 진단
	  - 선수 개념, 유사 개념 확인하기

② 속성 · 원형 · 상황 제시	● 속성 · 원형 · 상황 제시
	  - 개념이 가지는 속성, 그 개념의 대표적인 사례나 상황 생각해 보기
	● 개념 정의하기
	  - 학생 스스로 개념 정의해 보기

③ 속성 및 사례 검토	● 일상생활 속에서 개념과 관련된 추가 사례 찾기 - 추가 사례 수집, 사례와 개념 간의 관련성 검토하기

단계	교수·학습 활동
④ 개념 분석	● 개념의 속성 분류하기 　- 수집된 사례를 긍정적 사례와 부정적 사례로 구분하기 　- 개념이 가지는 일반적 속성과 고유한 결정적 속성을 찾아보기 ● 관련 개념 찾기 　- 개념과 유사한 뜻을 가진 개념을 찾아 뜻의 차이나 관련성 여부 논의하기 ● 개념 간의 위계구조 파악하기 　- 일반적인 개념과 구체적인 개념을 찾아 위계관계 살펴보기
⑤ 적용 및 정리	● 개념을 통하여 실제 자신과 관련된 사례에 적용 　- 자신에게, 사회적으로 어떤 의미가 있는지 토론하기 ● 애매한 사례 제시하기 　- 애매한 사례를 소개하여 확산적 사고 유도하기 ● 정리 및 평가 　- 개념의 정리 및 형성 확인하기

〈표 4-6〉 개념학습 모형별 특징 및 비판점

구분	속성모형	원형모형	상황모형
특징	● 결정적 속성을 통한 학습	● 원형(대표 사례)을 통한 학습	● 상황 또는 경험을 통한 학습
비판	● 결정적 속성을 지닌 사회과학의 개념이 적음 ● 사회과학적 개념들의 중첩성 ● 학생이 결정적 속성을 추출하기 어려움	● 사람들이 원형에 의거해 대상을 분류하지 않음 ● 여러 사례가 한 개념에 분류되는 기준을 분명하게 제시하기 어려움	● 특정 상황에서 도출된 개념은 모든 상황에 보편화시키기 어려움 ● 배경지식과 경험이 부족한 학생은 이해하기 어려움

6) 개념학습 모형의 적용

(1) 적용 가능한 주제

특수교육대상 학생이 개념을 익히는 것은 단순한 명칭이나 지식을 습득하는 것이 목적이 아니라 문제해결 능력을 기르는 전제 조건이 된다. 그러므로 특수교육대상 학생의 개념학습을 돕기 위해서는 교사는 학생의 개념 습득 과정을 충분히 이해해야 하며, 상위 개념이나 추상적 개념보다는 하위 개념이나 구체적이고 기본적인 개념을 분명하고 체계적으로 제시해야 한다.

　개념학습에 적용 가능한 주제의 개념 선정 기준은 다음과 같다(교육부, 2019).

> ① 학습 과정에서 경험하게 되는 학습 자료를 이해하는 데 필요한 개념
> ② 동료 집단이나 성인과 의사소통을 하거나 학습 자료를 이해하는 데 필요한 개념
> ③ 학생들의 문제해결 능력을 촉진할 수 있는 개념
> ④ 전형적 사례 및 반대 사례가 존재하는 개념

　개념학습의 적용이 가능한 주제의 사례는 다음과 같다.

> ① 여가 생활의 의미, 국가유산의 종류와 생활 모습
> ② 다양한 삶의 모습: 명절과 축제의 종류, 문화의 다양성
> ③ 공공 기관과 다양한 지역사회 기관의 의미와 역할
> ④ 더불어 살아가는 우리 지역: 촌락과 도시
> ⑤ 경제 활동, 생산 활동, 소비 활동, 직업, 소득

(2) 공통교육과정 수업 적용 사례[1]

① 속성모형 적용 사례

학습 주제	촌락의 모습	
학습 목표	농촌, 산지촌, 어촌의 의미를 알고 이들을 구분할 수 있다.	
단계	**수업 내용**	**교수·학습 활동**
문제 제기	● 동기 유발 ● 학습 목표 제시	◉ 여행 경험을 발표한다(예: 바다, 관광지, 설악산). ◉ 학습 목표를 제시한다. 농촌, 산지촌, 어촌의 의미를 알고 구분해 봅시다.

---

1) 속성모형 사례와 원형모형 사례는 최용규 외(2014), pp. 197-198에서 발췌 후 수정하였다.

단계	수업 내용	교수·학습 활동
사례 제시	• 자료 제시	◦ 농촌, 산촌, 어촌 관련 사진이나 멀티미디어 자료를 본다. (예: 들 가운데 있는 농촌 사진, 바닷가에 있는 마을 사진, 벌꿀 기르는 사진, 김 양식하는 사진, 바닷가에서 배를 수리하는 사진, 산에서 나무를 베는 사진)
속성 제시	• 일반적 속성 • 결정적 속성	◦ 준비된 사진의 공통적인 속성과 결정적 속성을 파악한다. ▷ 일반적 속성의 예를 제시한다. - 사람이 모여 사는 촌락이다. - 자연을 배경으로 생활이 이루어지는 곳이다. ▷ 결정적 속성의 예를 제시한다. - 농촌: 농업으로 생계를 이끌어 가는 곳 - 산지촌: 산지에 있으며 임업, 목축업 등의 다양한 생산활동이 이루어지는 곳 - 어촌: 고기잡이나 어업을 주로 하는 곳
사례 검토	• 조별 활동	◦ 조별 활동을 통해 교사가 제시한 사진들을 농촌, 산촌, 어촌으로 분류한다. - 조별 결과를 발표한다. - 조별 발표 내용을 토대로 긍정적인 사례와 부정적인 사례를 지적하고, 그 이유를 설명한다.
일반화	• 개념 정의	◦ 개념에 대한 정의를 확인하고, 다른 사례에도 적용해 보고 일반화한다. ▷ 교사는 새로운 사진을 제시하면서 질문한다. - "산지촌의 모습이 아닌 것을 찾아봅시다." - "농촌의 모습을 나타낸 사진을 찾아봅시다."
평가	• 확인 및 정리	◦ 개념 형성이 잘 되었는지 확인한다. - "농촌, 산촌, 어촌에서 쉽게 볼 수 있는 것을 찾아봅시다."

② 원형모형 적용 사례

학습 주제	가족(구성원)의 역할	
학습 목표	가정의 의미와 가족 구성원의 역할을 알 수 있다.	
단계	수업 내용	교수 · 학습 활동
문제 제기	● 동기 유발 ● 학습 문제 제시	◉ 지난 시간에 만든 가족 신문을 친구들에게 소개한다. - 가족 신문 제목, 가훈, 식구 소개, 가족 신문을 만든 사람, 가정에서 즐거웠던 일 등에 대해 발표한다. ◉ 학습 목표를 제시한다. ━━━━━━━━━━━━━━━━━━━━━━━━━━━━━━ 가족 구성원의 '역할'에 대해 알아봅시다. ━━━━━━━━━━━━━━━━━━━━━━━━━━━━━━
원형 제시	● 개념 정의 ● 전형 제시	◉ 역할이라는 개념의 정의를 익힌다. - "역할은 한 사람이 일정한 지위에서 하게 되는 일이나 행위를 말합니다." ◉ 역할의 전형(최적의 사례)을 제시하게 한다. - "부모는 자녀를 돌보고 가정을 이끌어 간다." - "자녀는 부모를 공경하고 형제끼리 사이좋게 지낸다."
사례 제시	● 긍정적 사례 ● 부정적 사례	◉ 역할의 긍정적 사례를 제시한다. - "부모는 자녀의 성공을 칭찬하고 실패에 대해 위로하며 격려해 준다." - "나와 동생은 사이좋게 지내고 집안에서 어머니와 아버지를 돕는다." ◉ 역할의 부정적 사례를 제시한다. - "어머니와 아버지가 서로 싸우신다." - "나는 동생을 자주 때린다."
개념 분석	● 관련 개념 찾기	◉ 지위와 역할과의 관계에 대해 살펴본다. - "여러분은 학교에서 어떤 지위에 있나요?" - "여러분은 집에서 어떤 지위에 있나요?" - "학급에서는 어떤 지위에 있나요?"
관련 문제 검토	● 지위와 역할의 관계 파악	◉ 관련 문제를 제시하여 개념 형성이 잘 되었는지 확인한다. - "역할은 사회에 따라 다를까요?" - "한 사람이 여러 가지 역할을 할 수 있을까요?"

③ 상황모형 적용 사례

학습 주제	생활 모습의 변화	
학습 목표	1인 가구의 생활 모습을 설명할 수 있다.	
단계	**수업 내용**	**교수 · 학습 활동**
문제 제기	● 흥미 유발 ● 학습 문제 파악	◎ 다인 가구와 1인 가구의 생활모습을 살펴본다. - 학생들은 자신이 알고 있는 1인 가구의 생활에 대해 이야기한다. ◎ 학습 목표를 제시한다. 1인 가구의 생활 모습을 알아봅시다.
상황 및 경험의 진술	● 1인 가구의 발생 원인	◎ 1인 가구가 늘고 있는 원인을 사회적 상황과 관련지어 생각해 본다. - "과거에는 결혼과 출산을 당연시하였으나, 결혼에 대한 가치관의 변화, 자율성 등을 중시하면서 1인 가구가 늘게 되었다."
사례 검토	● 긍정적 사례 ● 부정적 사례	◎ 1인 가구의 생활 모습에 대한 긍정적 사례를 제시하고 검토한다. - "자유롭고 독립적인 생활 방식을 운영할 수 있다." ◎ 1인 가구의 생활 모습에 대한 부정적 사례를 제시하고 검토한다. - "사회적 고립감이나 외로움을 경험할 수 있다."
속성 검토	● 개념 정의	◎ 1인 가구의 생활모습에서 나타나는 주요 속성을 검토한다. - 주거 형태, 소비 패턴, 사회적 관계, 건강 관리 등의 특성을 검토한다.
개념 분석	● 개념의 종류, 형태, 상호 관계	◎ 가구의 유형을 살펴본다. - 1인 가구와 다인 가구의 생활 모습의 차이를 살펴본다. ◎ 1인 가구의 생활 모습 변화에 대해 살펴본다. - 도시화, 경제적 독립, 기술 발전의 영향 등을 고려한다. ◎ 이러한 변화들의 상호 관계를 파악한다. - 사회적, 경제적 변화와 1인 가구의 생활 모습 변화의 관계를 파악한다.
문제 분석	● 1인 가구의 문제점	◎ 1인 가구 생활의 문제점을 찾아본다. - 고립감, 안전 문제, 사회적 지원의 부족 등을 문제점을 분석한다.
평가	● 확인 및 정리	◎ 개념 형성이 잘 되었는지 확인한다. - 1인 가구의 생활 모습에 대한 개념을 분명히 한다(변화의 종류와 뜻, 특징, 대응 전략).

(3) 기본교육과정 수업 적용 사례

① 속성모형

학습 주제	공공기관			
학습 목표	공공기관의 의미를 알고 구분할 수 있다.			

단계	학습 내용	교수 · 학습 활동		자료(㉂) 및 유의점(※)
		교사	학생	
학습 문제 확인	공공기관 모습 파악하기	▶ 공공기관 사진 제시하기	▷ 사진의 특징을 생각하며 살펴보기	㉂ 공공기관 사진 ※ 제시된 사진 자료를 통해 공공기관을 이용한 경험을 떠올리며 공공기관의 공통점을 찾아볼 수 있도록 안내한다.
		사진에는 무엇이 나타나 있나요?	학생 1: 시청입니다. 학생 2: 우체국입니다.	
		사진에서 나타난 장소에 가 본 경험을 말해 볼까요?	학생 1: 현장 체험학습으로 시청에 가 보았습니다. 학생 2: 택배를 보내기 위해 우체국에 가 보았습니다.	
		사진에서 나타난 장소의 공통점은 무엇일까요?	학생 1: 많은 사람이 이용합니다. 학생 2: 우리 생활에 도움을 줍니다.	
	학습 문제 확인하기	이번 시간에는 무엇을 알아볼까요?	학생 1: 많은 사람이 이용하는 장소에 대해 알아보고 싶습니다. 학생 2: 공공기관에 대해 알아보고 싶습니다.	
		공공기관의 의미를 알아봅시다.		
속성 제시 및 정의	공공기관의 속성 알아보기	▶ 시청과 구청에서 사람들이 하는 일에 대한 영상 제시하기	▷ 공공기관의 특징을 생각하며 영상 살펴보기	㉂ 동영상 자료 ※ 대표적인 공공기관인 시청과 구청을 통해 공공기관의 특징을 알 수 있도록 한다.
		두 장소에서 사람들이 무엇을 하고 있나요?	학생 1: 사람들이 시청과 구청에서 종이를 받아 갑니다. 학생 2: 시청과 구청 사람들이 일합니다.	

단계	학습 내용	교수 · 학습 활동		자료(⑳) 및 유의점(※)
		교사	학생	
		두 장소의 특징은 무엇인가요?	학생 1: 많은 사람이 방문합니다. 학생 2: 나라에서 사람들을 위해 지은 것입니다.	※ 학생들이 생각하는 정의와 사전적 정의를 비교해 보도록 한다.
		공공기관이란 무엇일지 예상해 볼까요?	학생 1: 많은 사람이 특정한 목적을 가지고 방문하는 곳입니다. 학생 2: 많은 사람의 이익을 위해 일하는 곳입니다.	
		공공기관이란 무엇인가요?	학생: 국가의 감독 아래에서 여러 사람의 이익을 위해 일하는 곳입니다.	
사례 검토	공공기관의 사례 알아보기	▶ 우리 주변의 공공기관과 공공기관이 아닌 곳의 사진 제공하기	▷ 사진을 보며 공공기관을 선택하고 선택한 이유 생각하기	
		우리 주변에서 볼 수 있는 공공기관과 그렇게 생각한 이유를 말해볼까요?	학생 1: 도서관이 있습니다. 도서관에서는 많은 사람이 무료로 책을 보고 빌릴 수 있습니다. 학생 2: 경찰서가 있습니다. 왜냐하면, 많은 사람의 안전을 지켜 주기 때문입니다. 학생 3: 보건소가 있습니다. 많은 사람의 건강을 지켜 줍니다.	⑳ 사진 자료
		시장과 백화점은 공공기관이라고 할 수 있습니까?	학생 1: 시장은 공공기관이 아닙니다. 왜냐하면 시장은 사람들이 돈을 벌거나 물건을 사기 위해서 모이기 때문입니다. 학생 2: 백화점은 공공기관이 아닙니다. 백화점도 많은 사람이 모이기는 하지만 물건을 사려고 가는 것이기 때문입니다.	

단계	학습 내용	교수·학습 활동		자료(㉝) 및 유의점(※)
		교사	학생	
개념 분석	공공기관의 일반적 속성과 결정적 속성 알기	공공기관, 시장, 백화점의 공통점은 무엇입니까?	학생 1: 사람들이 많이 모입니다. 학생 2: 많은 사람이 다양한 이유로 이용합니다.	※ 공공기관과 시장, 백화점을 비교하며 공공기관이 갖는 일반적 속성과 결정적 속성을 파악하도록 한다.
		공공기관과 시장, 백화점의 차이점은 무엇입니까?	학생 1: 공공기관은 개인의 이익보다는 공공의 이익을 위해 일하는 사람들이 있습니다. 학생 2: 공공기관은 개인이나 회사가 짓지 않고 나라에서 지은 건물입니다.	
개념 분석	공공기관과 비슷한 개념 알아보기	공공기관과 비슷한 뜻을 가지고 있는 것은 무엇이 있을까요?	학생 1: 공공시설이 있습니다. 학생 2: 공공단체가 있습니다.	※ 학생들이 자유롭게 이야기할 수 있도록 하고, 비슷한 개념이 나오지 않으며 교사가 제시한다.
		공공기관과 공공시설, 공공 단체의 비슷한 점은 무엇일까요?	학생 1: 공공시설은 학교, 도서관, 도로, 공원, 주민 체육 시설 등 사람들의 편리함을 위해 만든 것입니다. 학생 2: 공공단체는 시청이나 구청 등 많은 사람의 편리나 이익 등 공익을 위해 만든 단체입니다.	
적용 및 정리	공공기관과 관련된 문제 알아보기	▶ 도서관에서 발생하는 문제 영상 제시하기	▷ 공공기관의 개념을 생각하며 문제가 무엇인지 살펴보기	㉝ 동영상 자료 (도서관에서 발생하는 문제 영상)
		어떤 문제가 있는 영상인가요?	학생 1: 도서관에서 떠들고 있습니다. 학생 2: 도서관의 기구에 낙서가 되어 있습니다.	
		도서관에서 올바르게 행동해야 하는 이유는 무엇인가요?	학생 1: 도서관은 모든 사람을 위한 곳이기 때문입니다. 학생 2: 도서관은 많은 사람이 이용하는 공공기관이기 때문입니다.	

단계	학습 내용	교수·학습 활동		자료(㉣) 및 유의점(※)
		교사	학생	
평가		공공기관에 대해 배운 내용을 떠올리며 한 문장으로 나타내 봅시다.	학생: 공공기관은 ~입니다	㉣ 학습지 ※ 학생들이 작성한 내용은 평가 자료로 활용한다.

출처: 교육부(2019), pp. 34-35.

② 원형모형

학습 주제	청결한 생활의 중요성
학습 목표	청결한 생활의 의미를 알 수 있다.

단계	수업 내용	교수·학습 활동	
		교사	학생
문제 제기	● 동기 유발 ● 학습 문제 제시	▷ 청결과 관련된 간단한 문제를 제기한다. 　– 손을 씻지 않고, 감기에 걸린 동영상 제시하기 ▷ 학습 목표를 제시한다. 청결한 생활의 의미를 알아봅시다.	
원형 제시	● 개념 정의 ● 전형 제시	▷ 청결의 대표적인 예시를 제시한다. 교사: 매일 아침 양치하는 것, 식사하기 전 손 씻기 등이 있습니다.	▷ 학생들은 제시된 예시를 듣고, 왜 이러한 행동이 청결에 좋은 지에 대해 생각해 본다.
사례 제시	● 긍정적 사례 ● 부정적 사례	▷ 청결한 생활의 긍정적 사례와 부정적 사례를 제시한다. 교사: 청결한 생활을 위해서는 밖에 나갔다 돌아온 후, 화장실을 다녀온 후 손을 깨끗하게 씻어야 합니다. 교사: 손을 씻지 않고 음식을 먹습니다.	▷ 학생들은 긍정적 사례와 부정적 사례를 듣고, 부정적 사례가 왜 좋지 않은지에 대해 생각하고 이야기한다. 학생: 손을 씻으면 세균과 바이러스를 씻어 낼 수 있습니다.

단계	수업 내용	교수 · 학습 활동	
		교사	학생
개념 분석	● 개념의 속성 검토	▸ 청결의 주요 속성을 간단히 설명한다.	▷ 학생들은 청결의 속성에 대해 듣고, 자신의 말로 설명해 본다. 학생: 청결은 우리 몸과 주변을 깨끗하게 하는 것을 말합니다.
	● 관련 개념 찾기	▸ 다른 청결 관련 예시를 제시하고, 학생들이 이를 청결의 속성에 기초하여 설명할 수 있는지 확인한다. 교사: 방과 옷을 정리정돈하는 것은 청결한 생활입니까?	▷ 학생들은 제시된 예시를 분석하고, 이것이 청결과 관련이 있는지 설명해 본다. 학생: 깨끗하고 정리된 방은 위생을 유지시키는 데 중요합니다.
관련 문제 검토	● 청결 관련 문제 검토	▸ 청결한 생활과 관련된 간단한 문제를 제시하여 학생들이 개념에 근거하여 이를 분석하도록 한다. 교사: 집을 깨끗하게 유지하는 방법은 무엇이 있을까요?	▷ 학생들은 제시된 문제에 대해 생각하고, 청결 유지 방법에 대해 토론한다.

논의해 볼 문제

1. 사회과 교육과정에 제시된 성취기준을 보고 학생이 익혀야 할 지식을 찾아봅시다.

2. 직접교수모형의 적용이 가능한 주제를 찾아서 수업 계획을 세워 봅시다.

3. 개념학습모형이 적용 가능한 주제/제재를 선정하여 수업 계획을 세워 봅시다.

 참고문헌

교육부(2015a). 사회과 교육과정. 교육부 고시 제2015-74호(별책7).

교육부(2015b). 기본교육과정. 교육부 고시 제2015-81호(별책3).

교육부(2018). 특수교육 기본교육과정 사회 3-4학년군 ㉮ 교사용지도서. 미래엔.

교육부(2019). 특수교육 기본교육과정 사회 5-6학년군 ㉮ 교사용지도서. 미래엔.

모경환, 차경수(2021). 사회과 교육(제3판). 동문사.

이대식(2004). 학습장애 및 학습부진 문제해결을 위한 직접교수법의 이론과 활용방안: 직접교수법의 의미와 주요 특징. 학습장애연구, 1(1), 133-161.

정문성, 구정화, 설규주(2020). 초등 사회과 교육(제3판). 교육과학사.

최용규, 정호범, 김영석, 박남수, 박용조(2014). 사회과 교육과정에서 수업까지(2차 수정판). 교육과학사.

Archer, A. L., & Hughes, C. A. (2011). *Explicit instruction: Effective and efficient teaching.* The Guilford Press.

Banks, J. A. (1990). *Teaching strategies for the social studies* (4th ed.). Longman.

Howard, R. W. (1987). *Concept and schemata.* Cassel.

Rosenshine, B., & Stevens, R. (1986). Teaching functions. In M. D. Wittrock (Ed.), *Handbook of research on teaching*(pp. 376-391). MacMillan.

Stallings, J. (1987). *Longitudinal findings for early childhood programs : Focus on direct instruction. Unpublished manuscript.* (ERIC Document Reproduction Service No. ED 297 874).

제5장

사회과 사고력 교육

학습 목표

1. 사회과에서 '사고'의 의미와 유형을 알 수 있다.
2. 사회과에서 사고력 교육을 위해 활용할 수 있는 모형의 특성과 과정을 설명할 수 있다.
3. 사회과에서 사고력 교육을 위해 모형을 적용하여 수업 계획을 세울 수 있다.

핵심 용어

사고력, 탐구학습, 문제해결학습, 의사결정학습

사고력은 개념을 암기하고 이해하는 것부터 비판적인 사고력, 문제해결력, 창의성까지 아우르는 개념이다. 우리가 살아가는 사회는 급변하고 있으며, 점점 더 복잡해지고 동시에 불확실성이 높아지고 있다. 따라서 단순한 암기나 이해를 넘어선 비판적인 사고력, 창의력, 문제해결력의 중요성이 높아졌으며, 사회과에서는 이들을 묶어서 사고력(higher order thinking)으로 부른다(Banks, 1990; Woolever & Scott, 1988).

사고력은 특수교육대상 학생들에게도 중요한 능력/기술이다. 장애인 또한 실존적 사회 구성원이며, 특수교육 사회과의 궁극적인 목적은 특수교육대상 학생이 민주시민으로서 사회에 참여하는 것이다. 학생들은 사회를 살아가면서 여러 가지 문제에 직면하게 될 것이며, 학생들은 문제를 회피하기보다는 사고력을 통해 문제를 해결하는 과정을 경험하면서 고차적으로 사고하는 방법을 배우고, 나아가 민주시민으로서 사회에 참여하는 기회를 확대할 수 있다.

다음에서는 사고력의 의미를 설명하고, 학생들이 사고력을 경험할 수 있는 교수 · 학습 모형을 소개한다. 교수 · 학습 모형은 기본교육과정과 공통교육과정에서 사고력을 기르기 위해 유용하게 사용되고 있는 모형으로 탐구학습, 문제해결학습, 의사결정학습 모형을 제시한다.

1. 사고력의 의미와 유형

1) 사고력의 의미

교육자 John Dewey는 사고력의 중요성을 강조한 대표적인 학자 중 한 명이다. 그의 교육철학은 교육은 학생을 민주시민으로 기르기 위한 것이고, 따라서 사회에 능동적으로 참여할 수 있는 기술을 가르쳐야 한다는 것이다. 그는 단순한 암기나 정보를 이해하는 것을 넘어서 지식을 실제에 적용해 보아야 하며, 학습은 주도적으로 이루어져야 한다고 하였다. 이러한 교육철학은 특수교육 교육과정에서 '사회과 교수·학습은 학생이 실존적 사회 구성원이자 시민으로서 살아가는 경험을 갖게 하는 데 중점을 둔다.'는 기조와 '사회 현상과 문제에 관심을 가지고 사회참여를 실천하며 민주시민의 자질을 기른다.'는 목표와도 맥을 함께한다.

이후, 학자들은 사고력에 대해서 다양하게 해석하면서 그 범주나 정의가 모호해졌으나, 1980년대에 들어서면서 사고력은 탐구력, 의사결정력, 비판적 사고력, 창의적 사고력, 메타인지를 포함하는 개념으로 정착되었다. Woolever와 Scott(1988)은 사고력을 다음과 같이 정의하였다.

> "수동적이고 반응적인 태도와는 달리, 질문, 설명, 조직, 해석과 같이 학습자의 주도적이고 능동적인 참여를 필수로 하며, 문제해결력, 창의적 사고력, 비판적 사고력, 의사결정력 등을 포함한다."

출처: Woolever & Scott (1988), pp. 286-287.

특수교육대상 학생들의 경우, 대체로 사고력에 매우 취약한데, 그 대표적인 원인으로 학생들의 낮은 인지능력을 꼽는다. 그러나 학생들에 대한 낮은 기대감이나 내용 교과목에서 지식 전달 위주의 수업이 효과적이라는 생각은 특수교육대상 학생의 사고력 발달의 가능성 자체를 막는 요인이 될 수 있다. 특수교육대상 학생들에게 학습 활동은 무언가를 배우기 위한 수단을 넘어 그 자체가 학습이다. 즉, 교수·학습과정은 학생의 사회참여 기회이므로 장애 특성 등을 이유로 학습 활동을 제한하거나 수동적 학습자로 간주하지 말아야 한다. 다시 말해, 학생들에게 새로운 상황이나 문제를 제시하고, 과거에 자신이 행동했던 방법을 넘어서서 새로운 방식으로 또 능동적으로 문제를 해결해 보는 기회를 지속적으로 제공해야 한다. 이를 위해서는 사고력을 구성하고 있는 능력인 탐구력(inquiry), 문제해결력(problem solving), 의사결정력(decision making), 비판적 사고력(critical thinking), 창의력 사고력(creative thinking) 등에 대한 기초를 다져야 한다.

(1) 탐구력

탐구력(inquiry)은 사회 현상이나 문제와 관련된 사실 또는 지식을 탐구하는 것으로써, 탐구력은 사회 현상에 대해 과학적 탐구를 통해 일반화된 지식을 형성하는 사고능력을 의미한다. 탐구력은 문제해결을 위해 가설을 설정하고 관련 자료를 수집·분석하여 검증한 후 일반화를 형성하는 사고 과정으로 구성된다. 탐구의 과정은 학자마다 다양하게 제시하였지만, 선행연구(Banks, 1990; Duplass, 2004; Savage & Armstrong, 2000; Woolever & Scott, 1988)를 요약하면 다음과 같이 정리해 볼 수 있다.

① 문제 제기
② 가설 설정
③ 용어의 정의 및 개념화
④ 자료 수집
⑤ 자료 분석
⑥ 검증 및 일반화

(2) 문제해결력

문제는 학생이 무언가를 하고자 하나 이를 위해 필요한 행동의 절차를 알지 못하는 상황을 의미하며, 이러한 문제 상황은 깊은 사고를 요구한다. 문제해결력이란 학생이 문제를 해결하기 위해 일어나는 일련의 사고 과정이 원활하게 이루어지는 능력을 의미한다. 학생들은 일상생활부터 사회적 문제까지 다양한 문제에 직면하며, 이때 학생들의 경험과 사회문제에 대한 지식 및 정보를 활용하는 것이 중요하다.

Dewey의 교육론에 따르면, 문제해결에서 사고 과정을 문제 상황의 탐구 과정으로 보았으며, 이 과정은 현재의 문제 상황에서 출발하여 다양한 단계를 거쳐 문제를 해결하는 것을 포함한다. 그는 사고 과정은 개인의 교육적인 경험의 조직 방법이며 여기에는 다음과 같은 요소들이 담겨 있다고 하였다(Michaelis, 1962).

첫째, 개인은 경험 속에 포함되어 있다.

둘째, 개인은 경험 내에서 발생하는 일이나 문제를 알아챈다.

셋째, 개인은 문제의 해결에 적절하다고 믿는 사실들을 축적한다.

넷째, 개인은 문제에 대한 하나 또는 그 이상의 가능한 해결책을 인식하고 완성한다.

다섯째, 어떤 해결책이 온전한 것인지를 결정하고 상황에 대한 분석을 명료화하면서 해결책을 검증한다.

(3) 의사결정력

의사결정력(decision making)은 사회문제에 대해 과학적 탐구와 가치 탐구의 과정을 거쳐 합리적으로 결정하는 사고 능력이다. 과학적 탐구를 위해서는 충분한 정보와 지식을 필요로 한다. 또한 가치 탐구에서는 개인의 가치가 개입되어 있으므로, 바람직한 가치의 선택, 사회문제를 합리적으로 해결하기 위해서는 우선 사회문제와 관련된 사실이나 지식을 탐구하고, 관련된 가치들을 분석하여 명료화하는 것이 필요하다. 그리고 관련 지식과 가치를 종합하여 여러 대안들을 확인하고 그 대안의 결과를 평가한 후에 최종 결정을 내린다. 그 결정에 따라 사회문제를 해결하는 데 참여하며, 문제를 해결하는 과정에서 학생들은 의사결정력을 습득하게 된다.

합리적 의사결정의 과정은 학자마다 다르다(Banks, 1990; Woolever & Scott, 1988).

그러나 여러 학자의 견해를 종합하면, 의사결정의 공통된 요소는 문제와 관련된 사실적 지식을 조사하는 '과학적 탐구'와 문제와 관련된 대립 가치를 비교·분석하는 '가치 탐구' 과정을 종합하는 것이다. 그리고 여러 가지 대안들을 작성하고 평가한 후 '합리적 선택'을 하고, 그에 따라 '사회적 행위'로 실천하는 것이다.

(4) 비판적 사고력

비판적 사고력은 탐구력이나 문제해결력 등 다른 사고 능력들과 비슷해 보이지만, 주로 지식, 정보, 상황의 진위, 정확성 등에 대해 판단하는 능력이다. 이는 논리적이고 이성적인 판단을 내리는 데 중요하며, 이 점에서 다른 사고 능력들과 차이가 있다(Beyer, 1985).

비판적 사고력의 특성은 다섯 가지로 요약해 볼 수 있다. 첫째, 평가하려는 대상에 대한 사고는 언어적 정보와 비언어적 정보를 모두 포함한다. 둘째, 당연한 것으로 판단하지 않고 의문을 가진다. 셋째, 평가 대상에서 오류나 일관되지 않는 것을 찾는다. 넷째, 발견된 오류를 개선하여 더 나은 판단을 하기 위해 생각하는 과정을 거친다. 다섯째, 객관적 기준에 따라 논리적으로 분석하고 합리적으로 평가한다(박상준, 2006).

비판적 사고력은 Beyer의 열 가지 규칙으로 설명해 볼 수 있다. 이 규칙에 따르면 비판적 사고는, 첫째, 사실과 의견을 구분하고, 둘째, 적절한 정보와 그렇지 않은 정보를 구별하며, 셋째, 진술한 내용의 사실 여부를 결정한다. 또한 넷째, 정보의 출처가 믿을 만한지 판단하며, 다섯째, 모호한 주장이나 논증을 검토하고, 여섯째, 명시되지 않은 가정을 확인한다. 일곱째, 편견을 발견하고, 여덟째, 정당한 주장과 부당한 주장을 구별하며, 아홉째, 추론 과정에서 논리적 모순과 오류를 알아내고, 열째, 논증의 설득력을 판단한다.

(5) 창의적 사고력

창의적 사고력은 복잡하거나 혼란스러운 문제나 상황에 대해 독창적으로 접근하여 해결하는 능력을 의미한다. 이는 문제를 처리하면서 새로운 아이디어를 제안하고, 그 아이디어를 구체적으로 발전시키며, 기존의 지식이나 방법을 새롭게 조합하거나 변형하는 능력을 포함한다.

　　Torrance(1966)는 창의적 사고의 핵심 요소로 다음 네 가지를 제시하였다.

> ● 유창성(fluency): 다양한 문제에 대해 다수의 아이디어를 빠르게 제시하는 능력
> ● 유연성(flexibility): 문제를 다양한 각도에서 바라보며, 자신의 생각이나 관점을 변경하는 능력
> ● 독창성(originality): 특별하고 독특한 생각이나 행동을 창출하는 능력
> ● 정교성(elaboration): 아이디어를 더욱 구체적이고 깊게 발전시키는 능력

　　창의적 사고는 문제해결 과정에서 다양한 대안을 모색하거나 결과를 예측하는 데 있어 다른 사고력과 함께 나타날 수 있다. 그러므로 교육에서 창의적 사고력만을 독립적으로 키우기보다는 탐구력이나 의사결정력 등과 함께 키우는 것이 바람직하다. 효율적인 질문 기법(예: 문답법)을 활용하면 학생들은 사회적 탐구, 비판적 사고, 의사결정 과정에서 창의적 사고력을 향상시킬 수 있다.

2. 탐구학습

1) 탐구학습의 의미와 원리

　　탐구란 일반적으로 어떤 사람이 지금까지 모르고 있던 새로운 지식을 획득하는 과정, 혹은 그러한 과정을 재현해 보는 활동을 가리킨다. 탐구(inquiry)는 사실과 가치의 문제를 인식하고 그것을 그 기초가 되는 가정에 비추어 평가하고 어떤 기준에 따라 그것을 입증하는 과정이다(Massalas & Cox, 1966). 지식의 탐구는 사회 현상이나

문제에 대해 학생들이 스스로 탐구하는 방법을 가르치는 과정이다.

사회과에서 수업 모형 혹은 수업 방법의 원리로서 사용되는 '탐구학습'은 학생들에게 새로운 지식을 발견하거나 새로운 이론을 만들어 내도록 하라는 것이 아니라, 최초의 탐구자(학자)가 그 지식이나 이론을 발견할 때 거쳤던 사고의 과정이나 방법을 가능한 한 충실하게 재현해 보라는 의미를 갖는다. 즉, 학생들이 '사회과학자들이 사회 현상을 연구하는 과학적 탐구 방법 및 과정'으로 접근해 볼 필요가 있다는 것이다. 이러한 과정을 거쳐 학생들은 객관적·과학적 지식의 생성, 도출 과정을 경험할 수 있다.

따라서 사회 탐구의 과정 전체를 통해 최종적으로 발달시키고자 하는 목표는 사회과학적 탐구력이라고 할 수 있다. '탐구력'은 문제해결을 위한 가설을 설정하고, 자료를 수집하고 분석하여, 검증하는 사고의 과정이다. 그리고 탐구 과정을 통해 가설을 검증함으로써 일반화된 지식을 도출하게 된다. 이렇게 형성된 지식은 사회 현상을 보다 과학적으로 이해하고 문제를 합리적으로 해결하는 토대를 제공한다.

한편, 사회과의 목표는 결국 사회 속에서 당면하는 여러 가지 문제에 대하여 합리적으로 판단하고 올바르게 선택할 줄 아는 능력을 기르는 데 있다고 한다. 이러한 관점에서 탐구학습의 원리를 제시하면 다음과 같다. 첫째, 탐구학습은 과학적·분석적으로 사회를 인식하는 것을 일차적인 목표로 삼고 있다. 이러한 인식 능력을 토대로 바람직한 시민적 자질이 육성되기를 바라는 것이다. 둘째, 탐구학습은 실증주의적 입장을 견지하고 있다. 실증주의자들은 다음과 같은 방법을 따라 사회 현상을 탐구할 수 있어야 한다고 하였다.

① 객관적으로 하여야 한다.

② 보편적 경험을 바탕으로 하여야 한다.

③ 특정 가치나 이념으로부터 자유스러운 입장에서 하여야 한다.

④ 논리학·수학 등의 공리에 따른 추리를 해야 한다.

⑤ 조사·측정된 자료를 과학적으로 처리해야 한다.

2) 탐구학습의 특징

탐구학습의 전반적인 특징은 과학주의, 학문 중심 교육과정, 실증주의적 방법론 등으로 볼 수 있다. 이에 대한 구체적인 특징들은 다음과 같다. 첫째, 탐구학습 모형은 방법론적 과정을 중요시한다. 즉, 탐구 과정 자체와 그에 대한 학습을 중시하며, 실증주의적 방법을 강조한다. 둘째, 수정 가능한 지식을 학습하는 데 초점을 둔다. 지식은 상대적일 수 있으므로, 수업 과정은 개방적이어야 한다. 셋째, 학습 목표는 확인 가능해야 하며, 이를 통해 도달 여부를 확인할 수 있다. 넷째, 학습자의 사고력과 탐구력을 키울 수 있다. 탐구학습에서는 학생 중심의 활동이 이루어지기 때문에 학습자들의 다양한 탐구 기능을 신장시킬 수 있다. 다섯째, '과학'의 목적과 '교육'의 목적을 동시에 달성하려고 하면, 혼란이 발생할 수 있다. 여섯째, 탐구 과정은 사회 사상을 통해 원리를 추구하는 과정이지만, 현실에서는 사회적 사상(예: 계급 의식, 인권 운동)에 그치는 경우가 많다.

3) 탐구학습의 교수 · 학습 과정

탐구학습의 교수 · 학습 방법과 절차는 학자들마다 다르게 정의하고 있지만, 보편적으로 사용되는 것은 Massalas와 Cox(1966)의 탐구학습의 교수 · 학습 과정으로서, '① 탐구 문제 파악 → ② 가설 설정 → ③ 탐색 → ④ 정보 수집 및 처리 → ⑤ 일반화'로 이어지는 과정이다. 각 단계에서 이루어지는 주요 활동은 〈표 5-1〉에 제시하였다.

〈표 5-1〉 탐구학습의 단계 및 주요 활동

단계	교수 · 학습 활동
1. 탐구 문제 파악	◦ 탐구 상황(탐구 주제) 제시하기 ◦ 제시된 예시 자료를 통하여 탐구 문제를 파악하기 　- 우리가 알아내고자 하는 것은 무엇인가?
2. 가설 설정	◦ 제기된 문제에 대하여 잠정적인 결론(가설)을 설정하기 　- 왜 이런 일이 발생했을까?

단계	교수 · 학습 활동
3. 탐색	◉ 탐구 계획 수립하기 - 어떻게 탐구를 수행할 것인가? - 필요한 자료의 종류와 수집 방법은 무엇인가?
4. 정보 수집 및 처리	◉ 자료 수집하기 ◉ 자료 분석 및 평가하기 - 견학, 관찰, 조사, 면담, 실험 등의 방법을 사용한다. - 이 자료를 통해 우리가 내릴 수 있는 추측 또는 결론은 무엇인가?
5. 일반화	◉ 증거를 통하여 결론 내리기 - 어떤 일반적 결론(법칙, 원리적 설명 형태)을 내릴 수 있는가?

이 외에도 Banks(1990)와 Woolever 그리고 Scott(1988)은 탐구의 과정을 8단계로 제시하였다.

---

① 문제 제기 → ② 주요 용어의 정의 → ③ 가설 설정 → ④ 관련 자료의 수집 →
⑤ 자료의 분석 · 평가 → ⑥ 가설 검증 → ⑦ 결론 도출 → ⑧ 새로운 문제의 탐구

사회과에서 탐구학습의 과정은 탐구할 사회 현상이나 문제의 성격 그리고 학습 상황에 따라 융통성 있게 운영할 수 있다.

4) 탐구학습 모형의 적용

(1) 적용 가능한 주제

탐구학습은 자연 과학적 연구 방법을 사회과 수업에 적용하기 위해 개발된 모형이다. 따라서 사회 현상 중에서도 법칙성이 강한 이론이나 일반화를 도출할 수 있는 주제에 모두 적용할 수 있다. 그러나 학년에 따라 학습자의 인지 발달 수준이 다르므로 적용 수준을 적절히 조절해야 한다.

기본교육과정 사회 5~6학년군에서 탐구학습의 적용이 가능한 주제의 사례를 예시하면 다음과 같다.

① 생활 주변에서 문제가 발생하는 원인

② 인터넷 예절이 중요한 이유

③ 국가유산을 보호해야 하는 이유

④ 법이 필요한 이유

⑤ 지형, 기후·지역에 따라 생활 모습이 다른 이유

(2) 공통교육과정 적용 사례

학습 주제	태백산맥 지역의 자연환경과 생활 모습
학습 목표	태백산맥 지역의 자연환경을 이용한 생활 모습을 알 수 있다.
단계	**교수·학습 활동**
탐구 문제 파악	▷ 흥미 유발 - 태백산맥 지역에 다녀온 학생들의 이야기를 들어 본다. "소가 많았어요. 배추랑 무밭이 많이 있었어요(그 외 서늘한 기후, 산지 같지 않은 평평한 지형 등)." ▷ 문제의식 갖기 - 태백산맥 지역에 대한 슬라이드를 보여 준다. "왜 태백산맥 지역에는 채소밭(고랭지 농사)과 목장(목축업)이 많이 보일까요? 그 이유는 무엇일까요?" ▷ 학습 문제 정하기 태백산맥 지역이 고랭지 채소 농사, 목축업 등의 생활 모습을 보이는 이유를 말해 봅시다.
가설 설정	▷ 가설 설정하기 - 태백산맥 지역의 생활 모습은 그에 적합한 태백산맥 지역의 독특한 자연환경의 영향을 받았기 때문일 것이라는 가설을 세워 본다.
탐색	▷ 탐구 계획(자료 수집) 세우기 - 태백산맥 지역의 자연환경(지형, 기후)에 대해 탐색해 본다. - 태백산맥 지역의 생활 모습, 즉 고랭지 농업과 목축업에 유리한(적합한) 조건을 찾아본다. - 조별로 탐색해야 할 영역(자연환경, 생활 모습)을 나누어 활동한다. 태백산맥 지역 자연환경 중 지형에 대한 조사: 1, 2조 태백산맥 지역 자연환경 중 기후에 대한 조사: 3, 4조 태백산맥 지역 생활에 유리한 조건: 5, 6조

단계	교수 · 학습 활동
정보 수집 및 처리	▷ 탐색 결과의 1차 정보 수집 및 처리 　- 탐색한 결과로 조별로 정리한다. ▷ 탐색 결과의 2차 정보 수집 및 처리 　- 각 조의 1번은 1번(2번은 2번)끼리 새로운 조를 편성한다. 　- 새로운 조원들은 서로의 정보를 교환한다. 　- 본래 조로 돌아와서 교환한 정보를 공유한다. ▷ 정보의 분석과 평가 　- 정리한 자료에 대하여 조별로 검색하는 과정을 통하여 결과를 도출해 본다.
일반화	▷ 도출된 결과를 검토 　- 조별로 도출된 결과를 발표하여 전체적으로 비교해 본다. ▷ 일반화하기(결론 내리기) 　- 태백산맥 지역은 고위 평탄면과 여름철에도 서늘한 고산기후라는 자연환경을 가 　　지고, 그 지역에 발달한 고랭지 농업과 축산업은 평탄한 지형과 서늘한 기후를 필 　　요로 한다. 　- 태백산맥 지역의 고위 평탄면, 고산기후의 자연환경에 고랭지 농업과 축산업은 　　적합하다. 　- 태백산맥 지역과 생활모습은 그곳의 자연환경에 의해 많은 영향을 받았다. ▷ 결론 도출 및 조사 방법 반성 　- 탐구 활동에 대해 반성을 해 보고, 개선점도 생각해 본다.

출처: 최용규 외(2014), pp. 162-163.

(3) 기본교육과정 적용 사례

단원	촌락과 도시			
학습 주제	산지촌에서 하는 일			
학습 목표	산지촌에서 하는 일과 그 이유를 알 수 있다.			
단계	**학습 내용**	**교수 · 학습 활동**		**자료(豫) 및 유의점(※)**
		교사	**학생**	
탐구 문제 파악	동영상을 보고 물음에 답하기	▷ 산지촌 동영상 제시하기	▷ 산지촌 동영상 보기	豫 동영상 자료
		여기는 산과 들과 평지 중 에 어디입니까?	학생: 산입니다.	

단계	학습 내용	교수 · 학습 활동		자료(㉄) 및 유의점(※)
		교사	학생	
탐구 문제 파악		사람들은 무슨 일을 하고 있나요?	학생 1: 젖소를 키웁니다. 학생 2: 약초를 캡니다. 학생 3: 아저씨가 굴에서 일합니다.	
	공부할 문제 알기	산지촌의 동영상을 떠올리면서 이번 시간에 공부할 문제를 말해 봅시다.	학생: 산지촌에서 어떤 일을 하는지 알아보면 좋겠습니다.	
		산지촌에서 하는 일을 알고 그 이유를 알아봅시다.		
	산에서 하는 일 알기	▶ 산지촌에서 하는 일 (그림) 제시하기	▷ 산지촌에서 하는 일을 생각하며 그림 보기	㉄ 그림 자료
		사람들이 무엇을 하고 있나요?	학생 1: 소를 키우고 우유를 짭니다. 학생 2: 벌을 키우고 꿀을 땁니다. 학생 3: 굴에서 일하며 석탄을 캡니다.	
가설 설정	산지촌에서 발달한 산업의 특징과 그 이유 알기	산지촌에 사람들이 이런 일을 하는 이유를 생각해 말해 봅시다.	학생 1: 산에 풀이 많아서 젖소를 키우기가 좋습니다. 학생 2: 산에 가면 약초가 많습니다. 학생 3: 석탄은 산에 많기 때문입니다.	※ 구체적이면서도 실제로 확인이 가능한 가설을 세울 수 있도록 한다.
탐색	탐구 및 자료 수집	▶ 탐구 계획 및 자료 수집 방법 안내하기	▷ 탐구 계획 및 자료 수집 계획 세우기	㉄인터넷 이용 가능한 컴퓨터, 식물도감, 사회과 부도
		• 온 · 오프라인 자료를 통해 젖소와 꿀벌의 생활 환경과 먹이 조사 • 온라인 자료나 식물도감 등을 이용해 산에서 나는 나물, 버섯, 약초 종류 알아보기 • 사회과 부도를 이용해 지하자원의 분포 지역 알아보기		
			▷ 맡은 역할에 따라 자료 조사하기	

단계	학습 내용	교수 · 학습 활동		자료(⑳) 및 유의점(※)
		교사	학생	
정보 수집 및 처리	탐색 결과 발표하기	여러분이 조사한 자료를 통해 산지촌에서 하는 일과 그 이유를 정리해 발표해 봅시다.	학생 1: 산지촌에는 낮은 산과 들이 많고 그곳에는 풀이 많아 젖소나 양을 키우기 적당합니다. 학생 2: 약초나 버섯, 나물이 산에 많이 나기 때문에 산지촌에 사는 사람들이 약초나 나물 등을 캐며 살아갑니다. 학생 3: 사회과 부도의 석탄 분포도를 확인해 보니 산에 석탄이 많습니다. 그래서 산지촌 사람들이 석탄을 캐며 살아갑니다.	※ 가설을 바탕으로 명료한 결론을 내릴 수 있는 다양한 자료를 찾도록 한다.
일반화	결론 내리기	지금까지 여러분이 조사하고 발표한 내용을 종합해 산지촌에서 하는 일과 이유를 설명해 봅시다.	학생: 산지촌의 환경은 낮은 산과 들이 있고 이곳에는 풀과 나무, 약초와 나물, 석탄이 많이 있어서 산지촌 사람들은 목장, 산나물 채취, 석탄 캐기 등의 일을 하며 삽니다.	※ 가설 내용이 구체적으로 검증되었는지 확인한다.

출처: 교육부(2018), pp. 31-32.

3. 문제해결학습

1) 문제해결학습의 의미와 원리

문제해결학습은 학생들에게 복잡한 문제를 의도적으로 해결하게 하는 학습 방법이다. 문제해결학습 모형은 학생들의 일상생활 문제를 다루는 데 효과적으로 활용될 수 있는 모형으로서 학생들의 경험이나 사회문제에 대한 정보를 활용하여 문제를 해결하도록 한다. 문제해결 과정을 강조하므로 지식이나 개념을 단순하게 수용하는 것이 아닌 학생의 관점에서 재구성할 수 있는 기회를 제공하고, 학생의 탐구 활동을 강조하므로 활동 중심의 학습으로 진행되며 결과적으로 문제해결력 신장을 돕는다. 학생은 문제해결 과정에서 반성적 사고를 하게 되고, 반성적 사고를 통해 학생은 사고의 발달을 경험하고, 이러한 과정을 통해 학생의 삶의 질을 향상시킬 수 있게 된다.

문제해결학습의 이론적 근거는 Dewey의 교육 철학에 기초한다. Dewey는 인식과 행동, 이론과 실천을 통합적으로 볼 필요가 있다고 주장하며, 교육의 궁극적 목표는 학생들에게 문제를 해결하는 지적 경험을 제공하는 것이라고 강조한다. 그는 사고 과정을 여러 단계로 세분화하여 문제해결 과정에 적용하였다. 이 과정은 문제 상황의 명료화, 가설 설정, 논리적 추론 그리고 가설 검증을 포함한다. 이러한 접근법은 학생들이 문제를 해결하는 능력을 개발하는 데 중요한 역할을 한다.

사회과 교실에서 문제해결학습이 효율적으로 이루어지기 위한 교수 원리는 다음과 같다.

첫째, 교수·학습의 과정이 열려 있어야 한다. 문제해결은 본래 불확정한 상황을 확정된 상황(지식)으로 전환하는 것을 전제로 하고 있으며, 문제해결의 성과로서의 확정된 상황(지식)도 수정 가능성이 있는 것이다. 따라서 교수·학습 과정은 절대적이고 확정된 지식의 주입이 아니라 사고가 보장된 열린 과정이 되어야 한다.

둘째, 교수·학습 활동에서 학생의 흥미와 노력이 상호 자극적이고 조화를 이루어야 한다. 흥미란 어떤 목적을 가지고 그것을 달성하려는 것이며, 노력이란 흥미가 외적인 행동으로 나타나 장애에 부딪혀도 이를 극복하려는 것이다. 따라서 구체적인 문제를 제시하여 흥미를 유발하도록 노력하고, 그 노력의 결과 새로운 흥미를 유발하는 것이 교수·학습 활동의 본 모습이다.

셋째, 구체적인 유용성을 갖는 지식의 학습이어야 한다. 구체적인 유용성을 갖는 지식은 학생이 실제로 실생활에서 적용할 수 있는 지식을 의미한다.

넷째, 내용과 방법이 유리되지 않아야 한다. 교육에 있어서 목표, 내용, 방법은 분리될 수 없고, 일정한 목적에 따라 내용을 분석하고 인식하는 방법을 실험하고 선택하는 것이야말로 학생의 발달을 의미하는 것이다.

2) 문제해결학습의 교수 · 학습 과정

문제해결학습의 교수 · 학습 과정은 Dewey의 사고 과정을 근간으로 하여 이후 학자나 교육자에 의해 매우 다양하게 개념화되고 응용해 왔으나, 공통적 요소는 학습자의 입장을 중시하고 진보적이고 체계적인 탐구 과정을 거친다는 점이다. 문제해결학습의 일반적인 교수 · 학습 과정은 다섯 단계, 즉 '① 문제 사태 → ② 문제 원인 확인 → ③ 정보 수집 → ④ 대안 제시 → ⑤ 검증'으로 이루어진다. 각 단계별 구체적인 교수 · 학습 활동은 〈표 5-2〉에 제시하였다.

〈표 5-2〉 문제해결학습의 단계 및 주요 활동

단계	교수 · 학습 과정
문제 사태 (문제 상황 파악)	1. **당혹스러운 문제 상황 제시**: 뭔가 설명이 필요한 문제 상황을 제시한다. - 당혹스러운 문제 상황이란, 첫째, 학생의 인지부조화(cognitive dissonance)를 유발하는 사태, 즉 평소의 관념으로는 잘 이해가 되지 않는 사태(예: 왜 김씨는 이씨보다 일을 열심히 하는데 돈을 벌지 못할까?)이다. 둘째, 당장 생활에 불편을 주는 사태(예: 왜 교통 체증이 일어날까?) 등을 말한다. - 문제 상황을 보여 주는 자료(사진, 동영상 등)는 단순히 자극적으로 학생들의 관심을 끌어모으는 것이 아니라 학생들에게 장차 학습하게 될 주제를 한 마디로 표현할 수 있는 상징적인 것이어야 한다. - 여기에서 다루는 문제가 탐구학습의 문제와 다른 점은 개인 및 주민 생활과 관련되어 있는 문제들이라는 점이다. 2. **문제에 공감하기**: 문제 상황이 학생 개개인에게도 심각하게 느껴져 이를 해결할 필요성을 알도록 해 준다. - 문제 사태가 함축하고 있는 심각성에 대해 토의한다. - 문제가 개인이나 사회에 미치는 영향에 대해 토의한다.
문제 원인 확인	1. **문제의 본질적 원인에 대한 브레인스토밍**: 앞에서 제기된 문제 상황이 벌어진 이유에 대해 생각해 본다. - 왜 그러한 문제가 발생했는지 자유롭게 말하게 한다. - 문제의 본질을 어떻게 규정하느냐가 중요하다. 예를 들어 환경문제의 경우, 환경문제의 본질은 인간의 의식 문제인가, 자본주의 경제 체제의 문제인가 아니면 환경기술의 문제인가? 김씨 가게가 이씨 가게보다 장사가 잘되는 이유는 부지런해서인가, 사업전략이 잘못되어서인가, 장소가 좋아서인가? - 교사는 학생들이 제시한 의견을 비슷한 것들끼리 정리해 준다.

단계	교수 · 학습 과정
문제 원인 확인	2. 문제의 원인에 대한 잠정적 가설 수립 　- 학생들이 제기한 의견들을 평가한다. 이때 기준은 문제의 원인과 결과 사이의 논리적 관련성, 문제해결책에 대한 접근 가능성 등을 고려한다. 　- 생활에서 부딪히는 문제들은 딱히 정답이 있어서 쉽게 해결될 수 있는 것들이 아니고 문제를 어떻게 바라보느냐에 따라 해결책이 달라질 수 있다는 점을 강조한다. 　- 문제의 원인에 대한 가설의 잠정성을 유지한다.
정보 수집	1. 자료 수집: 문제와 관련된 자료들을 찾아서 문제의 본질 및 해결책에 대한 정보를 수집한다. 　- 자료원의 종류에 대해 모둠별 혹은 전체 토의를 통해 결정한다. 　- 수집할 자료의 종류에 대해 토의한다. 　- 자료의 종류는, 예를 들어 문제의 본질에 관한 자료여야 한다. 　- 해결책에 관한 자료는 기존 문제해결 방식의 한계에 대한 자료 등으로 분류하거나 아니면, 자료의 성격에 따라 문헌자료, 인터뷰자료, 통계자료, 사진 · 그래픽 자료, 동영상 자료 등으로 분류할 수 있다. 　- 모둠별로 수집된 자료를 가공한다. 2. 자료를 통해 결론 얻기: 모둠별로 자료를 통해 얻은 결론이 무엇인지 토의한다. 　- 문제발생의 가장 타당한 원인은 무엇인가? 　- 문제를 어떻게 규정하는 것이 문제해결에 가장 유리한가?
대안 제시	1. 문제해결책에 대한 브레인스토밍 　- 모둠별로 문제해결에 필요한 모든 방안에 대해 자유롭게 브레인스토밍한다. 제시된 의견에 대해 비판하지 않고, 자유롭게 의견이 개진되도록 한다. 　- 제시된 해결책 중 유사한 것들끼리 정리한다. 2. 문제해결책의 평가 　- 평가 기준을 만든다(예: 문제의 본질과의 논리적 관계, 필요한 자원의 확보 여부, 경제성, 효율성, 시간, 노력 등). 　- 평가 기준을 토대로 평가 루브릭을 만든다(각 항목별로 5점 척도). 　- 평가 루브릭을 통해 학생들이 제시한 각각의 해결책을 평가하고 순위를 정한다. 　- 모둠별로 발표한다.
검증	1. 행동 계획 수립: 문제해결책을 실천할 수 있는 계획을 세운다. 　- 필요한 자원과 노력을 효율적으로 조직하는 방안에 대해 토의한다. 　- 해결책을 통해 거둘 수 있는 성과를 예상하여 단기와 장기로 나누어 정리한다. 　- 문제해결책을 실천하기 위해 필요한 자원과 노력에 대해 토의한다. 　- 해결책의 시행으로 인해 생길 수 있는 부작용에 대해 논의한다. 2. 결과 정리 및 보고: 문제의 발생, 문제 본질의 규정, 대안 모색, 행동계획, 유사 사례와의 관계 등을 정리하여 모둠별로 발표하게 한다.

출처: 최용규 외(2014), pp. 141-143.

3) 탐구학습과 문제해결학습의 차이점

사회 현상이나 문제를 조사하고 해결하는 과정과 방식을 가르치는 교수 방법이라
는 점에서 탐구학습과 문제해결학습은 유사하다. 하지만 탐구학습와 문제해결학습
에서 다루는 문제의 성격, 탐구의 과정, 자료와 결론의 성격에 있어서 서로 다르다.
모형별 차이점은 〈표 5-3〉에 정리하였다.

〈표 5-3〉 탐구학습과 문제해결학습의 차이점

구분	탐구학습	문제해결학습
문제의 성격	● 과학적 문제: 학자들이 객관적 방법으로 조사하여 증명할 수 있는 사회 ● 가설은 객관적 자료에 의해 검증할 수 있는 '사실 문제'	● 일상적 문제: 학생이 경험하는 일상적 사회문제 ● 가설은 '일상적 문제'의 원인에 대한 잠정적 해결 방안(가치 문제 포함)
탐구의 과정	● 과학적 탐구의 절차: 문제 제기 및 용어 정의 → 가설 설정 → 자료 수집 → 자료 분석 → 검증 및 일반화	● 일상적 문제의 해결 절차: 문제 사태의 파악 → 문제 원인의 확인 → 정보 수집 → 대안 제시 → 검증
자료의 성격	● 과학적, 객관적 자료	● 일상적 자료와 정보
결론의 성격	● 일반화된 지식의 형성: 가치중립적 지식	● 문제의 해결책 제시: 가치 포함된 해결 방안

출처: 박상준(2014), p. 170.

4) 문제해결학습 모형의 적용

(1) 적용 가능한 주제

사회과 문제해결학습에 적합한 주제는 현재의 학습 경험이나 지식으로는 손쉽게
해결하기 어려운 문제 상황을 내포하고 있다. 수업 과정에서 제시되는 문제 상황의
자료는 다음과 같은 성격을 띤 것이어야 한다(최용규 외, 2014).

첫째, 학생들이 문제 상황에 흥미를 느낄 수 있어야 한다. 왜냐하면 흥미로운 문제
상황일수록 학생들은 목적을 갖고 그것을 해결하려고 노력하기 때문이다.

둘째, 문제 상황은 불완전한 정황을 내포해야 한다. 이러한 문제 상황에 직면한 학생들은 더욱 당혹스럽거나 혼란스러워하게 되고 결과적으로 문제해결 욕구가 생기게 된다. 학생들은 자신의 기존 지식으로는 해결할 수 없는 문제에 의혹을 품으며 해결하려고 더욱 분발할 것이다.

셋째, 실제적인 문제라야 한다. 문제 상황 장면이 실제의 경험적 장면을 제공할 수 있어야 한다는 것이다. 실제적 문제 상황은 사고를 불러일으키는 직접적인 자극이 될 수 있기 때문이다.

기본교육과정 사회 5~6학년군에서 문제해결학습을 적용할 수 있는 주제의 사례를 제시하면 다음과 같다.

---

① 시·도의 여러 문제와 해결 방안
② 도시와 촌락의 문제와 해결 방안
③ 자연재해와 환경 문제
④ 생활 주변의 문제와 해결 방안
⑤ 지역의 대표적인 문제

---

(2) 공통교육과정 적용 사례

학습 주제	음식물 쓰레기	
학습 목표	음식물 쓰레기로 인한 문제점을 파악하고 해결 방안을 찾을 수 있다.	
단계	주요 학습 내용	교수·학습 활동
문제 사태	문제 상황 내용	● 음식물 쓰레기 문제의 심각성을 보여 주는 사진, 영상, 통계 자료를 제시한다. "왜 음식물 쓰레기는 계속 증가하고 있을까요?"
	문제 공감하기	● 음식물 쓰레기가 개인, 사회, 환경에 미치는 영향을 학생들과 함께 논의한다. ● 문제해결의 필요성을 느끼도록 학생들에게 다양한 질문을 던진다. "음식물 쓰레기가 줄어들면 어떤 변화가 있을까요?"

단계	주요 학습 내용	교수 · 학습 활동
문제 원인 확인	문제 설정	• 음식물 쓰레기 문제가 발생하는 이유를 브레인스토밍한다. "음식을 너무 많이 주문해서 남기기 때문이다." "유통기한이 지나서 폐기하는 음식이 많다." • 의견을 정리하여 주요 문제를 도출한다.
	가설 설정	• 음식물 쓰레기 문제의 원인에 대한 가설을 수립한다. "음식물 쓰레기가 많은 이유는 사람들이 필요한 양보다 더 많은 음식을 구매하거나 준비하기 때문이다." • 가설은 잠정적인 것으로 설정하고, 이를 검증할 준비를 한다.
정보 수집	정보 수집	• 음식물 쓰레기의 원인과 관련된 자료를 조사한다(예: 과도한 음식 소비, 음식 유통 과정에서의 손실 등). • 문제해결을 위한 기존의 노력과 한계점을 조사한다.
	잠정적 결론 내리기	• 수집된 자료를 바탕으로 문제 원인에 대한 결론을 도출한다. "음식물 쓰레기를 줄이기 위해 필요한 만큼만 구매하고 음식을 남기지 않는 것이 중요하다." "음식물 쓰레기를 재활용하는 시스템이 확대되어야 한다." • 잠정적 결론이 문제해결에 적합한지 검토한다.
대안 제시	대안 제시	• 음식물 쓰레기를 줄이기 위한 실천 가능한 방안을 브레인스토밍한다. '가정에서 적정량의 음식만 구매하기' '학교에서 음식 남기지 않기 캠페인 운영' '음식물 쓰레기를 퇴비로 활용하기 위한 지역 프로그램 개발' • 제시된 대안을 평가 기준(효과성, 실현 가능성 등)에 따라 평가하고 우선순위를 정한다.
검증	행동 계획 수립	• 우선순위에 따라 실행 가능한 계획을 수립하고 이를 실천한다. '음식 남기지 않기 캠페인' • 예상되는 결과와 부작용에 대해 논의한다.
	결과 정리 및 발표	• 문제 원인, 대안, 실행 계획 및 결과를 발표한다. "우리는 학교 급식 캠페인을 통해 음식물 쓰레기 배출량이 20% 감소했음을 확인했습니다. 가정에서도 실천할 수 있는 방법을 공유하고 싶습니다." • 발표 내용을 바탕으로 음식물 쓰레기 문제해결에 대한 새로운 인식을 공유한다.

(3) 기본교육과정 적용 사례

단원	사회 5~6학년 ㉯ 9. 촌락과 도시			
학습 주제	도시의 문제와 해결 방법			
학습 목표	도시에서 나타나는 여러 가지 문제점을 파악하고 해결 방법을 찾을 수 있다.			

단계	학습 내용	교수 · 학습 활동		자료(㉣) 및 유의점(※)
		교사	학생	
문제 상황 파악	도시의 문제 영상 보기	▶ 도시에서 발생하는 여러 가지 문제점을 나타내는 자료 제시하기 - 사진, 동영상 자료 제시	▷ 도시 문제의 심각성을 생각하며 영상 보기	㉣ 컴퓨터 자료 (도시 문제 관련 뉴스 영상) ※ 학생들의 생활 경험과 관련된 질문을 통해 문제 상황에 친숙히 접근하도록 한다.
		무엇을 나타내는 영상인가요?	학생 1: 쓰레기가 많습니다. 학생 2: 사람들이 쓰레기를 아무 데나 버렸습니다.	
		여러분도 길가에 쓰레기를 본 적이 있나요?	학생 1: 길에 쓰레기가 쌓여 있는 모습을 보았습니다. 학생 2: 버려진 쓰레기에서 냄새가 심하게 났습니다.	
		도시에는 어떤 문제가 있나요?	학생 1: 환경오염 문제가 있습니다. 학생 2: 주택 문제가 있습니다. 학생 3: 교통 문제가 있습니다.	
		이런 문제를 해결하지 않으면 어떻게 될까요?	학생 1: 환경이 오염되어 살기 힘들어집니다. 학생 2: 차가 막혀 움직이기 힘듭니다.	
	학습 문제 확인하기	이번 시간에는 무엇을 알아볼까요?	학생 1: 도시의 문제를 알고 싶습니다. 학생 2: 도시의 문제를 해결하는 방법을 알아보고 싶습니다.	
		도시에서 일어나는 문제를 해결하는 방법을 찾아봅시다.		

단계	학습 내용	교수 · 학습 활동		자료(㉔) 및 유의점(※)
		교사	**학생**	
문제 원인 확인	도시 문제의 원인 예상하기	도시에서 나타나는 문제의 원인은 무엇일까요?	학생 1: 이웃집에서 시끄럽게 하기 때문입니다. 학생 2: 사람들이 쓰레기를 아무 데나 버리기 때문입니다. 학생 3: 차가 많기 때문입니다.	※ 문제 원인에 대한 잠정적 가설을 수립하도록 한다.
	도시 문제의 원인 파악하기	도시 문제의 원인을 알아봅시다.	▷ 도시 문제의 원인을 생각하며 자료를 읽는다.	㉔도시 문제 관련 자료(주택 문제, 환경 문제, 교통 문제) ※ 도시 문제를 나타내는 그림, 그래프, 신문 기사 등을 제공해 학생들이 문제점과 원인을 찾아보도록 한다. ※ 문제의 원인을 예상한 것과 정보를 통해 확인한 사실의 차이점을 생각해 보도록 한다.
		자료를 통해 알 수 있는 도시 문제의 원인은 무엇일까요?	학생 1: 바닥 충격음 때문입니다. 학생 2: 생활 하수가 많이 버려지기 때문입니다. 학생 3: 도로보다 자동차가 많이 증가했기 때문입니다.	
		도시 문제가 생기는 근본적인 원인은 무엇일까요?	학생 1: 도시에 사람이 많이 모이기 때문입니다. 학생 2: 도시의 인구가 많기 때문입니다.	
정보 수집	도시 문제의 해결 방안 찾기	도시 문제의 해결 방법을 친구들과 함께 이야기해 보고, 제시해 봅시다	▷ 도시 문제의 해결책을 학습지에 쓴다(학생 중 글씨를 쓰기 힘든 학생은 붙임 딱지를 제공해 학습지에 붙이도록 한다.).	㉔ 학습지, 필기 도구, 붙임 딱지
해결 대안 제시	도시 문제의 해결 방안 발표하기	해결 방법을 발표해 봅시다.	▷ 학습지에 쓴 해결 방법을 발표한다.	㉔컴퓨터 자료
		실제 도시 문제를 어떻게 해결하고 있는지 살펴봅시다.	▷ 학습지에 쓴 해결 방법과 비교하면서 살펴본다.	

단계	학습 내용	교수 · 학습 활동		자료(㉮) 및 유의점(※)
		교사	학생	
해결 대안 제시	도시 문제의 해결 방안 발표하기	도시 문제해결 방안은 무엇인가요?	학생 1: 낡은 주택을 새로 짓습니다. 학생 2: 오염된 하천을 깨끗하게 합니다. 학생 3: 지하 도로를 만듭니다.	
문제 해결 및 정리		▶ 도시 문제해결에 참여하는 사진 제시하기	▷ 도시 문제해결에 참여할 필요성 생각해 보기	㉮ 컴퓨터 자료 ㉮ 사인펜, 편지지 등
		어떤 내용의 사진인가요?	학생 1: 층간 소음을 줄이자는 캠페인 사진입니다. 학생 2: 환경 보호에 대해 구청장님께 쓴 편지입니다.	
		캠페인을 한 후에 구청장님께 편지를 쓰는 목적은 무엇일까요?	학생 1: 도시 문제를 해결하기 위해서입니다. 학생 2: 함께 살기 좋은 도시를 만들기 위해서입니다.	
		도시 문제해결에 참여해 봅시다.	▷ 캠페인 문구를 작성하거나 구청장님께 편지를 써 보는 활동을 한다.	

출처: 교육부(2019), pp. 27-28.

● **활동**: 문제해결학습 모형의 적용이 가능한 주제를 찾아서 수업지도안을 작성해 봅시다.

단원 및 주제명	학습 제재	학습 내용 및 활동	비고
2. 우리 시 · 도의 모습 (2) 우리 시 · 도의 자연환경과 생활	▶ 자연재해의 종류와 원인	● 우리 시도에는 어떤 자연재해가 일어나고 있는지 알아보고, 그 원인은 무엇인지 찾아보자.	● 조사, 발표 학습 ● 온라인 자료 활용 ● 개념(자연재해) 이해
	▶ 자연재해의 극복	● 자연재해로 인해 나타나는 문제점(피해)을 살펴보고, 이를 극복하거나 예방하는 방안을 찾아보자.	● 견학 및 관찰 ● 온라인 자료 활용 ● 통계자료 이용

4. 의사결정학습[1]

1) 의사결정학습의 의미와 특성

의사결정학습이란 학습자가 의사결정을 해야 할 문제를 합리적인 과정과 절차에 따라 해결하는 경험을 갖도록 하는 학습 형태를 말한다. 사회과에서 길러 내고자 하는 민주시민은 어떤 문제 상황에 직면하였을 때 문제해결을 위하여 최종적인 판단을 내릴 수 있는 의사결정 능력을 갖춘 인간이다. 여기서 말하는 의사결정 능력이란 문제를 파악하고 해결책으로 대안들을 개발하고 선택하며 결정된 것에 따라 행동하는 능력을 일컫는다.

사회과에 추구하는 의사결정은 합리적 의사결정이며, 이는 이성에 부합하는 의사결정으로 다음과 같은 조건을 충족해야 한다.

첫째, 의사결정의 토대는 정확한 사실에 기반해야 한다. 여기에서 정확한 사실이란 문제 상황과 관련된 진실된 정보를 의미한다. 문제 상황과 관련된 지식은 타당하다고 입증된 사실이어야 하며, 한 영역으로부터의 지식이 아닌 다양한 영역으로부터의 지식, 즉 다학문적·간학문적 지식이다.

둘째, 의사결정의 과정은 권위적이거나 감정적이 아닌 '과학적'이어야 한다. 이는 의사결정 과정이 탐구 과정이나 이성에 바탕을 둔 반성적 사고 과정과 유사함을 의미한다.

셋째, 합리적이고 타당한 의사결정을 위해서는 도출된 대안이 실행 가능해야 하며 의사결정자에게 유용한 결과여야 한다. 실행에 어려움이 크거나, 그 결과가 만족스럽지 못할 것으로 예측된다면 그 대안이 선택되어서는 안 된다.

---

[1] 의사결정학습의 의미와 특성, 교수·학습 과정은 최용규 외(2014), pp. 172-179에서 발췌 후 수정하였다.

넷째, 의사결정은 사회적, 도덕적으로 공정해야 한다. 즉, 사회 정의에 부합하는 결정이어야 한다. 따라서 합리적 의사결정 능력은 학교교육 내용의 지적, 정의적 측면을 포함하는 것으로서, 이는 학생의 '지식'과 '가치'를 적용하여 문제를 해결하는 종합적인 능력이라고 볼 수 있다.

Banks는 사회과 의사결정학습에 관심을 불러일으킨 학자이다. 그의 의사결정 모형은 사회 탐구(지식 탐구)를 통해 획득한 사회적 지식과 가치 탐구를 통해 의사결정을 한 후, 결정에 따른 사회적 행동을 하는 과정으로 구성되어 있으며, 합리적인 의사결정을 통한 지적인 사회적 행위자를 기르는 것을 목적으로 한다. 그는 의사결정의 필수 요소로 '지식'과 '가치'를 들고 있다.

이후 여러 학자가 이 모형을 보완 및 발전시켰으며, 이들 모형은 문제의 성격에 따라 개인적 의사결정 모형과 집단적 의사결정 모형으로 구분된다. 개인적 모형은 문제 상황이 개인에게 영향을 미치는 것으로, 개인의 결정만으로 의사결정 과정이 종결된다. 집단적 모형은 문제 상황이 집단 구성원 전체에게 영향을 주는 것으로, 개개인의 의사결정이 집단 구성원 전체의 이익 혹은 기대와 일치할 수도 있고 다를 수도 있다. 개인적 의사결정 모형으로는 Banks의 모형과 Hurst 등의 '개인적·합리적 의사결정 모형'을 들 수 있고, 집단적 의사결정 모형으로는 Massialas 등의 '민주적·집단적 의사결정 모형'이 있다.

2) 의사결정학습의 교수·학습 과정

의사결정학습의 모형은 개인적 의사결정학습 모형과 집단적 의사결정학습 모형 두 가지 형태로 나뉜다. 먼저, 개인적 의사결정 모형은 크게 두 가지로 나누어 볼 수 있으며, Banks 모형은 합리적 의사결정 모형이라고 하며 '① 문제 제기 → ② 사회 탐구 → ③ 가치 탐구 → ④ 의사결정 → ⑤ 행위'의 단계로 나뉜다. Hurst 모형은 '① 문제 확인 → ② 문제 정의(문제의 진술과 용어의 정의, 과학적 지식 탐구, 가치 탐구) → ③ 대안 탐색 및 개발 → ④ 대안의 평가 및 최선의 대안 선택 → ⑤ 행동 → ⑥ 행동의 결과 평가'의 단계를 거친다.

다음, 집단적 의사결정 모형은 Massialas와 Hurst가 함께 개발하였는데, 크게 개인적 의사결정 과정(① 문제 확인 → ② 문제 정의 → ③ 대안 탐색 및 개발 → ④ 대안의 평가 및 최선의 대안 선택)을 한 다음에, 집단적 의사결정 과정(① 지지 호소 → ② 집단 결집 → ③ 집단 조직 → ④ 협상 및 타협 → ⑤ 집단적 결정 진술 → ⑥ 투표 → ⑦ 결정의 실행)으로 나아가는 것이다.

앞과 같은 모형은 복잡하고 추상적인 성격을 띠게 될 우려가 많다. 이를 위해 의사결정의 핵심적인 요소를 포함하면서 구체적이고 가시적인 교수 전략을 구안할 필요가 있다. 이에 다음의 두 가지 의사결정 전략이 제안되고 있다.

첫째, Decision-Matrix 전략으로 〈표 5-4〉에 제시된 의사결정 기준표를 작성하는 것이다. 이 전략의 과정은 다음과 같다.

① 결정 상황 확인 - 문제의 정의
② 대안의 작성
③ 기준의 작성
④ 기준에 의한 대안 평가
⑤ 의사결정 - 최종 결정

〈표 5-4〉 의사결정 기준표

대안	기준			
	기준 ①	기준 ②	기준 ③	기준 ④
대안 ①				
대안 ②				
대안 ③				

둘째, Decision-Tree 전략으로 미리 의사결정의 결과를 분석하는 것이다. 이 전략의 과정은 다음과 같다.

① 결정 상황 확인- 문제의 정의

② 대안의 작성

③ 대안 각각의 긍정적 결과와 부정적 결과 작성

④ 자신의 목표와 가치에 기초하여 대안의 평가

⑤ 다른 대안, 가치, 목표 고려

⑥ 의사결정- 최종 결정

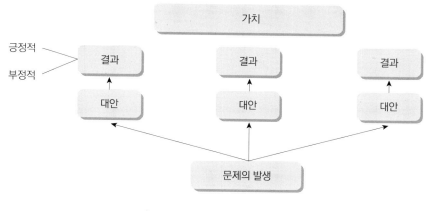

[그림 5-1] Decision-Tree

　이상과 같은 여러 학자가 제시한 의사결정 과정과 전략을 종합하여, 의사결정학습 모형의 단계를 제시하면 다음과 같다.

① 결정 상황 확인　② 대안의 작성　③ 기준의 작성　④ 대안의 평가　⑤ 최종 결정

　다음 〈표 5-5〉에서는 의사결정학습 모형의 각 단계와 단계별 교수·학습 활동을 제시하였다.

〈표 5-5〉 의사결정학습 모형의 단계 및 주요 활동

단계	교수 · 학습 활동
결정 상황 확인	1. 의사결정 상황 제시: 뭔가 의사결정이 필요한 문제 상황을 제시한다. 　- 일상생활이나 사회생활 속에서 겪게 되는 문제 중에서 뭐가 최선인지 알기 어려운 상황을 선정한다(예: 부모님에게 어떤 선물을 사 드려야 할지, 국가 예산 중 복지비를 어디에 사용해야 할지 등). 　- 가치 판단이 개입된 문제일수록 사회과의 본질에 부합된다(예: 국가 예산을 기업활동을 지원하는 데 사용할 것인지 아니면 사회복지에 예산을 사용할 것인지, 낙태를 허용할 것인지 금지할 것인지). 2. 결정할 문제 확인: 문제를 해결해 가는 데 다양한 해결책이 있으며, 그중에 어느 것을 선택해야만 한다는 것을 확인한다. 　- 문제를 해결하는 데 복수의 해결책이 있을 수 있음을 확인한다. 　- 가능한 해결책의 장단점을 조사해 볼 필요가 있음을 확인한다. 　- 의사결정의 결과로 얻게 될 목표가 무엇인지 뚜렷하게 확인한다.
대안의 작성	1. 문제의 사실적 측면과 가치적 측면 분석하기 　- 문제와 관련된 사실적 정보를 수집한다(예: 자동차를 구입한다고 할 때 자동차의 가격, 성능 등에 관한 기초 자료 수집). 　- 문제에 관련된 가치 갈등 내역을 분석한다(예: 대형차를 선호하는지, 디자인을 선호하는지, 성능을 선호하는지, 경제성을 선호하는지). 2. 가능한 대안 개발하기 　- 문제해결을 위해 선택할 수 있는 모든 종류의 대안에 대해 브레인스토밍한다. 　- 우선은 비판 없이 모든 종류의 아이디어를 모은 뒤 교사가 비슷한 종류끼리 모아서 너무 많지 않은 범위 내에서 최종 후보를 선정한다. 　- 미리 준비한 의사결정지를 활용할 수도 있다.
기준의 작성	1. 평가 기준에 대한 브레인스토밍 　- 문제가 내포하고 있는 사실적 측면과 가치 판단의 측면을 고려하여 관련 있는 평가 기준에 대해 자유롭게 브레인스토밍한다. 　- 비슷한 것끼리 정리하여 최종 후보를 너무 많지 않은 범위 내에서(예: 열 가지 미만) 결정한다. 　- 사실적인 기준과 가치 판단의 기준이 고루 포함되도록 한다(예: 자동차 선택의 경우 경제성, 가격, 경제적 여유, 할부금 등의 사실적 기준과 디자인, 크기, 실내장식, 본인의 이미지와의 부합 여부, 색깔 등 가치 판단의 기준을 고루 포함한다). 2. 기준표 작성하기 　- 기준표의 형식에 대해 모둠별로 토의한다. 　- 가로축에 최종 후보로 선정된 대안, 세로 축에 사실 및 가치 판단에 관련된 기준들을 제시하고 기준에 따라 각 항목을 5점 척도 내지 10점 척도로 평가한다.

단계	교수 · 학습 활동
대안의 평가	1. 기준에 따라 각 대안에 대한 점수 매기기 　- 모둠별/개인별로 각 대안에 대해 자유롭게 점수를 매긴다. 　- 모둠별/전체 학급별로 채점 결과를 계산한다. 　- 선호되는 대안들의 순위를 매긴다. 2. 선정된 대안들의 장점과 단점을 평가한다. 　- 최종 후보가 되는 대안을 2~3개 선정한다. 　- 각 대안들이 미칠 수 있는 긍정적 측면과 부정적 측면을 분석한다. 필요한 경우 추가로 정보를 수집한다. 　- 결과를 정리하여 구조화한다(예: 각 대안의 기준별 점수, 장점 및 단점 등을 도식화하여 정리한다).
최종 결정	1. 최종 결론 내리기 　- 최종적으로 하나의 대안을 선정한다. 　- 대안을 선정하였을 경우 반드시 그 근거를 정리하여 제시하도록 한다. 　- 두 가지 이상의 대안이 최종 경합할 경우는 마지막 제안 설명 이후 투표에 회부할 수도 있다. 2. 행동 계획 수립하기 　- 선정된 대안을 실행에 옮길 수 있는 행동 계획을 수립한다(예: 자동차를 구입할 경우 어디에서 어떻게 구입할 것인지, 구입자금은 어떻게 조달할 것인지, 구입 시 최종적으로 고려해야 할 것은 무엇인지 등에 대해 논의한다).

3) 의사결정학습 모형의 적용

(1) 적용 가능한 주제

의사결정에 대한 사회과 수업 모형들은 사회 과학적 탐구 과정과 가치 탐구 과정의 두 과정을 포함하고 있다. 이것은 곧 의사결정을 하는 데 필요한 지식이나 사실이 있어야 하고, 동시에 선택해야 할 가치의 문제를 포함해야 함을 의미한다. 의사결정학습의 주제는 학생들이 다룰 수 있는 실제적인 주제, 개인의 가치를 바탕으로 취사선택할 수 있는 주제, 의사결정에 따른 실천적 행위가 가능한 주제가 적합하다. 기본 교육과정 사회 5~6학년군에서 의사결정학습의 적용이 가능한 주제의 사례를 제시하면 다음과 같다.

① 내가 선택하는 생활

② 경제생활과 바람직한 선택: 경제적 의사결정 기준(물건 살 계획 세우기)

③ 직업 선택의 기준과 자신의 진로 결정(소중한 나의 미래 설계하기)

④ 지역사회에서의 선택

(2) 공통교육과정 수업 적용 사례

① Decision-Matrix 전략 적용 사례

단원	여러 가지 직업과 선택		
본시 주제	합리적인 직업 선택		
학습 목표	합리적인 직업을 선택하기 위하여 생각해야 할 것들을 알아보고 그에 맞는 직업을 선택하려는 태도를 갖는다.		
학습 과정		**교수·학습 활동**	**자료(◆) 및 유의점(◇)**
학습 문제 파악	1. 동기 유발	● 자기가 갖고 싶은 직업과 그 이유에 대해 자유롭게 발표하기 ● 발표 중에 나오는 이유들을 관련시켜 공부할 문제를 알아보기 - 적성, 흥미, 소질, 희망, 성격, 학업, 성적, 신체적 조건 등	◇자유로운 분위기에서 발표하고 다양한 직업과 이유들이 나올 수 있도록 한다.
	2. 공부할 문제 설정	● 공부할 문제 - 합리적인 직업을 선택하기 위하여 생각해야 할 것들을 알아보고 미래의 자신의 직업을 선택해 봅시다.	
문제 해결	3. 해결 방법 구상	● 학습 계획 세우기 - 자신이 갖고 싶은 직업 생각해 보기 - 직업 선택 시 생각해야 할 것들 알아보기	◇교사와 학생이 함께 학습 계획을 세운다. ◆학습지(의사결정지) ◇교사의 안내 ◇기준의 순서는 자신이 중요하다고 생각하는 순서대로 기록하게 한다.
	4. 대안 생각해 보기	● 직업 선택해 보기 ● 학습지(의사결정지) 제공 ● 자신이 갖고 싶은 직업을 세 가지 정도 생각하여 의사결정지에 기록하기	
	5. 기준 정하기	● 직업을 선택할 때 생각해야 할 것들을 발표하여 가장 많이 나온 것 네 가지를 순서를 정하여 결정지의 기준란에 기록	

학습 과정		교수·학습 활동	자료(◆) 및 유의점(◇)
문제 해결	6. 기준에 의해 대안 평가하기	● 기준에 의해 자신의 직업을 나름대로 평 가하여 점수를 매겨 보기	
	7. 결정하기	● 점수를 보고 자신의 미래의 직업을 선택 해 보기	
적용· 발전 및 정리	8. 발표하기	● 자신의 의사결정지를 보고 친구들 앞에서 발표하기	
	9. 행동 및 생활화	● 자신이 결정한 직업을 선택하려는 태도를 갖고 직업의 성취를 위해 노력하기	◇의사결정의 목적은 행동임을 이해시킨다.
	10. 학습 정리	● 생각할 것들에 대해 확인하고 합리적인 직업 선택 방법에 대해 정리하기	

출처: 최용규 외(2014), pp. 180-181.

② Decision-Tree 전략 적용 사례

단원	생산과 소비
본시 주제	현명한 소비
학습 목표	물건을 현명하게 소비하는 방법과 과정을 이해하고 그 방법과 과정에 따라 물건을 사려 는 태도를 갖는다.
예습 과제	교과서를 살펴보고 현명한 소비의 방법과 과정에 대해 알아보기

학습 과정		학습 활동	자료(◆) 및 유의점(◇)

학습
문제
	1. 동기 유발	● 물건을 사 본 경험 발표하기
		  - 물건을 현명하게 구입하여 사용한 경우
		  - 물건을 사고 난 후 후회한 경우
		● 발표한 내용을 바탕으로 공부할 문제 확인하기
			◇ 자유로운 분위
			기에서 발표를 유
			도한다.

	2. 공부할 문제
	설정
		● 공부할 문제
		  - 물건을 현명하게 소비하는 방법과 과정을
		    알아봅시다.	

	3. 문제 추구	● 교과서를 보고 현명한 소비의 방법과 과정
		알아보기
		  - 예습과제를 바탕으로 교과서를 보고 현명
		    한 소비의 방법과 과정을 발표하고 정확
		    히 이해한다.
			◆의사결정과
			과정표
			◆사례

학습 과정		학습 활동	자료(◆) 및 유의점(◇)
문제 해결	4. 의사결정 상황 진술	● 의사결정 과정표 제공 ● 사례를 제시하여 결정이 요구되는 상황을 진술하기 ● 사례를 듣고 결정할 상황을 정확히 파악하기	◇교사의 안내가 이루어진다.
	5. 대안 작성	● 적절한 대안적 해결 방안을 생각하고 기록하기	
	6. 각 대안들이 갖고 있는 긍정적, 부정적 결과 기록하기	● 대안들의 긍정적, 부정적 결과를 생각하여 기록하기	
	7. 자신의 가치, 목표를 생각하여 대안 평가하기	● 자신이 결정 내릴 때 중요시하는 것들을 생각하여 적어 보고 그에 따라 대안들을 평가해 보기	
	8. 더 생각해 볼 방안, 가치, 목표, 생각하기	● 지금까지 고려해 온 방안, 가치, 목표 이외에 또 다른 방안, 가치, 목표는 없는지 생각해 보기	
	9. 의사결정하기	● 각 대안들의 긍정적 · 부정적 결과들을 보면서 나의 가치, 목표에 가장 부합하는 방안 선택하기	
적용 및 정리	10. 발표하기	● 자신의 의사결정 과정을 발표해 보고 친구들과 비교하기	◇과정에 중점을 두어 정리한다.
	11. 학습 정리	● 현명한 소비의 방법과 과정을 정리하고 실천해 보기 - 실천의지를 갖고 현명한 소비의 방법과 과정에 따라 생활에서 실천한다.	

출처: 최용규 외(2014), pp. 181-182.

(3) 기본교육과정 수업 적용 사례

다음 지도안은 의사결정학습 모형 중 기본적으로 많이 쓰이는 의사결정 기준표 (decision grids)를 활용한 예시이다.

단원	사회 5~6학년 ㉮ 10. 다양한 경제생활			
학습 주제	물건 살 계획 세우기			
학습 목표	필요, 살 장소, 예산에 맞게 물건을 살 계획을 세울 수 있다.			
단계	학습 내용	교수·학습 활동		자료(㉮) 및 유의점(※)
		교사	학생	
문제 상황 확인	의사결정 상황 결정	▷ 의사결정 상황 제시		※ 학생에게 익숙한 상황을 설정해 이해를 돕는다.
		내일은 현장학습을 가려고 합니다. 현장학습에 가지고 가야 할 물건이 무엇인지 이야기해 봅시다.	학생 1: 도시락을 준비합니다. 학생 2: 과자와 음료수를 가져 갑니다.	
	공부할 문제 제시	현장학습에 가지고 가야 할 물건을 이야기해 보고 오늘 공부할 문제를 이야기해 봅시다.	학생 1: 현장학습 준비물을 사는 방법을 알아보면 좋겠습니다. 학생 2: 물건을 사는 계획을 세워 봅니다.	
		필요, 살 장소, 예산에 맞게 물건을 살 계획을 세워 봅시다.		
대안 작성	물건 살 계획 세우기	▷ 물건 살 계획 안내	▷ 안내에 따라 물건을 살 계획 작성	㉮ 학습지(물건 살 계획표) ※ 발표하는 내용을 정리해 학습지에 쓰도록 한다.
		현장학습에 가져갈 물건 중 사야 하는 물건을 말해 봅시다	학생1: 도시락을 쌀 김밥 재료를 삽니다. 학생2: 과자와 음료수를 삽니다.	
		김밥 재료, 과자, 음료수는 어디에 가서 사면 좋을까요?	학생1: 슈퍼마켓이나 마트에 갑니다. 학생2: 시장이나 백화점에 갑니다.	

단계	학습 내용	교수 · 학습 활동		자료(㉔) 및 유의점(※)
		교사	학생	
대안 작성	물건 살 계획 세우기	동네 슈퍼마켓, 마트, 시장, 백화점 중 어디에 가서 사면 좋을지 발표해 봅시다.	학생1: 동네 슈퍼마켓은 가깝지만, 물건의 종류가 다양하지않습니다. 학생2: 시장은 가격이 싸지만, 집에서 멀어서 불편합니다. 학생3: 대형마트는 물건이 다양하고 가격도 저렴하지만, 버스를 타고 가야 합니다. 학생4: 백화점은 믿을 수 있지만, 가격이 비쌉니다.	
평가 기준 마련	물건을 살 장소 결정 기준 정하기	물건을 사려는 장소와 장소를 정할 때 생각한 기준을 기록해 봅시다.	▷ 물건을 살 장소와 장소 선정 기준을 학습지에 기록하기	㉔ 학습지
		물건을 살 장소를 정할 때 생각한 기준을 말해 봅시다	학생 1: 집에서 가까워야 합니다(교통). 학생 2: 가격이 저렴해야 합니다(가격). 학생 3: 물건이 좋아야 합니다(품질).	※ 선정 기준을 정리해 기록하도록 한다.
대안 평가	점수 매기기	그럼 기준에 의해 좋음(3점), 보통(2점), 나쁨(1점)으로 점수를 매겨 봅시다.	▷ 기준에 따라 물건을 살 장소 점수 매기기	㉔ 의사결정지 ※ 의사결정지에 선정 기준에 따라 점수를 매기도록 한다.

	교통	가격	품질	총점
동네 슈퍼마켓				
대형 마트				
재래시장				
백화점				
좋음(3점), 보통(2점), 나쁨(1점)				

단계	학습 내용	교사	학생	자료 및 유의점
최종 결정	최종 결정하기	점수를 보고 물건을 살 장소를 결정하고 발표해 봅시다.	학생 1: 가격과 품질이 좋은 대형마트에서 물건을 사기로 했습니다. 학생 2: 집에서 가까운 동네 슈퍼마켓에서 물건을 사겠습니다.	※ 각 점수를 합산해 최고 높은 점수를 받은 장소를 결정하도록 한다.

출처: 교육부(2019), pp. 37-38.

- 활동: 의사결정학습 모형을 적용하여 수업지도안을 작성해 봅시다.

단원 및 주제명	학습 제재	학습 내용 및 활동	비고
3. 가정의 경제 생활 (1) 다양한 생산 활동과 가정 의 소득	▸ 물건의 선택	• 인간의 욕망은 무한한데 자원은 한정되어 있는 상황에서, 물건을 선택하는 과정과 기준을 알아본다.	• 의사결정표 • 물건을 선택하는 기준은 매우 다양함을 인식하도록 한다.
	▸ 경제 현상의 기본 원리	• 최소의 비용으로 최대의 만족을 얻고자 하는 경제 원리에 입각하여, 각자 자신의 입장에서 현명한 선택 기준을 탐색한다.	• 의사결정표 • 주요 개념에 대한 이해가 선행되어야 한다(경제원리, 비용, 효과 등).

논의해 볼 문제

1. 사회과 교육과정에 제시된 성취 기준을 보고 사고력이 요구되는 주제를 찾아봅시다.

2. 문제해결학습 모형을 적용 가능한 주제를 찾아서 수업 계획을 세워 봅시다.

3. 의사결정학습 모형을 적용 가능한 주제를 찾아서 수업 계획을 세워 봅시다.

참고문헌

교육부(2018). 특수교육 기본교육과정 사회 3-4학년군 ㉮ 교사용지도서. 미래엔.

교육부(2019). 특수교육 기본교육과정 사회 5-6학년군 ㉯ 교사용지도서. 미래엔.

박상준(2006). 비판적 사고와 문답식 수업. 한국학술정보

박상준(2014). 사회과 교육의 이해(제2판). 교육과학사.

박상준(2018). 사회과 교육의 이해(제3판). 교육과학사.

최용규, 정호범, 김영석, 박남수, 박용조(2014). 사회과 교육과정에서 수업까지(2차 수정판). 교육과학사.

Banks, J. A. (1990). *Teaching strategies for the social studies* (4th ed.). Longman.

Beyer, B. K. (1985). Critical thinking: What is it? *Social Education, 49*(4), 270-276.

Dewey, J. (1916). *Democracy and education*. Macmillan.

Duplass, J. A. (2004). *Teaching elementary social studies*. Houghton Mifflin Company.

Massialas, B., & Cox, C. B. (1966). *Inquiry in the social studies*. McGraw-Hill Book Company.

Michaelis, J. U. (1962). *Social studies in the elementary schools*. National Council Social Studies.

Savage, T. V., & Armstrong, D. G. (2000). *Effective teaching in elementary social studies* (4th ed.). Prentice-Hall Inc.

Torrance, E. P. (1966). *Torrance tests of creative thinking: Norms-technical manual*. Personnel Press.

Woolever. R., & Scott, K. P. (1988). *Active learning in social studies*. Scott, Foresman and Company.

제**6**장

사회과 가치 · 태도 교육

학습 목표

1. 사회과에서 '가치/가치관'의 의미와 특징을 알 수 있다.
2. 사회과에서 가치 · 태도 교육을 위해 활용할 수 있는 모형의 특성과 과정을 설명할 수 있다.
3. 사회과에서 가치 · 태도 교육을 위해 모형을 적용하여 수업 계획을 세울 수 있다.

핵심 용어

가치, 가치관, 가치명료화, 가치분석

전통적으로 사회과는 학생들에게 기본적인 사회과학적 지식과 일상생활에 필요한 사회적 기능을 가르치는 교과로 인식되어 왔다. 그러나 사회과는 시민교육에서 가장 중요한 위치를 차지하는 교과이고, 따라서 시민교육에 필요한 가치의 교육은 사회과에서 큰 축을 담당하게 되었다. 현대 사회는 빠른 속도로 변하고 있으며, 이에 따라 가치 갈등이 점점 중요한 사회적 이슈로 부상하고 있다. 이런 가치 갈등 문제를 해결하고 대처할 수 있는 능력을 갖춘 시민을 양성하기 위해, 사회과에서의 가치 교육의 중요성은 점점 더 커지고 있다.

특수교육대상 학생에게도 가치 교육은 중요한 역할을 한다. 특수교육대상 학생도 일반 학생과 마찬가지로 일상생활 속에서 다양한 가치 판단을 해야 한다. 이때 학생은 선택을 하고 결정을 내리게 되는데, 학생의 가치관은 선택과 결정에 영향을 미치게 된다. 가치는 학생이 행동을 선택하게 하는 원천이며, 그 행동이 일관성을 가지고, 일정한 방향으로 나아가는 데 중요한 역할을 한다. 기본교육과정 사회과에서는 특수교육대상 학생이 민주시민으로서의 가치와 태도를 기를 것을 강조하며, 가치 교육을 통해 학생이 실제 상황에서 구체적인 행동으로 실천하게 하는 것을 목표로 한다.

다음에서는 가치의 의미과 특성을 알아보고, 학생들의 가치 교육을 위한 교수 · 학습 모형을 소개하였다. 교수 · 학습 모형은 기본교육과정과 공통교육과정에서 가치 교육을 위해 유용하게 사용되고 있는 모형으로 가치명료화, 가치분석 모형을 제시하였다.

1. 가치의 의미와 특성

1) 가치의 의미

가치 교육에서 '가치'란 그 사람이 중요하게 생각하는 원칙이나 기준을 의미한다. 예를 들면, 무엇이 옳고 무엇이 그르냐, 무엇이 좋고 무엇이 나쁘냐 같은 것들이다. 이 가치들은 지식과 마찬가지로 일정한 체계와 원칙에 따라 전달되고 받아들여진다. 이렇게 모인 가치들이 '가치관'을 형성하는 것이다. 가치관은 여러 가치가 모여 만들어진 생각의 집합, 즉 신념 체계라고 볼 수 있다.

2) 가치관의 의미

사람들은 주로 다른 사람의 행동에만 집중하고, 그 행동이 왜 일어났는지에 대해서는 생각하지 않는다. 어떤 사람이 특정한 행동을 하는 이유는 그 행동을 좋아하거나 중요하다고 평가하기 때문일 것이다. 이처럼 '사람들이 어떠한 대상에 대하여 어느 정도 지속적으로 가지고 있는 심리적 반응의 경향이나 행동에 대하여 부여하는 중요성의 정도 또는 평가 기준'을 가치관이라고 한다. 즉, 가치관은 우리가 어떤 것을 얼마나 중요하게 생각하는지, 그리고 그에 따라 어떻게 행동할지를 결정하는 우리의 생각이나 느낌이다. 이 가치관은 우리의 결정과 행동에 영향을 준다. 학자들 (Banks, 1999; Martorella et al., 2005; Shaver & Strong, 1976)은 가치관을 다음과 같이 정의하였다.

- 가치관은 행동의 기준이자 삶의 방향을 제공해 주는 개인이나 사회의 신념과 목표이다.
- 가치관은 어떤 대상에 대해서 긍정적이거나 부정적, 선과 악, 좋아하거나 싫어하는 것을 판단할 때 사용하는 기준이다.

인간의 정신적 활동은 크게 두 부분으로 나누어 볼 수 있다. 하나는 지식과 관련된 '인지 영역' 다른 하나는 감정이나 정서와 관련된 '정의 영역'이다. 가치관은 이 중 정의 영역에 속하며, 신념이나 태도와 같은 것들과 연결되어 있다. 그래서 이런 정의 영역의 가치나 가치관을 가르칠 때는 지식을 가르치는 방법과는 다른 접근이 필요하다.

3) 가치관의 특징

가치관은 사회에서 학습되는 것이며, 사람들의 행동에 기준을 제공한다. 이 가치관은 다양한 행동들을 일관되게 만들고, 한 번 형성되면 오랫동안 지속된다. 가치관의 주요 특징은 크게 네 가지로 설명해 볼 수 있다.

첫째, 가치관은 '사회적으로 학습'되는 것이다. 즉, 사람은 태어날 때부터 가치관을 가지고 있는 것이 아니라, 교육이나 경험을 통해 후천적으로 형성된다는 것이다. 사회에서 가치관의 학습은 다양한 형태로 이루어진다. 가정에서는 부모의 가치관을 보고 배우고, 학교에서는 다양한 교과목을 통해서 정의, 자유, 평등 등 사회적으로 바람직하다고 여겨지는 가치를 학습한다. 친구들 간의 관계나 지역사회에서는 가정이나 학교에서 경험하지 못한 새로운 가치관을 접하고 이에 영향을 받기도 한다. 어떤 가치관은 한 사회에서 오랜 기간 유지되어 온 것이라 쉽게 변하기 어렵고, 이런 가치관은 새로 들어온 가치관과 충돌할 수도 있다.

둘째, 가치관은 개인의 '행동을 선택하고 결정하는 기준'이 된다. 왜 그런 행동을 하느냐고 물으면 그 사람이 그러한 가치관을 따르고 있기 때문이라고 설명할 수 있다. 예를 들어, 교육학 전공 대학교수는 대학 강의, 저서 집필, 대중잡지 기고, 대중매체 인터뷰 등 다양한 활동을 통해 교육에 대한 다양한 견해를 표현할 수 있다. 그러나 이러한 다양한 행동에서도 일정한 공통점을 발견할 수 있는데, 이것은 그 사람이 인생이나 교육에 대해서 가지고 있는 그의 기본적 입장의 표현일 것이다. 이것이 바로 그의 가치관이며, 이 가치관이 그의 각종 활동에 대한 기준으로 작용한다는 것을 알 수 있다. 따라서 가치관은 행동의 근원이며, 이를 통해 '가치관이 구체적인 행동의 하부 구조를 형성한다.'는 개념적 모델을 만들 수 있다.

　　셋째, 가치관은 개인의 행동에 '일관성'을 부여한다. 즉, 한번 특정 가치관에 기반한 행동을 선택한 사람은 유사한 상황에서도 비슷한 유형의 행동을 선택할 가능성이 높다. 이는 가치관이 개인의 다양한 행동에 일정한 방향을 제공하는 중요한 역할을 한다는 것을 의미한다. 가치관이 명확하지 않은 경우, 행동 사이에 일관성이 없다. 반면, 어떤 사람의 행동이 명확하게 확립된 가치관에 따라 일관성을 보일 때 그 사람은 '안정된 가치관'을 가지고 있다고 판단할 수 있다. 일관성이 없는 행동을 보이는 경우, 그 사람은 가치관이나 정체성에 대한 분열 또는 갈등을 겪고 있을 가능성이 높다.

　　넷째, 가치관은 쉽게 변하지 않는 '안정성'을 가지고 있다. 사회적 가치관은 다수의 사람에 의해, 그리고 오랜 시간 동안 역사적으로 형성되므로, 일단 확립되면 쉽게 변하지 않는다. 이러한 안정성 때문에 새로운 가치관이 사회에 도입되거나 특정 가치관이 강요될 경우, 기존의 가치관과 충돌할 수 있다. 개인적인 측면에서도, 성장과 사회생활을 통해 형성된 가치관은 쉽게 바뀌지 않는다. 그러나 이것은 가치관이 영구적으로 고정된다는 것을 의미하지는 않는다. 가치관은 시대나 상황에 따라 변할 수 있다.

2. 가치명료화 모형

1) 가치명료화 모형의 의미와 특징

　　가치명료화 접근법(value clarification approach)은 학생들이 자신이 중요하게 생각하는 가치를 명확하게 인식하고, 그 가치에 따라 일관된 행동을 할 수 있도록 교육하는 방법으로서, 내용 자체보다는 '가치화의 과정'을 중요시한다. 이는 현대 사회에서는 절대적인 도덕적 원리가 존재할 수 없고, 여러 가지 다양한 가치가 공존하고 있다는 관점에 근거한 것이다. 따라서 가치명료화 접근법은 학생에게 특정한 가치를 강제로 주입하는 것이 아니라, 자신이 어떤 가치를 중요하게 생각하는지 스스로 선택하게 한다. 가치의 선택 과정에서는 자기 자신이 진정으로 원하는 가치가 무엇인지 불명확한 경우가 많다. 또한 특정한 가치를 원한다 해도 그것과 다른 혹은 관련된 가치에 대해서 서로 모순된 태도를 보이는 경우가 있다. 예를 들어, 어떤 학생은 자유경쟁을 찬성하면서도 자신이 대학 입학시험에서 불합격하면 그것을 부정적으로 볼수 있다. 또한 민주주의를 주장하면서 자기 자신이 해야 할 시민적 의무는 이행하지 않으려고 하는 경우가 있다. 따라서 가치명료화 접근법은 학생들이 자기 자신이 중요시하는 가치를 인식함과 동시에 그것과 관련된 문제들을 이해하고 가치 판단의 일관성을 유지하도록 교육하는 것을 목표로 한다.

가치명료화 이론은 가치분석과 도덕발달 이론 등과 더불어 가치 문제 혹은 도덕 · 윤리 문제를 다루는 교육방법론의 하나이다. 가치분석 이론이 주로 사회적 가치 문제에 관심을 두고 있는 반면, 가치명료화는 주로 개인적 측면의 가치 문제에 관심을 두고 있다. 가치명료화 이론에서는 가치를 개인적 경험의 산물로 본다. 따라서 가치는 참과 거짓의 문제가 아니다. 가치명료화 이론에서 말하는 '가치'의 속성은 개개인의 '경험'과 '상대성'을 바탕으로 하고 있으며, 그것의 '보편성'이나 '절대성'을 부정하고 있다. '구체적인 조건'이나 '구체적인 상황' 속에서의 가치만 다루고 있으며, 추상적인 가치는 논의 대상에서 제외한다. 즉, 가치는 항상 '상황 의존적'이라고 보는 것이다. 또한 가치명료화 이론은 가치분석 이론에서 중요시하는 어떤 논리적인 틀이나 안목을 기르기보다는, 개별적인 가치를 학습자들이 직접 선택하고 평가해서 내재화하는 데 주안점을 두고 있다. 즉, 가치명료화 이론은 주로 개인적인 관심사나 문제를 다루며, 논리적인 측면보다 심리적인 요소가 강하게 작용한다.

가치명료화의 장점은 네 가지로 요약할 수 있다. ① 현대의 다원적 사회에서 학생들이 자신의 정체성과 가치관을 스스로 형성할 수 있도록 도와준다. ② 대부분의 가치 교육 방법이 도덕적 문제에만 초점을 맞춘 반면, 가치명료화는 탈도덕적 문제까지도 포괄적으로 다룬다. ③ 학생들이 가치 문제를 자신의 문제로 인식하게 함으로써, 그들의 선택과 행동에 대한 책임감을 높일 수 있다. ④ 지적, 정의적, 행동적 측면을 통합하여 발달시킴으로써, 조화로운 인간을 형성할 수 있다.

　가치명료화 방법은 이러한 장점들을 통해 학생들이 자신을 올바르게 인식하고, 자아 발달과 주체성을 확립하는 과정에서 큰 도움을 준다. 또한 이는 사회과 교육에서 추구하는 바람직한 시민의 기본 자질을 발전시키는 데도 기여한다.

2) 가치명료화 교수·학습 과정

　가치명료화 이론에서는 '가치명료화 과정'을 학생이 자신의 가치를 선택하고, 자신이 선택한 것을 소중히 여기며, 자신의 선택에 따라 행동하는 것으로 정의하였다. 가치명료화 과정은 다음 〈표 6-1〉과 같이 7단계로 구성된다(Raths et al., 1978).

〈표 6-1〉 가치명료화 과정

선택(Choosing)	① 자유로이 선택한다. ② 여러 대안 중에서 선택한다. ③ 각 대안의 결과를 신중히 고려한 후에 선택한다.
존중(Prizing)	④ 선택을 존중하고 소중히 여긴다. ⑤ 선택을 남에게 공인한다.
행동(Acting)	⑥ 선택에 따라 행동한다. ⑦ 반복해서 행동한다.

　'선택'의 과정은 가치 형성에서 매우 중요한 역할을 한다. 선택이 자율적으로, 심사숙고를 거쳐 이루어져야만 그 선택을 통해 형성되는 가치가 진정한 의미를 가질 수 있다. 여기서 '자율적'이라는 것은 개인이 외부의 압박이나 제약 없이 스스로 판단하여 선택하는 것을 의미한다.

　'존중'의 과정은 가치 형성에 있어 중요한 단계로 작용한다. 이 과정은 감정적 선호도, 인지적 확인과 판단 그리고 타인의 인정과 지지를 포괄한다. '감정적 선호도'는 자신이 선택한 가치에 대해 긍정적인 감정을 느끼는 것이다. '인지적 확인과 판단'은 선택한 가치가 논리적이고 합리적인지 자신 스스로 판단하는 과정이다. 한편, 가치는 개인적인 것이지만, '타인의 인정과 지지'와 같은 사회적인 요소도 무시할 수 없다. 이와 같은 존중과 인정의 과정을 거친 가치는 더욱 확고하게 자리 잡으며, 개인이나 커뮤니티 내에서 오래 지속될 수 있다.

'행동'의 과정은 선택에 따른 행동이 일관적이고 또 반복적으로 이루어질 때 가치는 강화되고 지속된다. 이와 같은 가치화 과정을 통해 개인에게 가치가 내면화되고 인지·정의·행동 간 일관성과 통합성이 형성된다.

가치화의 단계는 독립된 수업 과정이 아니라, 개인이 가치를 개발, 획득, 내면화하는 과정과 절차를 의미한다. 이에 따라, 단위수업에서 효과적으로 가치를 명료하게 하는 '가치명료화 수업 모형' 설정과 다양한 방법의 활용이 필요하다. 이에 정호범(1997)은 〈표 6–2〉와 같은 모형을 제시하였다.

〈표 6-2〉 가치명료화 수업 모형

1. 가치 문제 제시 및 파악	● 가치 갈등을 유발할 수 있는 문제 상황 제시하기 ● 학생들의 생활·경험과 관련되는 문제 제시하기 ● 문제에서 사실적 요소와 평가적 요소 구분하기 ● 가치 문제에 내재된 가치 갈등 파악하기 ● 각자 자신의 개인적 관점에서 문제 파악해 보기
2. 대안의 탐색 및 최선의 대안 선택	● 두 가지 이상의 가능한 대안을 생각해 보기 ● 대안과 관련된 사실적 측면과 가치 측면을 구분하기 ● 대안의 결과를 여러 관점에서 예측해 보기 ● 각자 자신이 생각하는 관점에서 대안을 선택하기 ● 자율적·합리적으로 선택하기 ● 선택의 결과를 종합적으로 예상해 보고 최선의 대안을 선택하기
3. 각자의 선택에 대한 의사소통 및 최종 선택	● 각자 자신이 선택한 대안의 결과를 발표하기 ● 자신의 선택에 대한 근거와 예상되는 결과를 발표하고, 토의하기 ● 자신의 견해와 다른 의견 경청하기 ● 개인적 관점과 사회적 관점에서 선택한 대안의 결과를 비교하기 ● 선택한 대안이 서로 갈등하는 경우, 이를 해소할 필요가 있는 것인지, 해결할 수 있는 방안이 있는지 검토하기 ● 입장 전환, 감정 이입, 역할 교환의 관점에서 자신의 선택과 다른 사람의 선택을 비교, 평가하기

3. 각자의 선택에 대한 의사소통 및 최종 선택	● 최종 선택을 결정하기 - 자신의 선택을 수정 · 조정하거나 더욱 확고히 하기
4. 실천동기 부여 및 실천계획 수립	● 자신의 최종적 결정에 대해 긍지 갖고 소중하게 생각하기 ● 자신의 선택에 대한 실천 의지를 굳히기 ● 실천상의 어려움과 곤란성에 대해 검토하고, 이를 해소할 수 있는 방안 찾기 ● 현실적 실천 계획 세우기

앞에서 제시한 '가치명료화 수업 모형'에서 각 단계는 다음의 네 가지 물음을 중심으로 진행된다. ① 무엇이 문제인가? ② 이를 어떻게 해결/선택할 것인가? ③ 선택한 해결책/선택은 타당한가? ④ 어떻게 그 선택을 실천할 것인가? 먼저, ①과 ②는 개인이 자신의 관점에서 가치를 선택하고 평가하는 단계이다. ③에서는 그 선택의 타당성을 고려하고, 필요하다면 의사소통을 통해 선택을 수정하거나 혹은 처음의 선택을 확고하게 유지한다. 마지막으로, ④는 선택한 가치를 일상생활에서 어떻게 구현할지를 결정하는 단계이다.

3) 가치화

가치명료화 모형을 활용한 수업에서는 가치화와 관련해 다양한 실천 방법들을 제시하였다. 이러한 방법으로는 대화 전략, 쓰기 전략, 토론 전략 등이 있다.

(1) 대화 전략

● 응답 명료화하기(Clarifying Response)

대화 전략(Dialogue)에서의 '응답 명료화하기'는 학생이 자신의 생각이나 행동을 더 깊게 이해하도록 유도하는 방법이다. 교사는 질문을 통해 학생이 사고하는 과정을 촉진하며, 구체적으로는 학생이 자신의 목표, 감정, 포부, 태도, 믿음 등을 명료하게 하도록 하는 것이다. 이는 학생이 자신의 생활과 생각을 검토하게 만드는 유용

한 방법이다(Raths et al., 1978). 응답을 명료화하는 과정의 실례를 제시하면 다음과
같다.

✳ 주제: 직업

✳ 학생 생각: 저는 커서 일을 하지 않을 거예요.

✳ 교사의 질문:

- 왜 일을 안 하려고 해요?
- 일 안 하면 돈은 어떻게 벌 거예요?
- 일 안 하면 엄마나 아빠, 친구들은 어떻게 생각할까요?
- 일 안 하면 뭘 하고 싶어요?
- 일 안 하면 무슨 좋은 점이 있을까요?
- 일 안 하려고 할 때 안 좋은 점은 어떤 것들이 있을까요?
- 일 안 하면 대신 무슨 임무를 맡고 싶어요?

✳ 주제: 학교 자퇴

✳ 학생 생각: 저는 학교를 그만둘 거예요.

✳ 교사의 질문:

- 그런 계획을 하게 된 것에 대해서 어떤 느낌이 드나요?
- 왜 학교를 그만둘 생각을 하게 되었는지 그 이유를 생각해 보았나요?
- 학교를 계속 다니는 것과 중퇴하는 것에 대한 찬성과 반대에 관한 목록을 작성해
  봅시다.
- 당신이 원하는 것을 얻는 데 필요한 도움이 있으면 말해 주세요.
- 중퇴는 하나의 대안이에요. 이것 말고도 여러 대안이 있어요. 전학, 아르바이트, 학
  교생활에 충실히 하는 것 등을 고려해 보았나요? 다른 대안들이 더 없을까요?
- 언젠가는 졸업장을 갖고 싶을 것이라는 생각이 드나요?

(2) 쓰기 전략

• 가치지(Value Sheet)

쓰기 전략(Writing Strategy)은 주로 '가치지'의 활용을 통해서 이루어진다. '응답 명료화하기'가 개인 중심적인 가치에 중점을 두는 반면, '가치지'는 집단의 공통된 가치에 중점을 둔다. 가치지는 특정 주제에 대한 배경 정보나 사례 그리고 그 주제와 관련된 여러 가지 질문으로 구성된다. 교사는 이러한 질문을 통해 학생들이 생각하도록 유도하고, 학생들은 생각한 결과를 바탕으로 의견을 나누고, 그 과정에서 다양한 가치와 입장을 이해하게 된다. 이 과정에서 교사는 가치중립적인 입장을 유지한다. 가치지의 사례를 제시하면 다음과 같다.

＊주제: 정직함

＊목표: 학생이 '정직함'에 대해 자신의 관점과 태도를 명확하게 하기 위한 것이다.

＊배경 정보:
- 정직하다는 것은 좋은 것이다.
- 누군가의 감정을 상하지 않게 하기 위해서라면 선의의 거짓말은 허용된다.
- 나에게 부정적인 결과가 생기더라도 정직함은 중요하다.
- 아무도 해를 입지 않는다면 거짓말을 해도 괜찮다.

＊질문:
- 거짓말을 해야 했다고 느꼈을 때를 설명해 보세요. 어떤 상황이었나요? 다음번에 같은 상황이 펼쳐진다면 또 같은 행동을 할 건가요?
- 누군가가 ○○에게 거짓말을 했을 때 어땠나요?
- 거짓말을 하는 것이 도덕적으로 정당화될 수 있는 상황이 있을까요?
- 정직함과 관련해서 갈등을 유발할 수 있는 가치는 무엇이 있을까요? 그러한 갈등을 어떻게 해결할 건가요?
- 정직함이 ○○에게 얼마나 중요한지, 1~10점으로 말해 줄래요?

---

(3) 토론 전략

토론 전략(Discussion Strategy)의 목적은 토론을 통해 개인적으로 개발한 가치의 질을 높이고 서로의 가치에 대한 이해를 넓히는 것이다. 이 전략은 소집단이나 전체 집단에서 이루어질 수 있으며, 가치에 대한 다양한 의견과 생각을 나누는 것이 중요하다. 이러한 토론은 궁극적인 해결책을 찾는 것이 아니라, 각 개인이 자신의 가치를 더 잘 이해하고 형성할 수 있게 돕는다. 가치가 이미 형성된 사람들에게는 자신의 가치를 재검토하고 필요하다면 수정할 기회를 제공한다. 아직 가치가 명확하지 않은 사람들에게는 새로운 관점과 정보를 제공하여 가치 형성 과정을 더 신중하게 할 수 있게 해 준다. 또한 이 과정을 통해 다른 사람들의 다양한 가치를 이해하고 존중할 수 있는 기회를 가진다.

학급 토론을 계획할 때 Rath와 Hall은 비슷한 단계를 제시하였다. Rath는, '① 주제 선택하기 → ② 말하기 전에 생각하도록 자극하기 → ③ 조직적으로 토론에 참여시키기 → ④ 배운 것을 이끌어 내기'의 4단계를 권장하였다.

Hall은, '① 사례 제시하기→ ② 사례에 대해 생각하고 자신의 의견을 공식화할 시간을 제공하기 → ③ 소집단으로 나누어 토론하기 → ④ 학급 전체로 모여 주제에 대해 다시 논의하기 → ⑤ 토론의 결론 짓기'의 5단계로 제시하였다. 두 방법 모두 신중한 계획과 반성적 사고를 통한 풍부한 토론을 목표로 하며, Rath의 '조직적으로 토론에 참여시키기' 단계는 Hall의 세 번째와 네 번째 단계를 포함한다.

이 외 전략으로는 순서정하기(Rank Orders), 미완성 문장(Open-Ended Sentences), 공개 인터뷰(The Public Interview) 등이 있다.

4) 가치명료화 모형의 적용

(1) 적용 가능한 주제

사회과에서 가치명료화 모형은 가치를 다루고 있다. 이 모형은 학생들이 자신에게 중요한 가치를 선택하고 행동으로 옮기는 수업에서 주로 활용된다. 가치명료화 이론에서 바라보는 가치는 주로 상대적, 주관적, 개인적 가치들이다. 따라서 가치명료화 모형을 적용하기에 적합한 주제는 상대적이거나 주관적 속성을 갖고 있는 사적 영역의 문제들이다. 구체적으로는 직업 선택 문제, 자신의 진로 문제, 물건 구입 문제, 여가 활용 문제(예: 바람직한 여가 생활) 등이 있다.

가치명료화 접근법을 적용한 가치 교육의 또 다른 예시로는 학생들에게 용돈 관리에 대해 고민하게 하는 것이 있다. 먼저, 학생들에게 용돈을 어떻게 사용할지 말해 보게 한다. 이때 학생들이 '저축한다' '원하는 물건을 산다' '기부한다' 등의 다양한 의견을 제시할 때까지 자유롭게 생각하게 한다. 다음 단계에서는 학생들이 제시한 다양한 의견에 대해 검토해 보게 한다. 예를 들어, '저축한다'고 응답한 학생은 지금 당장 물건을 가질 수는 없지만 미래에 더 좋은 물건을 살 수 있는 장점과 저축의 구체적 방법을 결정해야 하는 등의 문제를 검토해 보게 한다. 또한 '원하는 물건을 산다'고 응답한 학생은 즉각적인 욕구 충족의 장점과 이를 위해서는 부모님의 허락이 필요한 경우도 있다는 것을 고려하게 한다. 이렇게 학생들은 각자의 선택에 따른 다양한 문제와 결과를 심도 있게 검토하게 된다. 이 과정을 통해 가치와 관련된 여러 문제를 명확히 인식하고 이해하게 된다. 이런 검토를 마친 후에는 학생들이 어떻게 용돈을 사용할지 결정하고, 이에 대한 발표를 진행한다. 예를 들어, '용돈을 받았을 때 적절하게 사용하는 방법'을 학생들 앞에서 발표하는 방법이 있다. 끝으로, 학생들이 자신의 선택을 실행하려는 의지가 있는지, 또는 실천 방법 등에 대해 확인함으로써 행동으로 옮기게 한다.

특수교육대상 학생의 경우, 가치명료화 모형의 적용이 가능한 주제의 사례는 다음과 같다.

① 내가 하고 싶은 역할을 스스로 선택하기
② 물건 구입 계획 세우기
③ 경험하고 싶은 직업 선택하기
④ 가족 여행 장소 선택하기
⑤ 여가 활동 선택하기

〈표 6-3〉에서는 가치명료화 모형을 적용한 교수 · 학습 과정안을 작성하기 위한 가이드라인을 제시하였다.

〈표 6-3〉 가치명료화 모형 교수 · 학습 과정안의 구조

단계	교수 · 학습 활동		집단 조직 및 유의점
	교사 활동	학생 활동	
가치 문제 제시 및 파악	● 가치 문제나 주제를 구체적으로 제시한다. ● 제시된 문제 상황에는 어떤 입장이나 주장이 나타나고 있는지 확인하게 한다.	● 제시된 자료를 읽거나, 문제 상황에 대해 생각한다. ● 가치 문제를 파악한다.	〈전체 활동 및 개별 활동〉 ● 다양한 자료로 문제 상황을 제시할 수 있다. ● 제시된 자료를 정확하게 파악하도록 유도한다.
대안의 탐색 및 최선의 대안 선택	● 학생들로 하여금 문제해결을 위한 가능한 대안을 모두 찾도록 한다. ● 각 대안들의 예상되는 결과를 생각하게 하고, 그 결과를 토대로 각자의 선택을 유도한다.	● 각자 자신의 입장에서 가능한 대안을 찾아보고, 그 대안들의 장점과 단점을 심사숙고하여 예측한다. ● 각 대안의 결과를 고려하여 자신의 입장을 선택 및 결정한다.	〈개별 활동 및 소집단 활동〉 ● 교사는 가치에 초점을 둔 발문을 한다. ● 각자 개인적 입장에서 잠정적으로 대안을 선택한다. ● 대안을 검토, 결정할 때는 자신의 선택을 뒷받침하는 근거를 찾도록 해야 한다.
각자의 선택에 대한 의사소통 및 최종 선택	● 개방적인 분위기에서 각자의 의견을 개인별 혹은 소집단별로 발표하게 한다. ● 교사는 학생들의 의견에 대한 근거를 제시하게 한다.	● 상호 의견교환을 통해 각자 자신의 관점과 비교하여 개인적, 최종적 입장을 결정한다. ● 여기서 자신의 입장을 변경할 수도 있다.	〈소집단 활동 및 전체 활동〉 ● 선택의 결과 자체보다 그 동안의 탐구 과정에서 자신의 심리적 측면을 충분히 고려했는지, 합리적 절차에 따라 결정되었는지 확인하는 관점이 요구된다.
실천 동기 부여 및 실천 계획	● 학생들에게 자신의 최종 선택과 결정에 대한 실천 의욕을 갖도록 유도한다.	● 일상생활의 장면에서 행동으로 실천할 수 있도록 계획을 세워 본다.	〈전체 활동 및 개별 활동〉 ● 각자 선택한 입장은 자신에게 어떤 결과와 영향을 미칠 수 있는지 생각하도록 함으로써, 실천 의욕이나 동기를 부여한다.

출처: 정호범(1997).

(2) 공통교육과정 수업 적용 사례

학습 주제	물건 구입(소비 생활)			
학습 목표	자신이 원하는 물건을 선택하는 방법을 알고 실천할 수 있다.			

단계	도달목표	교수·학습 활동		자료(⑳) 및 유의점(※)
		교사 활동	학생 활동	
가치 문제 제시 및 파악	• 문제 상황에 직면하여 가치 문제를 인식하고, 판단 요소를 파악할 수 있다.	• 여러분이 최근에 산 물건은 무엇인가요? • 왜 그 물건을 샀나요?	• 각자 자신이 산 물건의 가격과 품질, 충동구매 여부 등에 대해 생각한다. • 물건 구입에 관련된 가치 문제를 파악한다.	※ 학생들의 생각을 구체화하기 위하여, 교사는 문제 상황을 제시하고 적절한 질문을 하는 것이 좋다.
대안의 탐색 및 최선의 대안 선택	• 여러 가능한 대안의 목록을 제시할 수 있다. • 각 대안의 결과를 예측하고, 이를 여러 관점에서 비교할 수 있다. • 자신의 판단에 따라 자율적으로 선택할 수 있다.	• 지금 여러분에게 10만 원이 있다면, 무엇을 사고 싶은가요?(혹은 무엇을 사고 싶은가요?) • 왜 그것(들)을 사려고 했나요?(혹은 왜 그렇게 하려고 했나요?), 어떤 방안들 사이에서 고민했나요? • 여러분이 가장 사고 싶은 것은 어떤 것인가요?(혹은 가장 하고 싶은 일은 무엇인가요?)	• 자신이 10만 원으로 무엇을 사고 싶은지, 혹은 무엇을 할 것인지를 다양하게 생각한다. • 각자 자신이 사고 싶은 물건들을 구입했을 경우(혹은 하고 싶은 일들을 할 경우)의 결과를 생각하고, 비교한다. • 여러 대안을 검토한 결과에 따라, 가장 사고 싶은 것(가장 하고 싶은 일)을 선택한다.	※ 가능한 대안들을 폭넓게 생각하도록 하고, 이들의 결과를 여러 관점(개인적·사회적·단기적·장기적·이기적·이타적·경제적·도덕적 관점 등)에서 예측한 다음, 각 개인들의 입장에서 찬성/반대, 긍정/부정, 수용/거부 등에 대해 자율적으로 결정하도록 유도한다.

단계	도달 목표	교수 · 학습 활동		자료(ⓐ) 및 유의점(※)
		교사 활동	학생 활동	
각자의 선택에 대한 의사소통 및 최종 선택	● 자신의 선택을 소중하게 여기고 자랑스럽게 생각할 수 있다. ● 자신의 선택을 자랑스럽게 생각하는 근거를 제시할 수 있다.	● 여러분은 그 물건을 사는 것(그 일을 하는 것)을 자랑스럽게 생각하나요? ● 왜 그 물건을 사기로(그 일을 하기로) 결심했나요?	● 자신의 선택이 합리적인지, 바람직하게 생각하는지에 대해 확인한다. ● 각자 자신의 선택 과정을 토대로, 자신의 의사결정에 대한 입장(소중하게 생각하는 근거, 자랑스럽게 생각하는 근거 등)을 발표한다.	※ 이 단계는 토론 혹은 발표 등의 활동을 요구한다. 자신의 선택을 스스로 자랑스럽고 소중하게 여길 때 자신의 가치라 할 수 있으므로, 공개적으로 이를 확인해 보는 것이다. 이 과정에서, 자신의 입장과 타인의 입장을 비교할 수 있다.
실천 동기 및 실천 계획	● 실천 의지를 갖고, 이를 실천하는 방법이나 계획을 수립할 수 있다.	● 여러분이 최근 물건을 샀던 경우와 지금까지 각자가 선택한 상황은 어떤 점에서 차이가 나나요? 앞으로는 물건을 살 때 어떻게 할 건가요?	● 각자 자신의 결정 · 선택에 따라 실천하려는 의지를 갖고, 이를 실행하려는 방법이나 계획을 생각해 본다.	※ 실천 계획이나 실천 방법을 발표하거나 정리하여 기록할 수 있다. 소비생활과 관련하여 알게 된 점, 느낀 점 등을 정리한다.

출처: 정호범(1997).

(3) 기본교육과정 수업 적용 사례

단원	사회 5~6학년 ㉮ 3. 내가 선택하는 생활
학습 주제	여가 활동 선택
학습 목표	여가 활동의 의미를 알고 내가 원하는 여가 활동을 스스로 선택할 수 있다.

단계	학습 내용	교수·학습 활동 교사	교수·학습 활동 학생	자료(⑳) 및 유의점(※)
가치 문제 제시 및 파악	동영상을 보고 여가 활동 인식하기	▶여가 활동 동영상 제시하기	▶여가 활동 동영상 보기	⑳ 동영상 자료 ※ 동영상 자료와 교사의 질문을 통해 가치 문제를 정확히 인식시킨다. ※ 일과 여가 활동의 구분을 통해 여가 활동의 의미를 이해할 수 있도록 한다.
		● 동영상 속 사람들은 무엇을 하였나요?	● 화분 가꾸기, 영화 감상, 독서, 자전거 타기 등을 하였습니다.	
		● 네, 영상은 사람들이 다양한 방법으로 여가 활동을 즐기는 모습이었습니다.		
		● 부모님이 회사에서 일을 하는 것은 여가 활동일까요?	● 여가와 여가가 아닌 것을 구분하고, 이유를 알아본다.	
		● 우리가 학교에서 공부하는 것은 여가 활동일까요?		
		● 왜 여가 활동이 아닌가요?		
		● 가족들은 주말이나 퇴근(하교) 후에 주로 무엇을 하며 지내나요?	● 여가와 관련한 가치 문제를 알아본다. - 아무것도 하지 않으면 심심하기 때문입니다. - 주말에는 시간이 많아서 하고 싶은 것을 할 수 있습니다.	
		● 가족들이 주말이나 퇴근(하교) 후에 왜 그러한 활동을 할까요?		
	공부할 문제 제시	● 이번 시간에 공부할 문제를 알아봅시다. 여가 활동의 의미를 알고, 내가 원하는 여가 활동을 스스로 선택해 봅시다.		

단계	학습 내용	교수·학습 활동		자료(⑳) 및 유의점(※)
		교사	학생	
대안의 탐색 및 최선의 대안 선택	여가 활동의 의미 알기	● 여가 활동이란 무엇일까요? ● 여가 활동은 즐거움이나 보람을 얻기 위해 남는 시간에 하는 활동을 말합니다.	● 여가 활동의 의미에 대해 다양하게 생각하고 말해 본다.	※ 학생들이 여가 활동의 의미를 정확히 이해할 수 있도록 여가 활동에 대해 정의해 준다. ⑳ 여러 가지 여가 활동 그림 자료 ⑳ 학습지 ※ 여가 활동의 결과를 다양한 관점에서 예측하고 비교할 수 있도록 한다. ※ 자신의 판단에 따라 가장 하고 싶은 여가 활동을 자율적으로 결정할 수 있도록 한다.
	내가 원하는 여가 활동 선택하기	▶ 여러 가지 여가 활동 그림 자료 제시하기 ● 여러 가지 여가 활동 중에서 자신이 하고 싶은 여가 활동들을 선택해 봅시다.	▷ 여가 활동 그림에서 자신이 하고 싶은 여가 활동들 선택하기	
	여가 활동 선택의 기준 정리하기	▶ 여가 활동 선택 기준 생각해 보기 ● 어떤 이유로 그 여가 활동을 선택했나요? ● 여가 활동에 필요한 준비물, 장소, 이동거리, 비용의 측면에서 생각해 봅시다.	▷ 자신이 선택한 여가 활동을 하는 데 필요한 준비물, 장소, 이동거리, 비용 등을 생각해 보고, 중요하게 생각한 기준에 표시하기	
		● 선택한 여가 활동을 했을 때 어떤 좋은 점(보람, 즐거움, 건강, 대인관계)이 있나요?	● 자신이 선택한 여가 활동을 했을 때 예상되는 결과와 좋은 점을 학습지에 써 본다.	
	가장 하고 싶은 여가 활동 선택하기	● 자신이 선택했던 여가 활동 중에서 가장 하고 싶은 여가 활동은 무엇인가요?	● 자신이 가장 하고 싶은 여가 활동부터 순서대로 나열해 본다. ● 자신이 가장 하고 싶은 여가 활동을 확인해 본다.	

단계	학습 내용	교수·학습 활동		자료(㉔) 및 유의점(※)
		교사	학생	
각자의 선택에 대한 의사소통 및 최종 선택	선택에 대한 의사소통하기	● 자신이 선택한 여가 활동에 대해 만족하나요?	● 자신의 선택에 만족하는지 생각해 보고 답한다.	
		● 자신이 가장 하고 싶은 여가 활동과 그 여가 활동을 선택한 이유에 대해 발표해 봅시다.	● 자신의 선택을 근거를 들어 발표한다. - 저는 수영을 선택했습니다. 집 근처에 수영장이 있어 이동이 편하고, 수영을 통해 더 건강해질 수 있기 때문입니다. - 제가 선택한 여가 활동은 영화 감상입니다. 집에서 텔레비전을 이용하여 쉽게 영화를 볼 수 있고, 영화 보는 것은 재미있기 때문입니다.	※자신의 선택을 소중히 여길 수 있도록 발표의 기회를 제공한다. ※발표를 통해 자신과 다른 친구들의 입장을 비교해 볼 수 있도록 한다.
실천 동기 부여 및 실천 계획 수립	여가 활동 실천을 위한 동기 및 실천 계획 세우기	● 자신이 선택한 여가 활동을 하기 위해서 필요한 것들은 무엇입니까?	- 수영복, 수영모자, 수경이 필요합니다. - 텔레비전, 편안한 의자가 필요합니다.	※학생들이 선택한 가치를 실제 생활에서 반복 실천할 수 있도록 격려한다.
		● 여가 활동을 잘 실천하기 위해 어떤 자세를 가지면 좋을까요?	- 즐길 수 있어야 합니다. - 적극성이 필요합니다.	
		● 여가 활동을 실천하기 위해 앞으로의 계획을 말해 봅시다.	- 매일 집 앞 수영장에서 1시간씩 수영을 할 계획입니다. - 일주일에 한 번 영화를 볼 것입니다.	

출처: 동백초등학교 한순영 교사.

3. 가치분석 모형[1)]

1) 가치분석 모형의 의미와 특징

가치분석 이론은 NCSS(미국사회과 교육협회)을 중심으로 개발된 가치교육 모형으로, 가치가 존재한다고 인정하되 그 가치가 절대적이라고 보지는 않는다. 대신, 특정 상황에서 이러한 가치를 분석하고 검토해야 한다고 주장한다. 예컨대, 자유, 평등, 인간 존중, 정의와 같은 기본 가치를 모두가 공유해야 하는 중요한 가치라고 본다. 가치분석 이론은 이성과 논리를 강조하며, 인간을 합리적인 존재로 보는 입장을 취한다. 이론에 따르면, 가치분석은 합리적이고 정당화될 수 있는 가치 판단을 도출하기 위한 논리적인 사고 과정 혹은 행위를 뜻한다. '가치 판단'이란 특정 대상을 평가하는 행위로, 평가용어(예: 아름답다, 옳다, 그르다)를 사용하여 이루어진다. 예를 들어, '이 연필은 좋다.' '클린턴 대통령은 훌륭하다.' 등이 그러한 판단이다. 이러한 가치 판단을 정당화하기 위해서는 두 가지 근거가 필요하다. 첫째, 평가 대상과 관련된 사실적 근거가 필요하고, 둘째, 그 판단을 지지해 주는 가치 원리(규범적 근거)가 명확해야 한다.

이렇게 볼 때 가치 판단(value judgement)에는 네 가지 요소가 작용하고 있는 것이다. 즉, '평가 대상(value object)'이 있어야 하고 이 평가 대상과 관련된 '사실적 근거(description)'들이 제시되어야 하며, 어떤 '규범적 근거(criterion; value principle)'에 입각하여 그 대상에 적용되는 '평가 용어(value term)'를 사용함으로써 판단을 내리게 된다. 다음에서는 각 요소들을 활용한 가치 판단의 과정에 대해서 설명하였다.

---

1) '가치분석 모형의 특징' '교수 · 학습 과정'은 최용규 외(2014), pp. 262-287에서 발췌 후 수정하였다.

[그림 6-1] 가치 판단의 과정

출처: 최용규 외(2014), p. 263.

[그림 6-1]에서 설명하는 가치 판단의 구조는 평가 대상에 대한 두 가지 요소, 즉 사실적 근거와 규범적 근거가 함께 작용하여 결론을 도출하는 것이다. 수평선의 화살표는 평가 용어가 평가 대상에 어떻게 적용되는지를 나타낸다. 이는 평가 대상이 어떤 특징이나 속성을 갖고 있는지(사실적 근거)와 그 특징이나 속성이 어떤 가치원칙에 따라 좋거나 나쁜 것인지(규범적 근거)를 판단한다. 사실적 근거와 규범적 근거는 수직선을 통해 연결되어, 이 두 근거가 모두 충족될 때만 가치 판단이 타당하게 이루어진다고 볼 수 있다. 이러한 과정을 '평가적 추론'이라고 부르며, 이를 통해 가치 판단을 내린다. 그 예시는 다음과 같다.

- **대전제**: 부모에게 효도하는 것은 좋은 것이다. (규범적 근거)
- **소전제**: 철수는 효도를 잘한다. (사실적 근거)
- **결론**: 철수는 좋은 사람이다. (가치 판단)

예시에서는 '철수는 좋은 사람이다.'라는 결론이 도출되었다. '부모에게 효도하는 것은 좋은 것이다.'는 규범적 근거(대전제)와 '철수는 효도를 잘한다.'는 사실적 근거(소전제)가 함께 충족되므로, '철수는 좋은 사람이다.'라는 가치 판단(결론)이 타당하게 이루어진 것이다. 이렇게 평가적 추론은 사실적 근거와 규범적 근거의 두 가지 요소를 통합하여 가치 판단을 내리는 과정이다.

이것은 가치 교육의 측면에서도 중요한 의미를 갖는다. 교사가 학생에게 단순히 덕목을 전수하는 것이 아니라, 어떻게 가치 판단을 내릴 것인지에 대한 절차와 기준을 교육하는 것이 필요하다. 이러한 과정을 통해 학생들은 문제 상황에 대한 합리적인 판단 능력을 키울 수 있다. 여기서 '사실적 정보를 어떻게 얻을 것인가'와 '가치 원리를 어떻게 결정할 것인가'는 중요한 방법론적 문제로 다루어진다. 가치분석 이론에서는 이러한 문제를 해결하기 위한 명확한 절차를 제시한다. 따라서 가치분석 모형은 학생들이 특정한 문제에 대해 합리적인 결정을 내리기 위한 체계적이고 점진적인 사고 과정을 익힐 수 있도록 도와준다. 이 모형은 복잡한 쟁점이 맞물려 있을 때 유용하게 활용될 수 있다.

Coombs는 가치분석의 목표를 다음과 같이 제시한다(Metcalf, 1971).

① 학생들이 할 수 있는 가장 합리적이고 정당화될 수 있는 가치 판단을 내리는 것이다.
② 학생들이 합리적인 가치 판단을 하는 데 필요한 '능력'과 '성향'을 개발하는 것이다.
③ 학생들에게 다른 집단과의 가치 갈등을 해결하는 방법을 가르치는 것이다.

가치분석 이론에 대한 한계점은 다음과 같다.

첫째, 학생들이 가치분석을 단순한 지적 훈련으로 여길 수 있어, 실제 사회적 행동으로 실천하기 어려울 수 있다(Hersh et al., 1980).

둘째, 가치분석 이론은 감정 이입, 진실성, 정체성 등의 정의적 요소를 무시하고 오로지 논리적 측면만을 강조한다(Fraenkel, 1981; Hersh et al., 1980). 이로 인해 학습자가 가치를 내면화하기 어려울 수 있다.

셋째, 가치분석 이론의 절차는 복잡하고 논리적으로 너무 어려워, 학생들이 쉽게 숙달하기 어렵다(Fraenkel, 1981). 이러한 한계를 극복하기 위해서는 학습자의 심리적 및 발달적 특성을 고려한 접근이 필요하다.

2) 가치분석 모형의 교수 · 학습 과정

가치분석의 과정은 학자에 따라 여러 가지로 제안하였다. Banks(1999)는 9단계의 과정으로 제안하였다. 즉, 가치 선택의 정당성을 발견하기 위한 것으로, '① 문제의 제기, ② 가치 관련 행동의 서술, ③ 행동과 관련된 가치의 확인 및 서술, ④ 가치 갈등의 확인, ⑤ 가치의 원천 서술, ⑥ 대안적인 가치의 서술, ⑦ 대안적인 가치의 결과에 대한 예측, ⑧ 가치의 선택, ⑨ 정당화 및 가치의 선택에 의한 행동'의 단계이다. 이는 크게 보면 '① 문제의 제기, ② 가치 문제 및 가치 갈등의 확인, ③ 대안의 검토와 결과 예측, ④ 가치의 선택과 행동'의 네 단계로 나누어 볼 수 있다.

Coombs와 Meux는 가치분석의 교수 전략을 〈표 6-4〉와 같이 6단계로 제시하였으며, 〈표 6-5〉에서는 각 단계별로 들어가야 할 내용을 예시와 함께 제시하였다.

〈표 6-4〉 가치분석 교수 단계

1. 가치 문제의 확인 및 명료화	- 판단 대상의 확인/용어의 정의/가치 판단의 관점 확인
↓	
2. 가치 판단과 관련된 사실의 수집	- 사실적 · 평가적 진술의 구별/긍정적 · 부정적 사실의 구별
↓	
3. 사실 주장의 평가	- 사실 진술 속의 용어 정의/특수적 · 일반적 · 조건적 사실 구별
↓	
4. 사실에 대한 관련성의 명료화	- 사실의 관련성 검사
↓	
5. 잠정적 가치 판단	- 가치 원리, 사실, 가치 판단의 구조화
↓	
6. 원리의 수용성 검사 및 최종적 판단	- 새로운 사례 검사/포섭 검사/역할 교환 검사/보편적 결과 검사

출처: 최용규 외(2014), p. 268.

〈표 6-5〉 가치분석 모형 단계별 내용

단계	교수 · 학습 활동
1. 가치 문제 확인하기 및 명료화하기	● 분석할 가치 문제가 무엇인지 확인하기 ● 분석할 가치 문제의 대상, 쟁점, 관점 등을 명료화하기
2. 주장된 사실 수집하기	● 가치 판단을 내리기 위해 관련된 사실들을 수집하기 　① 사실적 주장과 평가적 주장을 구별하기 　② 관련된 사실들을 광범위하게 수집하기 　③ 관련된 사실들의 복잡성을 해결하기 　④ '사실 수집 도표'를 작성하기

ǀ 사실 수집 도표(예) ǀ

기본적 관심	평가 대상: 농약(DDT)의 사용		보조적 가치 판단
	긍정적 사실	부정적 사실	
환경		● 농약이 먹이 사슬을 통해 인간의 몸에 축적되고 있다.	● 농약은 위험하다.
경제	● 농약은 다른 방법보다 비용이 적게 든다.	● 해충들이 농약에 대한 내성이 강해지고 있다.	
건강		● 농약은 인간의 신진대사와 호르몬에 영향을 미친다.	● 농약은 해롭다.
실용성	● 농약은 많은 해충을 빠르게 제거할 수 있다.	● 해충을 제거하기 위해 더 많은 농약을 사용해야 한다.	

단계	교수 · 학습 활동
3. 주장된 사실들의 진위 확인하기	● 수집된 사실들에 관한 진술(주장)의 진위를 확인하기 ● 수집된 사실들의 진위를 평가하는 질문하기
4. 사실들의 연관성 명료화하기	● 증거 카드를 활용해 사실 진술들의 연관성 또는 적합성을 명료화하기

ǀ 증거 카드(앞면) ǀ

구분	평가 대상	관점
가치 판단	● 복지 사업은 도덕적으로 옳지 않다.	● 도덕적 관점
사실	● 복지 사업은 일하지 않는 사람들에게 돈을 공짜로 준다.	
기준	● 일하지 않는 사람들에게 돈을 주는 사업은 도덕적으로 옳지 않다.	● 도덕적 관점

단계	교수·학습 활동	
4. 사실들의 연관성 명료화하기	**‖ 증거 카드**(뒷면)‖	
	지지 증거(긍정적 증거)	반대 증거(부정적 증거)
	• 2017년 기초생활보장 수급자는 163만 명(103만 가구)에 달한다. • 2012~2017년 복지 사업의 부정 수급건은 185만 건에 4,600억 원에 이른다.	• 2017년 8월 19~29세 청년의 실업률은 9.4%이다. 취업하려고 해도 일자리가 부족하다. • 「국민기초생활보장법」은 생계가 어려운 사람들의 최저 생활을 보장하고 있다.
5. 잠정적 가치 결정 내리기	• 네 가지 과제 활동을 종합해 '잠정적 가치 결정'을 내리기	
6. 가치 결정에 함축된 가치 원리 검사하기	• '잠정적 가치 결정' 속에 함축된 '가치 원리의 수용성'을 검사하기 　① 새로운 사례 검사 　② 포섭 검사 　③ 역할 교환 검사 　④ 보편적 결과 검사 • '잠정적 가치 결정' 속에 함축된 가치 원리를 일반적으로 수용할 수 있다면, '합리적 가치 판단'으로 제시한다.	

(1) 가치 문제의 확인 및 명료화

가치 판단을 실시하기에 앞서, 가치 문제 확인을 위해 평가 대상과 평가 관점을 명료화해야 한다. 평가 대상의 명확성을 위해, 해당 용어를 정의하거나 구체적인 예와 비예를 제시할 수 있다. 특히 학생들의 이해를 돕기 위해서는 추상적인 정의보다 예를 통한 설명이 유용하다. 평가 관점 역시 명확히 해야 한다. 이에 따라 교사는 학생들에게 어떤 관점에서 가치 문제를 해석하고 판단해야 할지를 명시적으로 제시해야 한다.

(2) 사실들의 수집

가치 분석 이론에서 가치 판단은 사실적 근거에 기반한다. 이를 위해 하는 활동에는, ① 사실적 주장과 평가적 주장의 구별, ② 사실의 광범위한 수집, ③ 사실들의 복잡성의 해결 등이 있다.

첫째, 가치 판단을 내릴 때 사실적 주장(factual assertions)만이 근거가 되어야 한다. 평가적 주장(evaluative assertions)은 이미 가치가 내재되어 있어, 이를 근거로 하면 판단이 왜곡될 수 있다.

둘째, 가치 판단의 근거가 되는 사실이 많을수록 보다 합리적인 판단을 할 수 있다. 사람들은 가치 판단을 할 때 이익이나 관심에 미치는 영향에 따라 가치를 결정하는 경향이 있으므로, 다양한 관심사(경제, 건강, 여가, 자유 등)에 관한 사실을 수집하는 것이 좋다.

셋째, 광범위하고 다양한 사실, 즉 복잡한 사실을 수집한 다음에는 분석 및 정리하는 과정이 필요하다. 예를 들면, 사실을 여러 가지 관점(경제적, 미적 등)에 따라 분류하거나, 긍정적인 평가와 부정적인 평가에 따라 구분하는 방법이 있다. 또한 일반적인 사실과 특수한 사실을 구별하여 수집하는 방법, 중요도에 따라 순위를 매기는 방법 등이 있다.

(3) 사실 주장의 평가

가치 결정에 사용되는 사실은 크게, 특수한 사실(particular facts), 일반적 사실(general facts), 조건적 사실(conditional facts)의 세 가지로 구분된다. '특수한 사실'의 주장은 특정 사건이나 상황을 기술하며, 관찰을 통해 그 진위를 확인할 수 있다. '일반적 사실'의 주장은 경험적 일반화를 나타내며, 이를 지지하거나 혹은 반박하기 위해서는 특수한 사실들을 찾아 확인해야 한다. 예를 들어, 살충제는 새와 물고기를 죽일 수 있다는 일반적 사실 주장의 참 혹은 거짓을 평가할 때 새와 물고기에게 먹여서 죽는지의 여부를 확인함으로써 평가할 수 있다. '조건적 사실'의 주장은 '만약-그러면' 형태의 주장으로, 과거의 유사한 사례를 통해 그 진위를 판단할 수 있다.

(4) 사실에 대한 관련성의 명료화

합리적인 가치 판단을 위해서는 사실들의 관련성을 정확하게 판단해야 한다. 평가자는 준거를 가능한 명료하게 형식화한 다음, 주어진 사실의 관련성을 결정한다. 이는 다음과 같은 질문을 통해 검토해 볼 수 있다.

① 준거는 나와 같은 관점에서 판단을 내리고 있는가?

② 준거는 내가 믿는 것을 반영하는가?

③ 내가 준거를 믿는 정당한 이유가 있는가?

즉, 질문을 통해 준거가 신뢰할 만한 것인지, 준거를 뒷받침할 만한 근거가 있는지를 확인한다. 이 과정에서 교사는 학생의 믿음을 바꾸거나 찬성하는 태도를 보이면 안 된다. 학생이 자신이 믿고 있는 것에 대하여 스스로 명료화해야 한다.

(5) 잠정적 가치 판단

잠정적 가치 판단은 앞의 4단계를 거쳐 잠정적인 결론을 내리는 단계이다. 평가자가 앞의 4단계에서 과제를 성공적으로 수행하고, 특히 사실 수집을 잘 수행하였다면, 합리적인 가치 판단을 내릴 수 있다.

(6) 가치 원리의 수용성 검사

평가자는 가치 판단 속에 함축된 가치 원리를 수용, 즉 받아들일 수 있을 때 그 판단이 합리적이라고 말할 수 있다. 가치 원리의 수용성 여부를 결정하기 위해 활용할 수 있는 검사 방법들은 다음과 같다.

① **새로운 사례 검사**(New Cases Test): 관련이 있는 다른 사례에 그 원리를 적용했을 때 나오는 가치 판단을 받아들일 수 있는지를 생각해 보는 것

② **포섭 검사**(Subsumption Test): 보다 일반적인 가치 원리에서 평가되고 있는 대상의 종류 속에 속한다는 것을 보여 주는 사실을 수집하는 것

③ **역할 교환 검사**(Role Exchange Test): 가치 원리를 다른 사람(예: 영향을 가장 많이 받는 사람)의 입장에서 받아들일 수 있는지 생각해 보는 것

④ **보편적 결과 검사**(Universal Consequences Test): 특정 행동으로 인한 결과를 모든 사람이 받아들일 수 있는지를 생각해 보는 것

4) 가치분석 모형의 수업 단계 재구성

한편, 기존 가치분석 모형의 교수 · 학습 과정에 대한 한계점을 지적하면서, 하산
과 이지혜(2020)는 수업 단계를 재구성하였다. 그들은 기존의 가치분석 모형이 가치
의 내면화와 실천이 어려울 수 있다는 점과 심리적인 측면이 아닌 논리적인 측면에
치중되어 있다는 한계점을 지적하였다. 따라서 하산과 이지혜(2020)는 가치를 내면
화시킬 수 있고, 가치 원리와 함께 정의적인 측면을 함께 고려할 수 있는 모형을 만
들기 위해 가치분석의 수업 단계를 〈그림 6-2〉와 같이 재구성하였다.

1. 가치 문제 파악	가치 문제와 해결 필요성 인식하기
↓	
2. 사실 전제의 확인	가치 문제와 관련된 사실 수집과 평가하기
↓	
3. 가치 판단 검토	합리적이고 정당화될 수 있는 가치 결정 내리기
↓	
4. 가치 원리의 수용 여부 판단	가치 판단의 결과를 수용할 수 있는지 판단하기
↓	
5. 가치에 대한 내면화 및 행동	타인의 가치 이해와 가치 판단 실천하기

[그림 6-2] 가치분석 수업 단계 재구성

출처: 하산, 이지혜(2020), p. 61.

5) 가치분석 모형의 적용

(1) 적용 가능한 주제

가치분석 모형에서 다루는 가치는 주로 객관적 · 사회적 · 집단적 가치이다. 따
라서 이 모형을 적용하기에 적합한 주제는 사회적이며 집단적인 가치를 내포한 공
적 영역의 문제라고 볼 수 있다. 예컨대, 특수학교 설립 문제, 쓰레기 소각장 건립 문

제, 안락사 문제, 문화적 다양성 문제, 교육 제도(예: 평준화), 차량 운행 10부제 등이 가치분석 모형으로 적용 가능한 주제들이다. 이 외에도 다양한 주제가 적용될 수 있다. 〈표 6-6〉에는 가치분석 모형을 적용할 수 있는 주제들과 활동 내용을 간단하게 제시하였다.

〈표 6-6〉 가치분석 모형 적용 주제 및 활동 내용

단원 및 주제명	학습 제재	학습 내용 및 활동
3. 자율적인 시민 생활	● 특수학교 설립 문제	● 우리 고장에 특수학교가 설립된다면, 어떤 입장을 취할 것인지에 대하여 다양한 관점에서 근거를 제시하고 판단 내리도록 한다.
	● 안락사 허용 여부	● 안락사 허용 여부에 대한 찬반 논란에 대하여, 근거를 제시하여 자신의 입장을 주장할 수 있도록 한다.

(2) 가치분석 모형 교수·학습 과정안 작성 방법

가치분석 모형 교수·학습 과정안 작성을 위한 구체적인 가이드라인을 〈표 6-7〉에 제시하였다.

〈표 6-7〉 가치분석 모형 교수·학습 과정안 구조

단계	가치분석 활동	교수·학습 활동	자료(※) 및 지도상 유의점(●)
1. 문제 인식	● 문제 상황 제시 ● 문제 인식 ● 가치 판단 대상확인 ● 용어 정의 ● 판단과정 확인	● 문제 상황 제시하기 ● 문제 상황 파악하기 ● 가치 판단의 대상 확인하기 ● 용어의 정의 내리기(용어 확인 및 전체 합의) ● 가치 판단의 관점 설정하기	● 미리 과제를 예고한다. ● 실생활과 관련된 갈등 상황을 제시하고 흥미를 유발한다. ● 용어 정의에 대한 합의를 통해 갈등을 최소화한다. ● 판단 관점은 교사의 일방적 제시 혹은 학생의 자율적 결정이 가능하다. ※ 신문 보도자료, 멀티미디어, 역할 시연

단계	가치분석 활동	교수 · 학습 활동	자료(※) 및 지도상 유의점(●)
2. 사실 수집 및 평가	● 많은 사실 수집 ● 사실의 진위 검사 ● 관점에 따른 분류 ● 긍정적-부정적 판단 지지 사실 구분 ● 사실 수집표 완성	● 다양한 사실 자료 수집하기 ● 사실의 진위 평가하기 ● 관점에 따라 사실 분류하기 ● 긍정적-부정적 판단 지지 사실의 구분하기 ● 중요도에 따라 순위 매기기 ● 사실 수집표 완성하기	● 사전에 가능한 많은 자료를 수집하도록 지도한다. ※ 사실 수집표 양식 ※ 참고자료집을 배부
3. 사실의 명료화	● 사실 증거와 가치 원리를 제시한 증거카드 제작	● 사실 증거와 가치 원리를 기록한 증거카드를 관점별로 제작하기	● 증거카드 제작은 학생 수준을 고려하여 일정 양식을 제공한다. ● 토의 시에는 익명의 증거카드를 사용하여 활발한 토의를 유도한다.
4. 잠정적 가치 판단	● 잠정적 가치 판단	● 잠정적 가치 판단 내리기 ● 가치 판단에 포함된 가치 원리 알기(전체 토의하기)	
5. 가치 원리 수용성 검사	● 새로운 사례 검사 ● 포섭 검사 ● 역할 교환 검사 ● 보편적 결과 검사	● 가치 원리를 새로운 사례에 적용해 보기 ● 보다 일반적 사례에 적용해 보기 ● 역지사지의 입장에서 다시 생각해 보기 ● 보편적인 결과 예측하기	● 내용에 맞게 두 가지 정도의 원리 수용성 검사를 거친다.
6. 최종적 가치 판단	● 최종적 가치 판단	● 최종적 가치 판단 내리기	

(3) 공통교육과정 수업 사례

학습 주제	소중한 생명	
학습 목표	인간복제 기술의 허용 여부에 대해 도덕–윤리적 관점과 과학–기술적 관점에서 생각해 보고 판단을 내릴 수 있다.	
학습 과정	**교수 · 학습 활동**	**자료(※) 및 유의점(●)**
문제 상황 제시 및 문제 인식	● 인간복제 기술 허용 논란에 대한 보도 기사 읽기 ● 학습 문제 확인하기 　인간복제 기술의 허용 여부에 대해 생각해 봅시다. ● 관련 용어를 정의하고 합의하기 ● 동물복제와 인간복제의 차이점 알기	※ 용어 사전 ※ 사전 예고
관련 사실 수집 및 평가	● 판단 관점 확인하기(도덕–윤리적, 과학–기술적 관점) ● 관련 사실 자료 수집하기 ● 사실들의 참, 거짓 평가하기 ● 관점별, 입장별로 사실 자료 분류하기 ● 판단에 영향을 주는 중요도에 따라 순위 매기기 ● 사실 수집표 완성하기	※ 자료집 배부 ※ 사실 수집표 ※ 관련 참고 사이트 안내 및 검색 환경 제공
증거카드 작성 및 전체 토의	● 입장과 관점별로 증거카드 작성하기(사실과 준거 기록) ● 전체토의(소집단별)를 통해 찬성–반대 입장별 증거카드 나누기 ● 사실 증거 및 원리의 적합성 판단하기 ● 공통 항목별로 묶기 ● 중요도에 따라 우선순위 정하기	※ 전자칠판 ※ 토론 과정은 개인(부진아동)의 가치 판단을 도와주는 역할을 겸한다.
잠정적 가치 판단	● 인간복제 기술 허용에 대한 가치 판단 내려 보기	
원리의 수용성 검사	● 자신이 죽어 가는 상황에서 복제 여부 결정하기 ● 모든 사람이 복제를 시도할 경우의 결과 예상해 보기	※ 역할 교환 검사, 보편적 결과 검사를 실시
최종적 가치 판단	● 인간복제, 나는 이렇게 생각한다. 　➜ 자신의 가치 판단 결과를 기록하고 발표해 보기	
선택 활동	● 입장에 따라 선택 활동해 보기 　➜ (활동) 인터넷 토론방에 투표하고 글 올리기	※ 선택 활동지

출처: 최용규 외(2014), pp. 274-275.

(4) 기본교육과정 수업 사례

학습 주제	우리는 다른 나라의 문화도 존중합니다.	
학습 목표	다른 나라의 음식 문화를 통해 문화의 다양성을 인정하고 수용하는 태도를 기른다.	
학습 과정	교수·학습 활동	자료(※) 및 유의점(●)
문제 상황 제시 및 문제 인식	● 인도인의 음식 문화에 관한 동영상 시청하기 ● 학습 문제 확인하기 　다른 나라의 음식 문화에 대한 자신의 의견을 말해 봅시다. ● 가치 판단의 대상 확인하기 ● 관련 용어를 정의하고 합의하기	※ 동영상 자료
관련 사실 수집 및 평가	● 관련 사실 자료 수집하기 　- 손으로 밥을 먹는 행동이 항상 더러운 것인지 카드 또는 리플릿을 보고 사실 수집하기 　- 모든 인도인은 손으로 밥을 먹는지 사진과 영상을 보고 일반적 사실 수집하기 ● 정보카드를 이용하여 사실들의 참, 거짓 구분하기 ● 수집된 사실의 중요도를 스케일(예: 별점)을 사용하여 평가하기	※ 정보카드 ※ 별점표
사실들의 관련성 명료화	● 입장과 관점별로 증거카드 만들기 　- 각 카드에 사실을 보여 주는 자료(그림/글) 붙이기 ● 증거카드를 이용하여 의견 나누기 ● 중요도에 따라 순위 정해서 표시해 보기	※ 증거카드
잠정적 가치 판단	● '손으로 음식을 먹는 행동은 더럽다'에 대한 판단 내려 보기	
원리의 수용 성검사	● (영상을 통해) 친구들이 손으로 과자, 치킨, 피자를 먹는 모습 살펴보기 ● 질문카드에 답하기 　- 손으로 과자, 치킨, 피자를 먹는 것은 더러운 것인가요? 　- 손으로 치킨을 먹는 한국인을 보고 더럽다고 이야기한다면 받아들일 수 있나요? ● '손으로 음식을 먹는 행동은 더럽다.'에 대한 자신의 의견 결정해 보기	※ 동영상 자료 ※ 질문카드
최종적 가치 판단	● '손으로 음식을 먹는 행동은 더럽다.'에 대해 '옳다.' 또는 '그르다.'고 생각한다. 　➡ 자신의 가치 판단 결과를 발표해 보기	

출처: 동백초등학교 한순영 교사.

논의해 볼 문제

1. 사회과 교육과정에 제시된 성취기준을 보고 가치·태도가 요구되는 주제를 찾아봅시다.

2. 가치명료화 모형을 적용 가능한 주제를 찾아서 수업 계획을 세워 봅시다.

3. 가치분석 모형을 적용 가능한 주제를 찾아서 수업 계획을 세워 봅시다.

 참고문헌

박상준(2018). 사회과 교육의 이해(제3판). 교육과학사.

정호범(1997). 초등 사회과에서의 가치교육: 가치명료화 이론을 중심으로. 한국교원대학교
　　　박사학위 논문.

정호범, 이수경(2002). 초등사회과 가치 판단 평가프로그램 개발. 사회과 교육연구, 9(1),
　　　1-35.

최용규, 정호범, 김영석, 박남수, 박용조(2014). 사회과 교육과정에서 수업까지(2차 수정판). 교
　　　육과학사.

하산, 이지혜(2020). 가치분석을 통한 초등 사회과 반편견교육 방안. 사회과수업연구, 8(2),
　　　57-74.

Banks, J. A. (1999). *Teaching strategies for the social studies* (5th ed.). Longman.

Coombs, J. R., & Meux, M. O. (1971). Teaching strategies for value analysis. In L. E.
　　　Metcalf (Ed.), *Values education: Rationale, strategies, and procedures* (pp. 29-74).
　　　National Council for the Social Studies.

Fraenkel, J. R. (1981). Not is not the time to set aside values education. *Social Education*,
　　　45(2), 101-107.

Hall, R. T. (1979). *Moral education: A handbook for teachers*. Winston Press.

Hersh, R. H., Miller, J. P., & Fielding, G. D. (1980). *Models of moral education: An
　　　appraisal*. Longman.

Martorella, P. H., Beal, C., & Bolick, C. M. (2005). *Teaching social studies in middle & secondary schools* (4th ed.). Prentice-Hall.

Metcalf, L. E. (1971). *Values education: Rationale, strategies, and procedures.* National Council for the Social Studies.

Raths, L. E., Harmin, M., & Simon, S. B. (1978). *Values and teaching* (2nd ed.). Merrill.

Shaver, J. P., & Strong, W. (1976). *Facing value decisions: Rationale-building for teachers.* Wadsworth.

제7장

사회과 교수·학습 방법 및 전략

학습 목표

1. 사회과에서 제시하는 교수·학습 방향을 알 수 있다.
2. 사회과 수업에서 주로 적용하는 교수·학습 방법을 찾을 수 있다.
3. 사회과 수업에서 주로 활용하는 교수·학습 전략을 찾아 수업에 적용할 수 있다.

핵심 용어

문제해결학습, 탐구학습, ICT 활용 학습, 지역사회중심교수, 극화학습, 현장체험학습

사회과 교육에서 교수·학습은 시민으로서 갖추어야 할 자질을 함양하는 데 필요한 창의력, 사고력, 문제해결력, 의사결정력, 정보 활용 능력 등을 기르는 데 초점을 맞추고 있다. 이를 통해 학습자가 다양한 사회 현상을 종합적으로 인식하고, 사고력을 자극하도록 하는 데 방향성을 지닌다. 사회과 교육은 사회 현상과 관련된 지식을 습득하고, 사회과에서 추구하는 목표에 도달할 수 있도록 다양한 교수·학습 및 전략을 활용해야 한다. 이를 위하여 교사는 사회과의 학습자, 학습 목표, 교육 환경을 고려하여 학습자 유형 및 수업 내용에 적합한 맞춤형 교수·학습 및 전략을 설계해야 한다.

　특수교육대상 학생들에게 적용하는 교수·학습 방법 및 전략은 사회과 수업을 실행하는 과정에서 중요한 역할을 하며, 수업 내용, 학습 수준과 학생 특성에 따라 적합한 지원을 반영하여 적용해야 한다. 사회과 교수·학습 방법 및 전략은 학습 효과를 높이고, 학습자가 능동적인 학습 과정에 참여하여 학습 내용을 일반화할 수 있도록 설계되어야 한다.

　이 장에서는 사회과에서 제시하는 교수·학습 방향, 방법, 전략에 대하여 살펴본다. 먼저, 사회과에서 제시하는 교수·학습 방향과 특수교육대상 학생을 대상으로 한 교수·학습 방향을 살펴본다. 다음으로 사회과의 대표적인 교수·학습 방법인 개념학습, 문제해결학습, 탐구학습, 프로젝트 학습, ICT 활용 학습을 제시한다. 그리고 대표적인 전략인 지역사회중심교수, 극화학습, 현장체험학습, 지도학습, 지역연계학습, 인물학습, 국가유산 학습을 살펴보도록 구성하였다.

1. 사회과 교수 · 학습 방향

사회과는 민주시민 교육의 핵심 교과로, 교육의 궁극적인 목적은 민주시민으로서 자질을 육성하는 것이다. 사회과에서 기르고자 하는 민주시민은 자율적인 삶의 태도, 도덕적 인성, 사회성을 갖추고, 생태시민으로서의 자질을 지니며, 역사 · 문화적 소양을 갈고 닦는 데 힘쓰기 위해 노력하는 사람이다. 또한 이들은 민주시민성을 실천할 수 있는 역량을 갖춘 사람이다. 사회과는 학생들이 생태학적 맥락에서 사회 현상에 관심을 가지고, 생활연령에 따른 사회 · 문화적 경험을 통해 사회에 참여하면서 한 개인이 사회 공동체의 구성원으로서 살아가기 위한 민주시민의 자질을 함양하는 교과이다. 사회과는 기본적인 지식과 기능, 가치와 태도를 습득할 수 있도록 '지리인식' '자연환경과 인간생활' '인문환경과 인간생활' '지속가능한 세계' '정치' '법' '경제' '사회 · 문화' '역사 일반' '지역사' '한국사' 등의 영역을 중심으로 구성되어 있다. 또한 사회과는 지리, 역사, 다양한 사회과학의 개념과 원리, 문제와 쟁점, 탐구 방법과 절차 등에 관한 요소를 통합적으로 선정 · 조직할 수 있도록 구성되어 있다. 이를 통해 사회 현상, 사회문제, 공간구조와 변화, 시간의 흐름과 지속성을 종합적으로 이해하고 탐구하여, 사회적 구성원으로 보다 나은 사회적 삶을 살아가도록 한다. 나아가 사회과는 인간과 사회 현상을 탐구하는 것에서 나아가, 주변 지역, 우리나라의 역사, 국토와 환경, 한국 사회 제도의 현실과 변화, 지구촌의 특징과 변화 등에 대하여 탐구한다. 이로서 지역사회, 국가, 세계와 관련된 지식과 기능을 습득하도록 하며, 한국인으로서의 정체성과 세계시민으로서의 자질을 갖추도록 구성되어 있다. 나아가 사회과는 공동체 의식을 가지고 타인을 존중 및 배려하는 자세와 개인적 · 사회적 문제를 합리적으로 해결하는 능력을 갖추도록 구성되어 있다. 또한 학생들이 자신을 바르게 이해하고 개인의 성장을 도모하며, 지역사회 · 국가 · 세계의 발전에 기여할 수 있도록 돕는 교과이다.

사회과 교과는 학습자의 사고와 의사결정 능력 등의 발전을 강조하며, 학습자가 다양한 탐구 방법을 활용하여 스스로 탐구하는 학습을 지향하는 교과이다. 사회 교과는 학생이 사회 구성원으로서 생활연령에 맞는 삶의 경험을 풍부하게 누릴 수 있도록 교육하는 것을 강조한다. 또한 민주시민으로서의 자질을 함양하고 능동적인 사회 구성원으로 타인과 더불어 살아가는 행복한 미래의 삶을 준비할 수 있도록 지원하는 데 중점을 둔다. 사회과 교수 · 학습은 학생의 개인적 · 사회적 자아실현을 강조하며, 학생들이 타인과의 상호작용 속에서 자기의 잠재 가능성을 발휘하여 다양한 인간관계를 익히도록 함으로써 원만한 사회생활을 할 수 있도록 한다. 사회과는 학생이 실존적 사회 구성원이자 시민으로서 살아가는 경험을 갖게 하는 데 중점을 두며, 실생활 장면이 교수 · 학습 과정의 장이 되도록 한다. 사회과는 학생들이 주변의 사회적 사실과 현상에 관심을 가지고 흥미를 느끼며, 일상생활과 관련된 기본적 지식과 능력을 습득하도록 한다.

또한 의식적으로 일상생활에 참여하는 것에 초점을 두고, 생활 속에서 학습한 지식과 태도를 실천할 수 있도록 교수한다. 사회과는 학생들에게 민주시민으로서 갖추어야 할 기본적인 소양을 익히도록 하며, 주변의 사회 현상에 대해 관심과 흥미를 갖도록 한다. 또한 사회 현상에 대한 기본적인 지식과 행동을 이해하고 익혀 실생활에 적용하고, 다양한 집단 활동에 스스로 참여하여 역할을 제대로 수행하는 능력을 기르도록 한다. 나아가 사회과 교수는 정보통신 기술이 빠르게 발전하고 있는 현대 사회에서 학생들이 문제를 비판적으로 분석하고 합리적으로 해결할 수 있는 고차원적 사고력과 탐구력을 증진할 수 있도록 한다. 이러한 사회교과에서 교수 · 학습 과정은 사회 참여의 기회를 제공하며, 나선형 교육과정의 원리에 따라 학습자의 시간 · 공간 · 사회의식의 발달과 연계하여 배열한다. 즉, 학습 내용을 단순한 것에서 복잡한 것으로, 구체적인 것에서 추상적인 것으로의 점진적으로 확대될 수 있도록 배열한다. 또한 사회과는 학습자의 인지발달, 사회적 경험, 사회 기능 등 학습자들이 일상생활 속에서 경험하는 다양한 공간 규모를 고려하여 구성한다. 필요할 경우, 학년별로 세계적 관점을 반영하도록 지도하여, 학생들이 지역사회뿐만 아니라 전 세계적 시각에서 사회적 현상을 이해하도록 돕는다.

사회과는 과목 특성상 많이 읽고 외워야 하는 교과목으로, 특수교육대상 학생이

기피하는 과목 중 하나이다. 그러나 특수교육대상 학생들이 학교생활뿐 아니라 사회생활에 기초가 되는 영역을 다루고 있어, 다른 어떤 교과보다 학교와 사회생활에 적응하는 데 필요한 기본적인 사회 기술을 습득할 수 있는 유용한 교과이다. 특수교육대상 학생들은 사회생활에 필요한 기본 기술, 즉 신변 자립과 관련된 사회 기술, 일상생활에 필요한 사회 기술, 사회경제적인 생활을 영위해 나가는 데 필요한 기술에 어려움을 지니는 경우가 많다.

특수교육대상 학생에게 사회교과는 고등교육 진학에 중요한 교과목일 뿐만 아니라, 공동체와 사회를 이해하고 학교와 일상생활에서 요구되는 다양한 역할을 습득할 수 있도록 지원하는 교과이다. 이를 통해 특수교육대상 학생들은 책임감 있는 시민으로 사회에 통합되어 살아갈 수 있는 기반을 마련할 수 있다. 특수교육대상 학생을 위한 사회과 교육의 지도 방향은 학교와 사회생활에서 기초가 되는 내용을 중심으로 지리 등 사회과학의 기본 개념과 원리를 발견하고 탐구하는 능력을 기르는 데 중점을 두어야 한다.

또한 특수교육대상 학생들이 일상생활에 필요한 기본 생활 능력과 습관을 기르고, 우리 사회의 특징과 세계의 다양한 모습을 종합적으로 이해하며 사회 · 문화적 경험을 바탕으로 독립적이고 능동적인 사회 구성원으로서의 기술과 능력을 습득할 수 있는 방향으로 이루어져야 한다. 이를 위해, 사회과학적인 탐구 방법과 과정을 교수하여 학습자가 주체적으로 탐구할 수 있도록 지원하고, 비판적 사고를 향상시킬 수 있는 학습 환경을 제공하는 탐구학습을 적극적으로 활용해야 한다. 사회과는 민주적인 세계시민으로 성장하기 위해 사회문화 현상들을 다차원적으로 이해하고 비판적으로 사고할 것을 강조하므로, 고차원적 사고를 길러 주는 학습자 중심의 학습 환경이 조성되어야 한다. 나아가 학생들의 적극적인 수업 참여를 위해 실생활 중심으로 학습을 구성하여 학습 동기를 향상시키고, 보편적 학습 설계의 원리 적용과 보조공학적 지원, 다양한 교수 · 학습 자료 및 각종 정보 매체를 활용하는 등 교수 · 학습의 효율성을 높이도록 하여야 한다.

2. 사회과 교수 · 학습 방법

사회과 교수 · 학습은 실생활 장면을 교수 · 학습 과정의 장으로 두어야 한다. 학생들이 풍부한 학습 경험을 할 수 있도록 실제적 상황을 학습 내용으로 선정하고, 사회 참여 기회를 제공하여 학습 내용의 일반화가 가능하도록 하여야 한다. 사회과의 교수 · 학습 모형은 사회과 수업을 실천하는 고유한 교수 · 학습 과정이며, 그 과정에 참여하는 자체가 목표가 된다. 따라서 학생의 특성과 학습 수준에 알맞은 지원을 반영하고, 사회과 수업을 진행할 때 실제 삶의 맥락에서 능동적인 사회 참여를 실천할 수 있도록 다양한 교수 · 학습 방법을 유연하게 적용해야 한다.

1) 개념학습 모형

개념이란 사물, 사건, 실재와 같은 여러 표상 중에서 공통된 속성에 따라 내용을 추출하고 속성에 따라 집단화한 것을 뜻한다. 또한 대상이나 사회 현상을 공통된 것끼리 분류하여 만든 추상적 용어로, 공통된 속성을 지닌 개인 간의 모든 경험을 묶어 주는 하나의 범위나 구성이다. 사회과 교육과정은 사회과학 지식들의 중요한 개념이나 주제를 중심으로 나선형으로 구성되어 있다.

개념학습은 개념을 효과적으로 가르치기 위한 교수 · 학습 방법으로, 사회과를 효과적으로 가르치는 데 중요한 역할을 한다. 개념학습은 개념의 특징과 구체적인 예를 통해 새로운 개념을 학습하거나 사회적 상황과 사물을 이해하고 사고력을 향상시키도록 한다. 이는 학습자가 정확한 개념을 형성할 수 있도록 지원하는 가장 기초적인 교수 · 학습 방법이다.

개념학습 모형은 학습자가 개념을 쉽고 정확하게 이해할 수 있도록 하는 모형이다. 이는 개념의 구조를 설명하는 방식에 따라 개념학습 모형을 속성모형(attribute model), 원형모형(prototype model), 상황모형(social context model)으로 나누어 제시할 수 있다. 속성모형은 개념이 가지고 있는 속성을 중심으로 가르치는 방법으로, 이때의 속성은 꼭 필요한 결정적 속성과 부가적으로 설명하는 비결정적 속성으로 나눌수 있다. 속성모형에서 교사는 학생들이 개념의 결정적 속성을 이해하거나 발견하도록 하고, 그 특징에 맞는 예와 예가 아닌 것을 이해하도록 한다.

　속성모형은 속성이 분명하게 정의되지 않은 개념은 다룰 수 없으나, 사회과에서 제시하는 대부분의 개념 속성은 문화에 따라 변화에 따라 변화하는 경우가 많다. 따라서 속성모형으로 다룰 수 있는 개념에는 한계가 따른다. 또한 속성모형에서 동일한 범주내에서도 개념의 특성을 명확하게 드러내는 대표적인 사례가 존재하지만, 고전적 접근으로는 상대적인 차이를 설명하기 어려운 경우가 많다. 이뿐만 아니라 사회과에서 다루는 개념들은 추상화된 개념인 경우가 많아, 이 경우 유사한 다른 개념들과 속성 간의 차이를 명확하게 구분하기 어렵다. 따라서 속성모형은 특수교육대상 학생들에게는 이론적으로 학습하기 어려울 수 있다. 모형으로 활용 또한 제한적이라는 단점을 지닌다.

　원형모형은 속성모형의 대안으로 등장한 것으로, 개념의 가장 대표적인 예를 통해 개념을 학습하는 방법이다. 학생들은 개념을 대표하는 전형적인 사례를 통해, 그 개념이 지니는 결정적 속성을 탐색하고 본질을 파악할 수 있다. 원형은 다양한 방식으로 형성될 수 있는데, 보통 전형적인 예에 노출되거나, 전형적인 특징을 제시함으로써 형성될 수도 있다. 이러한 원형모형은 결정적 속성에서 찾기 어려운 개념들을 효과적으로 표상할 수 있다는 장점을 지닌다. 그러나 단순 범주화의 기능만이 가능할수 있거나, 한 개념의 전형성이 그 하위 개념에 대해서는 전이되기 어려운 경우가 있을 수 있으며 개념 범주들 간의 차이 또한 불분명할 수 있다는 단점을 지닌다. 그러나, 사회과에서 제시하는 개념의 대부분은 추상적인 개념이기 때문에 대표적 사례를 강조하는 원형모형이 더 많이 활용되고 있다.

　상황모형은 특정 사회적 · 문화적 환경에서 학생이 직접 겪은 경험, 그에 따른 기대, 행동 등을 중심으로 개념을 가르치는 개념학습의 방법이다. 특히, 특정한 사회의 상황이나 역사 속에서 도출된 개념은 학생들이 이해하기 어려우므로, 사회적 상황, 역사적 배경, 또는 학생들의 경험 등을 제시하여 개념에 대해 이해하도록 한다. 그러나 상황모형은 개념의 보편성을 이해하기 어렵다는 한계점을 지닌다.

〈표 7-1〉 개념학습 모형에 따른 교수 · 학습 단계

속성모형	원형모형	상황모형
문제 제기	문제 제기	문제 제기
속성 제시와 정의	원형 또는 예 제시	상황 및 경험의 진술
결정적 속성과 비결정적 속성 검토	-	-
예와 예가 아닌 것 검토	예와 예가 아닌 것 제시	예와 예가 아닌 것 검토
가설 검증	속성 검토	속성 검토
개념의 형태, 종류, 관계 등 개념 분석	개념 분석	개념 분석
관련 문제 검토	문제 검토	문제 검토
평가	평가	평가

2) 문제해결학습

사회과 문제해결학습은 학생들이 문제를 파악하고 그것을 해결해 나가는 과정을 중심으로 하는 학습이다. 문제해결학습은 경험 중심 사회과와 그 기조를 함께 하고 있기 때문에, 경험중심 사회과에서는 사회 현상 혹은 사회문제 그 자체를 인식의 대상으로 다룬다.

문제해결학습의 '문제'란 과학적 설명을 요하는 학문적 문제가 아니라, 학생들이 일상생활에서 직면하는 다양한 문제이다. 문제해결학습이란 고정적이며 단편적인 지식을 주입하고자 하는 것이 아니라, 학습자가 현실의 사회생활에서의 의문이나 문제를 자기 자신의 문제로 받아들이고, 이를 스스로 해결해 나가는 능동적인 학습을 의미한다. 문제해결학습은 학생들이 일상생활에서 부딪히는 문제를 다루고 있기 때문에, 그 내용은 학문상의 개념이 아니라 주로 학생들의 일상 사회생활과 밀접하게 연관된 사회적 상황에서의 학습이 된다. 사회과의 문제해결학습은 탐구학습, 의사결정학습, 토의학습 등과 밀접하게 연관된 학습 방법이다. 그러므로 문제해결학습은 자연스럽게 사회 기능 중심의 학습으로 이어진다.

문제해결학습 모형의 단계는 일반적으로 〈표 7-2〉와 같다.

〈표 7-2〉 문제해결학습 모형에 따른 교수·학습 단계

단계	내용
문제 상황 확인	불완전한 상황 속에서 개별 문제를 검토
문제 발생 원인 파악	해결해야 하는 문제가 무엇인지 인식하고 원인을 파악
문제해결 방안 탐색	가설 설정, 자료 수집, 가설 검증의 활동으로 해결 방안 탐색
문제해결 방안 결정	대안을 확인하여 최선의 해결 방안 결정
문제해결 방안 정리 및 실천	결정한 문제해결 방안을 일상생활 속에서 실천

한편 사회과 수업에서의 문제해결학습은 주제 선정, 자료의 성격 등을 고려해 다음과 같은 교수 원리를 바탕으로 수행되는 것이 유의미하기도 하다. 학교에서 수행되는 사회과 수업은 자주적이고 허용적인 학습 분위기가 유지되어야 하며, 교사와 학습자가 함께 만들어 가는 협동적인 환경이 조성되어야 한다. 이를 통해 집단 활동을 중심으로 구성원들이 공통적으로 사고하고, 다양한 관점을 공유하며 학습할 수 있도록 지원하는 것이 중요하다. 이러한 의미를 기반으로 한 문제해결학습 모형의 단계는 〈표 7-3〉과 같다.

〈표 7-3〉 집단 활동을 바탕으로 한 문제해결학습 모형에 따른 교수·학습 단계

단계	내용
학습자와 학습 대상 사이 관련성 파악	• 문제해결학습의 시작 단계로, 학습자의 흥미를 이끌어 내고 학습자와 학습 대상 사이의 관계를 파악함
학급 전원의 공통 문제를 설정	• 모둠별로 선정한 여러 가지 문제 중에서 학급 전체가 하나의 문제로 좁히고 학급 공통의 문제를 선정함
문제해결 방안을 추구	• 모둠별로 다양한 방안을 탐색하고 이를 토대로 다양한 학습 활동을 실행함 • [문제를 인식하고 정의내리기-문제를 기본 요소별로 분석하고 잠정적인 가설을 세우기-관련된 자료를 수집하기-자료를 조직, 확인하고 해석하기-결론을 형성하기-결론을 적용하기]의 단계로 학습 활동이 수행됨
새롭게 발생한 문제 확인	• 학습자들이 문제해결을 실행하는 과정에서 새로운 문제를 발견함. 이후 문제해결의 출발점이 됨

3) 탐구학습(주제탐구학습)

탐구란 문제해결, 발견, 반성적 사고와 구별 없이 혼동되어 쓰이기도 하며, 주변에서 아주 흔하게 일상적인 의미와 학문적인 의미로서 함께 사용되는 용어이다. 탐구란 사실과 가치의 문제를 인식하고, 기존의 방식으로 해결하기 어려운 새로운 문제에 직면했을 때 그것에 호기심을 가지고 이를 발견하고 평가하며 연구하여 규명하는 과정이다. 탐구학습에서의 학습 문제는 학문상의 개념이 된다. 사회과는 합리적 의사결정을 지향하는 교과로, 수업 내용은 구체적인 지식보다는, 지식을 획득하는 방법인 탐구 능력을 함양해야 한다. 사회과에서 제시하는 탐구는 사회과학적 탐구와 문제해결적 탐구로 구분할 수 있으며, 궁극적으로 학습자의 단순한 호기심이나 의문을 해결하는 것이 아니라, 낯선 사회 현상에 직면하였을 때 이를 설명하고 해결하기 위하여 목적적이고 체계적으로 사고하는 능력을 의미한다.

탐구학습은 탐구 방법과 과정을 학습할 뿐만 아니라, 개방된 학습 분위기 속에서 학습자가 적극적으로 사회 현상을 조사하고, 다양한 자료를 활용하여 일반화된 지식을 도출하는 과정을 경험하게 하는 수업이다. 탐구학습은 연역적 탐구 방법 및 귀납적 탐구 방법을 혼용하여 사용할 수 있으며 탐구학습, 문제중심학습(problem-based learning), 프로젝트기반학습(project-based learning), 사례기반학습(case-based learning), 발견학습(discovery learning)이 포함된다. 탐구학습은 학생들로 하여금 스스로 지식이나 정보를 획득하고 조직하도록 하는 방법으로 기본 개념이나 원리의 습득을 중시하는 발견학습과 본질적으로 동일하다. 그러나 방법론적 과정으로서 탐구를 더욱 심화하고 있다는 점에서 차이점을 지닌다. 또한 문제중심학습과 비교하면, 탐구학습은 문제중심학습에 비하여 수행 시간이 비교적 길어질 수 있으며, 교사가 학습의 촉진자와 정보 제공자의 역할을 모두 담당하기도 한다.

탐구학습 모형은 일반화된 지식을 도출하는 능력을 기르는 데 주안점을 준 교수 · 학습 모형이다. 탐구학습은 탐구의 개념을 수업모형의 원리로 적용한 것으로 문제해결력을 신장하고 탐구의 과정을 습득하는 것을 목표로 한다. 이러한 탐구학습 모형의 단계는 〈표 7-4〉와 같다.

〈표 7-4〉 탐구학습 모형에 따른 교수 · 학습 단계

단계	내용
문제 제기	• 교사와 학습자가 함께 탐구가 필요한 문제 상황을 인식한다. • 교사는 다양한 자료를 제시하여 학생들이 탐구해야 할 내용에 관심을 갖게 한다.
가설 설정	• 학습자는 문제 상황을 해결하기 위해 선행지식을 활용하여 잠정적인 결론을 도출한다. • 이 단계에서 학생들은 선행지식을 활용하여 분석, 추론, 유추, 예측 등을 거쳐 문제에 대한 해결책을 진술한다.
자료 수집	• 가설을 규명하기 위해 관찰, 조사, 견학 등의 방법을 활용하여 정보를 수집하는 단계이다.
자료 분석	• 수집한 자료를 분석하고 평가, 정리하여 가설의 타당성을 논리적으로 검증하는 단계이다.
결론	• 결론은 문제에 대한 결론을 내리는 단계이다. • 학습자는 타당한 증거에 기초를 두고 인과적, 상관적, 설명적 일반화를 이끌어 낸다.

4) 프로젝트 학습

프로젝트 학습(project-based learning)이란 학생들이 각자 마음속에 생각하고 있는 것을 구체적으로 실현하고 형상화하기 위하여 계획을 세워 일정한 프로젝트를 수행하며 연구하는 방식의 교수 · 학습 방법을 의미한다. 이는 협력적 관계와 상호작용을 통해 모두가 함께 만들어 가는 일련의 교육 활동이다. 프로젝트 학습은 다양한 교육 활동을 창의적으로 조직하고 실행하는 과정으로, 학습자들이 프로젝트 과업에 몰입하면서 지식, 기능, 가치 · 태도, 성향 등을 자율적으로 발전시켜 나가는 교수 · 학습 방법이다. 프로젝트 학습을 통해 학생들은 실제적인 질문과 과제를 중심으로 자율적이면서도 구조화된 탐구 과정을 거치게 되며, 일정한 프로젝트 산출물(products)을 낼 수 있다는 특징을 지닌다.

사회과 프로젝트 학습(project-based learning in social studies)이란 사회과 수업 중에 실행되는 프로젝트 학습으로 사회 과목을 바탕으로 하여 설계되고 수행된다. 사회과 프로젝트 학습에서 학생들은 사회 문제를 자율적이고 책임감 있는 자세로 탐구하거나 해결해 나가는 과정을 경험하게 된다. 또한 공동체의 구성원으로 관계를 인

식하고 서로 협력하며 공동체에 기여할 수 있는 기회를 갖게 된다.

프로젝트 학습은 특정한 주제에 대해 학습자가 깊이 있게 연구하고 연구된 결과를 자유롭게 표현하는 방식으로 실행되며, 이를 통해 학생들은 자율적이면서도 구조화된 탐구 과정을 경험한다. 프로젝트 수업모형은 '준비하기, 활동 계획하기, 탐구 및 표현하기, 마무리하기 그리고 평가하기'의 총 6단계로 구분할 수 있으며, '과제해결, 결과물 개발, 발표, 평가'의 4단계로 구분할 수도 있다. 그러나 일반적으로 학생들이 과제를 선정하고 문제를 탐구한 후, 해결해 가느냐에 따라 크게 3단계로 구분될 수 있으며, 이를 어떻게 세분화하느냐에 따라 그 수행 단계에서 다소 차이점을 지닌다.

〈표 7-5〉 프로젝트 학습모형에 따른 교수 · 학습 단계

단계	내용
계획 및 시작	● 프로젝트 주제 정하기 ● 관련 지식 활성화하기 ● 동기 유발 및 주제망 구성, 활동 계획
전개	● 활동 계획 점검하기 ● 현장조사 등 프로젝트 활동하기 ● 표상 및 피드백 제공
반성과 마무리	● 프로젝트를 통해 습득한 지식과 이해 공유 ● 프로젝트 결과물 공유 ● 반성 및 마무리

5) ICT 활용 학습

ICT(Information & Communication Technology)란 협의의 개념으로는 정보기술(information technology)과 통신기술(communication technology)의 합성어이다. ICT에 대한 개념을 살펴보면 초기의 ICT는 교실환경과 교육행정과 관련된 도구적, 하드웨어적 성격에 중점을 두었으나 최근에는 ICT를 적극 활용하여 지식을 창출할 수 있는 소프트웨어적인 측면을 더욱 강조하고 있다.

ICT 활용 학습은 기존의 교과서와 판서 위주의 교수·학습 방법에서 벗어나 다양한 교수매체를 활용한다. 이는 학습자의 주도적 참여를 가능하게 하는 방법으로 효과적인 수업 목표 달성을 위해 교과의 내용과 학습자의 수준과 요구에 적합한 ICT 자료를 시기적절하게 활용하는 데에 초점을 둔다. 더욱이 사회과 수업에서 ICT를 활용한다는 것은 기본적으로 사회과 수업 목표를 달성하기 위한 하나의 교수·학습 방법으로 활용한다는 것을 의미한다. 사회과에서 ICT가 활용될 수 있는 교수·학습 모형은 매우 다양하다. 그러나 ICT 활용 학습은, ① 탐색: 결정할 문제를 찾기, ② 설계: 문제해결을 위한 대안 개발하기, ③ 선택: 개발된 대안 중 최적의 대안 선택하기, ④ 실행: 선택한 대안을 실행하기로 구성할 수 있다.

3. 사회과 교수·학습 전략

1) 지역사회중심교수

지역사회는 특수교육대상 학생이 사회 구성원으로서 비장애인과 서로 역동적인 관계를 맺으며 함께 살아가는 사회통합의 장이다. 특수교육대상 학생들의 교육 목적은 졸업 후 지역사회의 구성원으로 통합되어 독립적으로 삶을 영위할 수 있도록 지원하는 것이다. 지역사회 활용 기술은 특수교육대상 학생들에게 지역사회의 한 구성원으로 소속감을 느끼고, 지역사회에의 질적인 참여를 가능하도록 하기에 중요하다. 따라서 특수교육대상 학생이 졸업 후 자신의 지식과 기술을 얼마나 효과적으로 활용할 수 있느냐의 여부는 성공적인 지역 참여 여부를 결정하는 요소가 된다. 특수교육대상 학생들은 지역사회 구성원으로 의미 있는 삶을 살아가기 위하여 지역사회활용 기술들, 구체적으로 대중교통 이용하기, 횡단보도 건너기, 식료품 구매하기 등 다양한 기술을 습득하고 활용할 수 있어야 한다.

특수교육대상 학생들은 개념이나 기술을 습득하는 것에 어려움을 겪을 뿐만 아니라, 자신이 배운 개념이나 기술을 여러 상황에 적용하거나 활용하는 것에도 어려움을 나타낸다. 이러한 특수교육대상 학생들에게 지역사회활용 기술은 지역사회 통합을 전제로 일반화의 가능성을 높여 준다. 즉, 기능적인 교육 내용을 일반화의 가능성을 고려하여 교수하는 방식으로, 단순한 기능적인 훈련과는 구별되며 실제 습득한 지식을 활용하는 데 초점을 둔 중재 방법이다. 지역사회 활용 기술은 체계적인 교육계획 아래에서 실시될 때 특수교육대상 학생들의 지역사회 안에서 경험할 수 있는 기회를 넘어 적절한 사회적 행동과 사회적 상호작용을 수행하고, 졸업 후 원만한 직업생활까지 이어질 수 있다. 이러한 지역사회 활용 기술은 지역사회를 이용하여 학생을 지도하는 방법으로 지역사회중심교수, 지역사회참조교수, 지역사회모의교수로 구분될 수 있으며 그 내용은 다음과 같다.

(1) 지역사회중심교수(Community-Based Instruction: CBI)

특수교육대상 학생이 생태학적 맥락이라 할 수 있는 실제 지역사회에서 필요한 기능적 기술을 습득하고 활용할 수 있도록 지원하는 것은 중요하다. 이는 직업 준비와 독립적인 생활을 지원해 줄 수 있는 효과적인 교수 방법 중 하나이다. 또한 지역사회 내 실제적이고 자연스러운 상황에 최대한 참여시켜 필수적인 생활기술을 습득하게 하는 방법이다. 이를 통해, 특수교육대상 학생들은 다양한 상황에 배운 기술을 일반화하고, 독립적으로 기능을 수행할 수 있게 된다.

(2) 지역사회참조교수(Community-Referenced Instruction: CRI)

지역사회 내에서 필요한 기술을 참조하여 학교 내에서 지도하는 방법이다. 학교의 교실을 지역사회 환경과 유사하게 재구조화하고, 실제 지역사회의 환경 장면을 수업 소재로 활용하는 교수 방법으로, 특수교육대상 학생들은 간접적인 형태로 지역사회 환경을 인지하고 이해하게 된다. 예를 들어, 교사들은 학교의 매점을 활용하여 지역사회 마트 이용하기 기술을 가르친다. 학교 매점에서 물건 고르기, 물건 가격 확인하기, 계산대 앞에서 줄 서기, 돈 지불하기 등을 지도하며 물건 구입 기술을 가르친다.

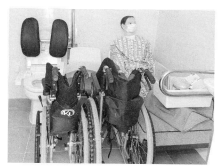

[그림 7-1] 지역사회참조교수

출처: (왼) 충청북도 특수교육원 직업체험실, (우) 대전가원학교 G+Mart

(3) 지역사회모의교수(Community-Simulated Instruction: CSI)

지역사회 시뮬레이션이라 할 수 있는 방법으로, 특수교육대상 학생이 실제 지역사회로 나가기 전 필요한 특정 상황을 가상으로 설정하여 연습하는 교수 전략이다. 반복적이고 구조화된 모의학습을 통해 학생들은 실제 상황에 직면했을 때 필요한 기술을 체계적으로 연습할 수 있다. 최근에는 4차 산업혁명의 발달로 가상현실(VR) 기술을 활용할 수 있다. 가상현실을 활용한 지역사회모의교수는 실제와 유사한 교육환경에서 학생들에게 연습의 기회를 제공하여 사고, 손상, 비용 문제 등을 감소시켜 준다. 예를 들어, 교사들은 가상현실 영상을 제공한 뒤 패스트푸드점 이용 기술을 가르칠 수 있다.

[그림 7-2] 지역사회모의교수: 구리시장애인가족지원센터 직장예절 함양 VR교육 진행

출처: 뉴스피크

사회과의 지역사회활용기술은 지역사회중심교수, 지역사회참조교수, 지역사회 모의교수를 통해 특수교육대상 학생들이 지역사회 다양한 환경에서 일어나는 활동에 참여하는 데 요구되는 기술들을 교수한다. 지역사회활용기술은 저학년 시기부터 지도가 이루어지는 것이 효과적이다. 또한 지역사회활용기술에 대한 교수는 계획과 IEP 연계가 중요하며 활동별 과제 분석을 통해 학생의 현재 수준을 평가하고 지도하는 것이 필요하다. 따라서 이를 효과적으로 활용하기 위해서는 해당 교수 전략 내에 증거기반으로 구축된 교수 방법을 확인하고, 일반화, 가정 연계 방법, 자기 결정권 연계 방법을 함께 모색해야 한다. 이로 인해 학생들에게 의미 있고 적합한 교수가 될 수 있다.

2) 극화학습

극화학습은 복잡한 사회 현상을 단순화하고 제재에 대한 맥락을 중요시하는 수업 방법이다. 학생들이 이야기를 활용하여 이를 실제 삶과 유사하게 관련시키므로 기억하기 쉽고 학습 요소를 효과적으로 유도할 수 있다. 교사는 학생들에게 극화학습을 통해 이야기를 삶과 관련시키는 동시에 내용 속에서 의미를 구성하고 이를 학습의 구조로 활용할 수 있도록 돕는다. 또한 학생들은 극화학습을 통해 관련된 내용에 관심과 흥미를 갖게 되어 주도적인 학습 능력을 형성하며, 학습 내용과 상호작용하고 나아가 공동체 의식을 함양할 수 있다. 극화학습은 여러 교과에 활용될 수 있으며, 특히 사회과에서는 국가 간 상호의존성을 함양할 수 있는 글로벌 이슈나 역사적 상상력을 필요로 하는 생활사나 인물사 관련 내용에서 효과적으로 적용할 수 있다.

극화학습은 이야기를 극적 맥락으로 삼아, 맥락을 바탕으로 한 극화 활동으로 구성된다. 극화학습은 특수교육대상 학생들에게 제시된 맥락 속에서 자신의 경험과 맥락을 비교하며 의미를 구성하고, 직접 경험해 보면서 학습을 구조화하도록 한다. 특수교육대상 학생들은 극화학습을 통해 교사와 비장애학생들과 의사소통을 하는 동시에 사회적 관계를 증진할 수 있다. 또한 자신이 현실 속에서 직면할 수 있는 문제 상황을 직접 실연해 봄으로써, 문제해결 과정을 파악할 수 있다.

극화학습은 극화 활동(dramatized activities)으로 구성되며, 극화활동이란 학생들의 발달 수준에 적합하게 적용할 수 있는 교수 · 학습 방법으로 다양한 교육적 변인에 긍정적인 영향을 미친다. 극화 활동은 동화, 설화 등의 소재를 극의 형식으로 바꾸어 표현하는 활동으로, 학생들의 공감 능력을 증진하고 단어와 행동을 연결하여 표현 능력과 의사소통 기술을 향상시킨다. 또한 사회적 기술, 조망수용 능력, 정서 조절, 인지적 사고, 창의성 등 인지, 정서, 사회성 발달을 촉진하는 데 효과적이다. 예를 들어, 극화학습을 통해 역사를 학습하는 경우, 학습자는 시간과 경험을 초월하여 다른 사람의 경험에 자신을 이입할 수 있다. 이를 통해 감정 이입이 증대되고, 역사적 인물과의 경험을 극대화하여 과거와 역사 속에서 사람들의 경험을 보다 깊이 이해할 수 있다. 이러한 극화학습을 수행하는 단계는 다음과 같다.

① 학습 준비: 학습과제 선정, 사회적 배경 탐색
② 역할 분담: 인물 선정, 인물 개인에 관한 탐색, 사건의 분석, 참여자 결정
③ 실연: 자신이 다루어야 하는 사회적 상황의 경험과 감정 이입에 초점, 실제 연기 활동
④ 토의 및 평가: 선정 인물의 타당성, 의사교환, 선정 인물의 타당성, 대안의 가능성
⑤ 재실연: 토의에서 제의된 문제의 대안 확인, 새로운 해석과 해결점 제시
⑥ 정리 및 일반화: 학습 과제의 정리, 일반화

극화학습은 특수교육대상 학생들에게 비장애학생과 사회적 상호작용의 기회를 제공하며, 하나의 가정된 역할을 수행해 보도록 한다. 또한 극화학습은 학습자가 학습에 흥미를 갖게 할 뿐 아니라, 적극적인 태도로 학습에 참여할 수 있는 참여자 중심의 수업이다. 또한 학생들은 구체적인 활동을 통하여 이야기를 경험하며 다양한 자기표현의 기회를 갖게 된다. 그러므로 특수교육대상 학생들에게 극화가 가진 장점과 학생의 발달 특성, 교과 수업의 적용 등을 고려하여 적용하는 것이 필요하다.

3) 현장체험학습

현장체험학습은 학생들이 일상적인 학습 현장인 교실을 떠나, 학습과 관련된 자연 현상이나 사회적인 사실이 구체적으로 나타나고 있는 현장에서 직접 경험할 수 있도록 하여, 학습 목표를 보다 효율적으로 달성할 수 있도록 지원하는 수업 방법이다. 현장체험학습은 현장답사, 현장연구, 현장캠프를 포괄하는 개념으로, 답사, 견학, 면접, 조사, 관찰 등 실제적인 활동을 수업하여 학습 활동을 현장 중심으로 전개하는 교수·학습 방법이다. 사회과는 사회 현상을 교육 내용으로 하고 있기 때문에, 실제로 학생들이 접하는 현장에서 다양한 지식을 습득하고 창의적인 학습자로 성장하도록 도와준다. 학생들은 현장체험학습을 통해 교실에서 학습한 것을 체험할 수 있는 기회를 가지게 되어, 생활 주변에 대하여 관심과 흥미를 느끼고 학습 의욕도 높일 수 있게 된다.

학생들은 학교 밖의 자연과 문화를 직접 체험함으로써, 학습 참여에 소극적이었던 학생들도 적극적으로 참여할 수 있게 된다. 현장체험학습의 교육적 가치는 자연적, 사회적 현상을 직접 체험함으로써 학습 동기를 유발하고 다양한 경험을 쌓으며 교육의 변화에 능동적으로 대처할 수 있게 되는 것이다. 또한 자신의 환경에 대한 통찰을 깊게 하여 환경 내에서 새로운 의미를 발견하게 되며, 민주적 가치와 태도, 행동 양식을 실천할 수 있게 된다. 나아가 현장체험학습에서 수행하는 활동은 새로운 영역에 학생의 흥미와 관심을 일으키며, 교육적 과정을 더욱 풍부하게 하고 교과 교육학습의 성과를 높이고, 지식을 심화하며 확장할 수 있다. 이러한 현장체험학습은 다음의 세 단계로 구성할 수 있다.

① **사전학습**: 교실에서 현장체험학습을 위한 준비, 현장학습을 위한 기초 정보 수집, 현장체험학습의 동선 확인 및 사후학습에 활용할 자료 및 내용 안내
② **현장학습**: 학습 활동 진행, 현장학습 진행 중 게임 형식으로 퀴즈, 미션 등을 해결하도록 구성하는 것이 효과적임

③ **사후학습**: 현장체험학습과 관련된 활동 진행, 예를 들어 역사 속 장소의 주인공이라 생각하고 가상 일기 쓰기로 습득한 학습 내용 점검

특수교육대상 학생들은 지역사회 안에서 자신의 연령대에 맞는 활동을 수행하는 데 어려움을 겪는 경우가 많다. 더욱이 사회과에서 주로 다루는 민주주의, 자본주의, 법, 인권, 사회, 문화 등과 같은 주요 개념은 추상적이므로, 초등학생이나 중학생 수준에서 그 의미를 제대로 파악하기가 쉽지 않다. 그러나 특수교육대상 학생들은 현장체험학습을 통해 직접 보고, 만지고, 조작하고, 조사하는 다양한 활동을 경험함으로써 개개인의 창의성, 자유성, 협동성을 기를 수 있다. 또한 이러한 경험은 학생들의 사회 적응 능력을 신장시키고 사회적 기술을 향상시키는 데 기여한다. 나아가 체계적인 현장체험학습은 안전의식을 고취하고, 말하기 능력, 자존감을 향상시키는 데 긍정적인 영향을 미친다.

현장체험학습은 강의실 수업의 교수 · 학습을 보완하며, 기능적 생활 중심 교육, 지역사회 통합, 일반화 과정의 측면에서 중요한 교육적 의미를 지닌다. 이는 학습에 대한 흥미와 관심을 유발하고 새로운 의미를 발견하며 종합적인 사고를 할 수 있다는 점에서 전인 교육을 할 수 있도록 한다. 따라서 학습 내용이나 학습 장소를 선정하고 현장체험학습의 효과와 관련된 활용 방안을 모색하는 것이 필요하다. 또한 현장체험학습은 다양한 교수 · 학습 전략을 적용하는 데 매개역할을 할 수 있으며, 최근에는 IT 기반으로 현장체험학습을 실시하기도 한다. 그러므로 현장체험학습 수업이 단순히 교실 밖에서 실시되는 것이 아니라, 교육적 측면에서 의미를 지닐 수 있도록 구체적인 학습 활동을 사전에 계획하고 구성하는 것이 중요하다.

4) 지도학습

지도는 실제의 모습이나 현상을 선별적이고 추상적으로 표상하는 기초적인 의사소통 수단으로, 넓은 지구 표면의 여러 가지 지리적 상황을 이해하고, 우리가 사는 공간의 지리적 상황까지도 파악할 수 있도록 한다. 지도는 지리교육에 있어서 가장

기본적인 도구이자 정보 전달의 매개체로, 사회과 학습에서 교재나 자료로서 큰 의미를 가진다. 그뿐만 아니라, 지도를 통해 정보를 수집하고 생각을 전달할 수 있는 역할을 한다. 또한 그 해당 지역에 대한 특징을 가시적으로 표현할 수 있는 도식적 언어와 상징적 표현으로 학습자들은 지도를 읽고 해석하는 학습을 통해서 자신들이 경험하거나 경험하지 못한 생활 모습을 지도에 표현할 수 있다. 또한 지도학습은 부분과 전체(part and whole)를 이해하는 데 중요한 것으로, 지도를 통해 생활공간의 모습을 파악하고, 지도에 그려진 사회를 이해하며 사고력이나 판단력을 키울 수 있다.

지도학습은 공간에 관련된 인지를 강화하면서, 직접 경험하지 않더라도 주변의 공간, 나아가 세계 각 나라의 상대적인 위치와 절대적인 위치를 지도를 통해서 익히고 학습할 수 있도록 한다. 학생들은 지도에서 다양한 정보를 해석하고 자신의 삶을 영위하는 데 필요한 요소를 찾아낼 수 있으며, 해석을 통해서 지리적 지식을 학습할 수 있게 된다. 지도를 이해하기 위해서는 지도 이해력, 지도를 통해 얻어진 정보를 해석하는 사고력과 판단력이 필요하다. 이런 지도학습은 다음 두 가지로 구분할 수 있다.

> ① **지도 자체의 원리와 요소 이해:** 지도의 본질과 목적을 이해하기 위한 것으로 방위, 위치, 축척, 기복의 표현, 기호 등을 이해하고 지역의 특성과 공간 분포 등을 해석하는 것
> ② **지도를 통해 지리적 사실과 개념학습:** 지도 도식과 관련된 인지 능력으로 지도에서 제시하는 지리적 분포를 파악하고 개념을 익히는 것

특수교육대상 학생들은 학습 경험이 부족하여 지표상의 여러 가지 현상을 이해하고, 기호, 등고선, 축척, 방위 등을 사용하는 데 어려움을 경험한다. 또한 장애로 인하여 야기되는 경험의 범위가 다양하여 개념 형성에 어려움을 보인다. 공간적 사고 및 인식 능력이 부족하여 공간적을 시각화하여 표현하는 데 제한점을 지닌다. 그러나 지도학습은 학생들에게 주변 환경과 사람에 대한 관심과 호기심을 자극하고, 공간구조를 구성하는 요소와 그 분포의 특징을 관계적 맥락에서 파악할 수 있도록 한다.

지도학습과 관련하여 최근에는 웹 기반 지도서비스, Web GIS를 활용한 지도개념

들이 강조되고 있다. 학생들은 이를 통해 수준별 자기주도학습을 할 수 있으며 다양
한 지리 정보를 결합하여 현장에서의 수업 활용도를 높일 수 있다. 따라서 지도학습
은 학습자들이 쉽게 조작할 수 있도록 구성되고, 실제 공간과 지도학습과의 관련성
을 찾을 수 있도록 해야 한다. 나아가 소프트웨어와 관련된 개발과 확산을 통해 활용
의 폭을 넓힐 수 있어야 한다.

5) 지역연계학습

지역(region)이라는 용어는 자연적, 문화적 특징을 지닌 동질 지역을 의미하지만,
행정 편의, 관습, 생활 편의 등이 복합되어 있는 행정구역을 가리키기도 한다. 또한
지역은 생산, 생활양식, 의식, 태도에 따른 범위와 구별되는 사회적 특징을 가진 지
역사회(community)를 의미하기도 한다. 사회과 교육에서 '지역화'의 개념은 사회과
의 학습 대상이 되는 사회적 사실과 현상을 학습자의 생활 주변에서 찾아 교재로 활
용하고, 학교의 여건, 학생의 심리적, 사회적 배경까지를 학습 내용에 편성하는 것을
뜻한다. 사회과에서 지역화학습은 학생들이 직접 지역사회를 학습하는 것으로 자기
가 살고 있는 지역의 자연환경, 인문 사회 환경 등에 대해 학습하는 '내용의 지역화'
와, 지역사회의 현상을 교재화 하여 학습하는 것으로 지역에 분포하고 있는 자원을
도구, 소재로 삼는 '방법으로서의 지역화' 학습으로 구분할 수 있다. 학습자는 지역
화를 통해 지역에 분포하는 지리적, 사회적, 역사적 현상과 사실 자체에 대하여 학습
할 수 있으며, 이를 통해 자신의 생활 주변의 현상과 자연들에 대하여 관심과 이해가
높아지고 지역사회에 적극적으로 참여하게 된다.

지역연계학습은 지역사회 연계 참여적 학습과 지역사회 연계 체험학습으로 구분
할 수 있으며, 이는 교과 지식 중심의 학교 교육의 한계를 극복하는 실천적이고 구체
적인 방안이다. 지역연계학습은 개인이 속한 장소와 지역을 바탕으로, 학습자가 거
주하고 생활하는 장소와 지역환경에서부터 학습을 시작하도록 한다. 지역연계학습
은 지역사회의 역사, 자연환경, 문화, 사회적 이슈 등의 인적 · 물적 자원을 활용하는
모든 것을 포함하며, 이를 통해 학습자들이 지역 구성원들과 활동하게 상호작용하

고, 적극적이고 능동적인 사회적 참여를 경험하도록 한다.

학습자들은 지역연계학습을 통해 다양한 지역 구성원들과 협력하여 지역 내에서 실질적으로 참여하는 경험을 쌓고, 지역사회 문제를 주체적으로 해결하면서 지역사회 구성원으로서의 시민성과 문제해결력을 기를 수 있다. 또한 사회적 기술과 태도, 시민성 함양 등 지역사회의 건강한 발전을 함께 모색할 수 있게 된다. 나아가 지역연계학습은 참여적 학습과 관련되며, 학습자 중심으로 개인적 의미를 넘어, 실천적인 역량을 함양할 수 있다. Melaville과 그의 동료들이 제시한 지역연계학습의 주요 특징은 다음과 같다.

---

① **지역 관련 의미 있는 콘텐츠**: 지역과 관련된 문제로부터 학습 시작 및 개인에게 의미 있는 실제적 문제 제시
② **개인 및 공공 목적의 연결**: 개인적 성취에서 나아가 공공의 목적으로 연결되는 학습 목표와 지역사회 발전을 위한 사회적 실천 방안 모색
③ **자기 의사와 선택**: 학습자의 의사결정을 존중하며 적극적인 참여를 독려하는 환경 조성
④ **평가와 피드백**: 지속적인 평가와 피드백, 학습 전 과정과 결과에 대한 성찰
⑤ **지역사회 자원과의 연결**: 지역사회와의 협력을 통한 자원 활용 및 관계 형성

지역연계학습은 학습자로 하여금 지역과 관련된 역사, 문화, 예술, 환경, 사람 등 인적 물적 자원을 토대로 자신과 관련된 구체적이고 실질적인 문제로부터 학습을 시작한다. 이를 통해 학습자의 동기를 향상시키고 학습에 적극적으로 참여하도록 하는 학습자 중심의 활동이다. 학습 전 과정에서 학습자는 자발적이고 주도적으로 학습을 수행하고, 개인적인 목적을 넘어 사회적 실천으로 학습을 수행할 수 있다. 지역연계학습이 교육현장에서 실질적이고 효과적으로 운영되기 위해서는 다양한 지역 기관 및 커뮤니티 간의 긴밀한 연계가 필요하다. 또한 교육과정 재구성을 통해 학교 밖 학습 자원과 통합하여 연계할 수 있는 환경을 마련해야 한다.

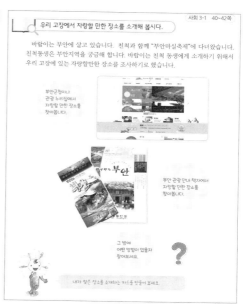

[그림 7-3] 지역연계학습 교재 예시

출처: 전라북도부안교육지원청(2021).

6) 인물학습

　　인물학습이란 인물 중심의 역사학습으로, 역사상 업적이 큰 인물에 대한 사항, 즉 그 인물의 가문, 성장 배경, 인성과 성격, 역사적 공헌도 등을 중점적으로 탐구하여, 해당 시대의 역사적 배경을 파악하게 하는 학습 방법이다. 인물학습은 '인물학습'과 '인물사 학습' 두 가지 용어로 구분할 수 있다. 인물학습은 '인물에 대한 학습'으로 역사 인물의 생애를 주제로 인간상, 업적, 의지 등 그 인물의 도덕적 가치관이나 인생관을 파악하여, 인간 형성에 도움을 주는 인물 그 자체를 학습하는 것을 의미한다. 인물사 학습은 '인물을 통한 학습'으로 역사 인물을 단순한 개인으로 파악하는 것이 아니라 인물로서 역사를 학습하는 방법으로, 그 인물이 활동한 시기의 시대적 배경과 특색뿐만 아니라 그 시대의 역사적 사실을 객관적으로 파악하는 학습 방법이다.

　　인물학습은 역사를 공부한다는 의미와 연결할 수 있으며 학습자들이 역사에 보다 친근하게 접할 수 있도록 돕고, 생생한 역사를 구체적으로 이해할 수 있게 한다. 인물은 역사 교육에서 무엇보다 학습자의 흥미와 관심을 불러일으킬 수 있는 중요한 교재로, 인물 교재를 활용한 학습은 학생들이 역사를 좀 더 가깝게 느끼게 한다. 또한 역사를 인간의 역동적인 삶의 여정으로 여김으로 학습 의욕을 고취하며 역사의식을 형성할 수 있게 한다. 인물학습은 역사학습의 흥미와 동기를 부여할 수 있는 가장 효과적인 방법 중의 하나로, 역사학습에 대한 학생들의 동기와 흥미를 유발한다. 또한 바람직한 가치관과 인간상을 형성할 수 있고, 과거 인물에 대한 간접체험을 통하여 역사적 인물을 보는 시각을 넓힐 수 있다. 역사 속 인물에 대해 학습하는 과정을 통해 역사적으로 사고하고 나아가 역사와 인간의 구조적인 관계 또한 학습할 수 있다. 인물학습은 과거의 인물이 형성한 사회 · 문화 · 구조 등을 학습할 수 있도록 하며 자기주도적으로 역사를 탐구하고 이해할 수 있게 한다. 이는 학습자가 적극적으로 학습 활동에 참여할 수 있게 하며, 올바른 가치관을 확립할 수 있도록 한다. 인물학습은 다음의 두 가지 접근법으로 구분한다.

① 분산적 접근법

분석적 접근법은 짧은 시간 동안 한 인물을 간략하게 다루는 방법으로, 수업을 진행하다가 교재와 관련된 인물이 나올 때 그 인물을 5분 내외로 교과서 내용보다 좀 더 보충해서 설명을 하고, 이후 계속해서 본시 수업을 진행해 나가는 방법이다. 이러한 분산적 접근법은 일방적인 강의식 수업 방법이 될 수 있어 인물학습의 목적인 인물에 대한 바른 이해와 역사적 탐구 활동을 저해할 수 있다는 제한점을 지닌다.

② 주제접근법

주제접근법은 인물과 관련된 주제를 선정하여 2~3차시에 걸쳐 인물탐구와 역사 규명에 집중해서 지도하는 방법이다. 이는 지식 위주의 수업에서 벗어나, 학습자 스스로 다양한 관점에서 한 인물을 깊이 있게 살펴볼 수 있기 때문에 역사적 탐구력과 사고력을 키울 수 있다는 이점이 있다. 이러한 주제접근법은 역사적 사고력을 성장하게 하며, 인물 탐구 과정을 통해 스스로 인물과 역사에 대한 가치 판단력을 함양할 수 있다.

　인물학습은 역사적 인물 교재에 친근감을 느끼는 동시에 학생들의 역사에 대한 관심과 흥미를 유발하여 특수교육대상 학생들에게도 효과적인 방법이다. 특히, 인지능력이 낮은 특수교육대상 학생들에게 인물학습을 실시하는 것은 인물에 대하여 맥락적 이해를 제공하여 학습 내용을 잘 이해하고 지속적으로 기억할 수 있도록 한다. 특수교육대상 학생들은 인물학습을 통해 학습자 중심의 탐구 활동을 수행할 수 있으며, 구체적인 사고를 통해 역사적 사고력과 창의력을 기를 수 있다. 그러므로 인물학습은 인물에 대한 서술을 결론적으로 제시하는 방식이 아니라, 학습자의 학습 수준에 적절한 인물을 선정하여 역사적 사고와 이해를 향상시킬 수 있도록 구성되어야 한다.

7) 국가유산 학습

　국가유산은 학생들에게 구체적인 탐구 과정을 경험하게 하며, 학생들에게 국가유산이 역사와 밀접하게 연결되어 있다는 것을 알려 주는 중요한 자료다. 국가유산 학습은 '국가유산에 관한 학습'과 '국가유산을 통한 학습'을 총칭하는 개념이다. 국가유산 학습은 세계시민교육의 관점에서 지역의 국가유산을 넘어서 국가유산을 보호하고 계승하게 하며 문화의 다양성을 보호하고 증진하는 태도를 길러 주는 역할을 한다. 이를 통해 학생들은 문화다양성을 존중하는 지적 역량과 사회정서적 공감 능력을 함양하고, 이를 행동으로 실천할 수 있는 능력을 지니게 된다. 나아가 학생들은 국가유산 체험으로 지역, 역사를 자연스럽게 접하게 되면서 국가유산에 관심과 흥미를 갖게 되며 긍정적인 인식을 형성하게 된다. 이를 통해 자신만의 역사적 가치와 의미를 발견하고, 문화적 정체성을 만들어 나간다.

　국가유산 학습은 국가유산 자체를 학습의 목적으로 하는 교과 내용학적 관점과 국가유산을 통해 조상들의 생활, 문화, 역사학습이 이루어지는 수단이나 소재로서의 관점으로 두 가지 형태를 모두 포함한다. 교과 내용학적인 관점에서의 국가유산 학습은 국가유산 그 자체의 사실적 정보를 파악하는 것에 중점을 두는 교육이다. 예를 들면, 우리 지역의 대표적인 국가유산을 알아보는 수업 활동과 세계문화유산에 지정된 우리나라 국가유산을 찾아보는 수업 활동 등이 이에 해당된다. 새로운 국가유산 교육에서의 국가유산교육은 국민의 정체성 확립과 더불어 지역사회에 대한 관심을 높이고 지역사회의 발전을 이끌어 내는 교육의 기능을 추가로 갖는다. 이렇듯 교과 내용학적인 관점과 수단이나 소재로서의 관점은 국가유산 교육의 큰 틀을 형성하며, 학생들이 국가유산에 대한 지식과 이해를 습득하고 국가유산에 대한 감성과 인식을 키울 수 있도록 한다. 이러한 국가유산 학습은 학습과 관련하여 세 가지 개념으로 구분할 수 있다.

① **국가유산에 대한 학습**

국가유산을 학습의 대상으로 하여 특정한 형태의 국가유산에 대해 학습한다는 교과 내용학적 관점의 접근 방법이다.

② **국가유산을 통한 학습**

조상들의 생활, 문화, 역사학습이 이루어지는 수단이나 매개체로서 국가유산을 활용하여 학습한다는 의미이다.

③ **문화 행하기**

국가유산에 대한 만들기 체험, 국가유산 따라 배우기 등을 통해 문화 창조의 과정에 학습자가 참여하고, 문화의 의미를 구성하며, 학생 스스로 행복감을 느끼고 자기 자신의 존재를 깨달을 수 있는 높은 수준의 학습이다.

국가유산 학습은 학생들에게 역사적 자료를 직접적으로 다루면서 탐구의 과정을 경험하도록 한다. 국가유산 학습은 특히 개념 형성이 어렵고 수동적인 특성을 지닌 특수교육 대상 학생들에게 유물, 유적 등의 자료를 활용하여 개념을 형성할 수 있도록 하며, 학생들의 능동적인 참여를 유도한다. 학생들은 국가유산을 학습 자료로 활용함으로 역사적 또는 일반적 기능과 개념을 형성하고, 실제감 또는 현실감을 형성할 수 있다. 또한 인지적인 어려움을 가지고 있거나 학습에 어려움을 가지고 있는 학생들에게 구체적인 경험을 제공하여, 주어진 문제를 논리적으로 해결할 수 있도록 지원함으로써 학습 효과를 높일 수 있도록 한다.

국가유산 학습은 전통과 국가유산을 보존하고 계승하며 발전시킬 수 있으며, 교사와 학생들에게 다양한 교육 경험을 제공할 수 있다. 따라서 국가유산 학습은 수업을 통해 국가유산의 가치와 성격을 충분히 이해하고 다양한 수업 방법을 학습할 기회를 제공해야 한다. 또한 국가유산 관련 영상물 제공, 실물이나 모형을 활용한 국가유산 체험 기회를 확대, 융합수업 등 적극적이며 내실 있는 국가유산 학습 방안이 마련되어야 한다. 국가유산은 실제로 보고 느낄 수 있으며 역사적인 가치가 담겨 있기 때문에, 국가유산을 적극 활용하여 효과적인 수업을 실시하는 것은 중요한 교수 · 학습 전략이 될 수 있다.

이 장을 요약하면 다음과 같다. 사회교과에서 교수 · 학습 방법은 학습자에게 사회참여의 기회를 제공하며, 학습자의 시간 · 공간 · 사회의식의 발달과 연계하여 구성되고 다양한 관점을 반영하도록 지도해야 한다. 또한 특수교육대상 학생들이 기본 생활 능력과 습관을 기르고, 사회 · 문화적 경험을 바탕으로 독립적이고 능동적인 사회구성원으로서의 필요한 기술과 능력을 함양하는 방향으로 이루어져야 한다.

사회과 교수 · 학습 방법은 학생들이 실제적 상황을 학습 내용으로 선정하고 사회참여 기회를 제공하여 실생활에서 일반화가 가능하도록 하여야 한다. 개념학습 모형은 학습자가 개념을 쉽고 정확하게 이해하도록 하는 모형으로 사회적 상황과 사물을 이해하고 사고력을 향상시키는 데 중점을 둔다. 문제해결학습은 일상생활에서 부딪히는 문제를 다루며, 사회 기능 중심으로 학습하도록 한다. 탐구학습은 개방된 학습 분위기 속에서 학습자가 적극적으로 다양한 자료를 통해 일반화된 지식을 도출하는 과정을 경험하게 한다. 프로젝트 학습은 학습자들이 프로젝트 과업에 몰입하는 과정에서 자율적으로 역량을 발전시켜 나가는 교수 · 학습 방법이다. 마지막으로, ICT의 활용 학습은 학습자의 주도적 참여를 가능하게 하는 방법으로 효과적인 수업 목표 달성을 위해 자료를 활용하는 데 효과적인 방법이다.

사회과 교수 · 학습 전략은 특수교육대상 학생이 수업 내용과 주제를 적절하게 학습하는 데 활용할 수 있도록 한다. 지역사회중심교수는 특수교육대상 학생이 지역사회 구성원으로 의미 있는 삶을 살아가도록 돕는 방법이다. 극화학습은 역할학습으로 이야기를 활용하여 제시된 맥락 속에서 자신의 경험과 맥락을 비교하며 의미를 구성하도록 한다. 현장체험학습은 학교 밖에서 학생들이 자연적, 사회적 현상을 직접 체험하여 주변 생활에 관심과 흥미를 갖게 한다. 지도학습은 주변의 공간과 세계 각 나라의 위치를 지도를 통해서 학습할 수 있도록 한다. 지역연계학습은 지역화라고 하며 지역사회 구성원으로서의 시민성과 문제해결력을 기를 수 있도록 한다. 인물학습은 역사적 인물 교재에 친근감을 형성하는 동시에 학생들의 역사에 대한 관심과 흥미를 갖도록 한다. 국가유산 학습은 학생들이 역사적 자료를 직접적으로 다루면서 직접적으로 탐구의 과정을 경험하도록 한다.

 논의해 볼 문제

1. 장애 유형별로 사회과 교수 · 학습 적용 방안을 구체적으로 작성해 봅시다.

2. 교수 · 학습 전략을 한 가지 선택하여 특수교육대상 학생에게 실제 수업 시간에 활용 가능한 교수 · 학습 과정안을 작성해 봅시다.

 참고문헌

교육부(2015). 2015 초등학교 사회과 교육과정. 교육부 고시 제2015-74호.

박윤정, 강은영, 박남수(2012). 장애학생을 위한 국내 사회과 교육 연구 동향. 특수교육학연구, 47(2), 357-384.

박윤정, 한경근(2014). 초등 사회 및 과학과 교수적 수정 적용 연구 분석. 특수교육저널: 이론과 실천. 15(2), 85-107.

백영서, 김진호(2020). 가상현실(VR) 기반 지역사회 모의교수가 지적장애학생의 패스트푸드점 이용 기술에 미치는 효과. 특수교육학연구, 55(2), 109-135.

양영모, 허동희, 노진아(2014). 지역사회중심교수 적용 국내 단일대상 연구 동향 및 평가지표에 의한 분석. 지적장애연구, 16(4), 283-314.

이미경, 한경근(2012). 중도장애학생의 기본교육과정 사회과 교육의 실제에 관한 특수교사의 인식. 특수교육연구, 19(1), 51- 73.

전라북도부안교육지원청(2021). 우리고장 부안: 3학년. 전북교육 2021-159.

정대영, 오태윤(2019). 지적장애아동의 지역사회 적응기술 향상을 위한 지역사회 중심 체험학습 프로그램 개발 및 적용 가능성 탐색. 특수교육학연구, 54(3), 249-275.

조수현, 김은경(2009). 초등특수학급교사와 특수학교교사의 지역사회중심교수에 대한 실태 및 인식 비교. 특수교육저널: 이론과 실천, 10(4), 149-178.

제**8**장

사회과 평가

학습 목표

1. 사회과에서 평가의 목적과 내용을 알 수 있다.
2. 사회과에서 사용되는 지필평가와 수행평가를 하위 유형별로 설명할 수 있다.
3. 사회과에서 사용되는 평가 방법을 장애의 특성에 맞게 조정할 수 있다.

핵심 용어

지필평가, 수행평가, 구술시험, 토론법, 면접법, 관찰법

사회과에서 평가는 학생들이 배운 내용을 얼마나 잘 이해하고 적용할 수 있는지를 측정하는 과정이다. 전통적인 평가는 주로 객관식 시험으로 이루어졌으며 사실과 개념을 암기하고 이해하는 것에 중점을 두었다. 또한 교사 중심의 평가가 이루어졌다. 그러나 시간이 지나면서 사실과 개념뿐만 아니라 기능, 태도 등을 통합해서 평가하는 것을 강조하고 있으며, 학습 과정 자체를 평가하는 데 가치를 두게 되었다. 또한 각 학생의 진전도나 발전을 중요시한다. 우리는 특수교육대상 학생의 성취도를 평가할 때 학생이 개별화된 목표에 도달하였는지를 평가하며, 결과보다는 학생의 진전도를 평가하는 것을 중요시한다. 이러한 측면에서 사회과에서의 지향하는 평가 방향은 특수교육대상 학생들의 평가 방향과 같다고 할 수 있다.

　　다음에서는 평가의 의미와 내용을 살펴보고, 평가 내용에 맞추어 다양한 평가 방법을 살펴본다. 평가 방법으로는 지필평가와 수행평가를 살펴보고, 수행평가의 구체적인 유형 및 사례를 제시한다.

1. 평가의 의미와 내용

1) 평가의 의미

교육 평가는 학생의 성취도를 평가하는 것이다. 여기에서 평가의 준거는 교육 목표이며, 교육 평가를 통해 학생이 교육 목표를 달성했는지 검토하고 판단한다. 그러나 교육 목표가 교육 평가로 이어지는 과정에서는 내용 선정, 지도 방법, 학생의 요구 및 특성을 고려하게 된다. 따라서 교육 평가는 교육 목표, 내용 선정, 지도 방법에 대한 평가를 모두 포함하며, 학생의 능력이나 학생들이 필요로 하는 것에 대한 검토 과정도 포함한다. 평가는 교수 설계의 절차 내에서 다음과 같이 제시해 볼 수 있다.

> '교육과정에 제시된 사회과의 목적·목표 해석 → 구체적인 성취기준 구안 → 교육할 내용 구성 → 교수·학습 → 평가 기준 개발 → 평가 → 평가 자료를 활용한 목표 수정'

사회과에서도 학습 목표와 학습 내용을 정하고, 교수·학습 과정을 거친 다음, 목표 달성 여부에 대해 평가한다. 공통교육과정에서의 사회과 목표는 사회 현상에 관한 기초 지식을 익히고, 개념과 원리를 발견하고 탐구하는 능력을 익혀 우리 사회의 특징과 세계의 여러 모습을 종합적으로 이해하는 것이다. 또한 현대 사회의 문제를 창의적, 합리적으로 해결하는 데 적극적으로 참여하는 능력과 태도를 길러 시민으로서의 자질을 기르는 것을 목표로 한다(교육부, 2022a).

기본교육과정에서는 학생의 교육적 요구에 맞는 다양한 사회·문화 생활을 경험하고 사회 참여를 통해 민주시민으로서 가치와 태도를 기르는 것을 목표로 한다. 구체적으로는 학생이 실제 삶의 맥락에서 주체적 삶의 태도를 길러 가는 과정, 사회적 상호작용을 하고 사회적 관계를 형성해 가는 과정 그리고 사회 현상에 관심을 두고 시민의 책임과 권리를 경험하는 것을 평가 목표로 한다(교육부, 2022b). 두 가지 교육과정을 비교해 보면, 모두 사회과 학습을 통해 시민으로서의 능력과 태도를 개발하는 데 중점을 둔다는 공통점이 있다. 그러나 공통교육과정은 이론적 지식과 문제해결 능력을 기르는 것에 중점을 두는 반면, 기본교육과정은 학생들의 개인적 요구에 따라 경험과 사회참여를 통한 실천적 학습에 중점을 둔다는 차이점이 있다. 〈표 8–1〉에서는 공통교육과정과 기본교육과정에서의 평가 방향을 제시하였다.

〈표 8-1〉 공통교육과정과 기본교육과정의 평가 방향

공통교육과정	기본교육과정
(가) 사회과 평가는 교육과정에 제시된 목표와 내용, 교수·학습 방법과의 일관성을 유지하도록 한다.	(가) 학생이 생활연령과 교육적 요구에 적합한 다양한 사회생활 경험을 향유하였는가를 평가의 핵심 방향으로 설정한다.
(나) 사회과 평가는 교육과정에 제시된 목표와 내용을 준거로 하여 추출된 평가 요소에 따라 이루어지도록 한다.	(나) 학생이 삶의 실제적 장면에서 학습하고 성장하는 것을 돕기 위해 학습 과정 및 수행에 관한 '지식·이해' '과정·기능' '가치·태도'를 종합적으로 아우르는 과정을 중시하는 평가를 적용한다.
(다) 평가는 개개인의 학습 과정과 성취수준을 이해하고 성장을 돕는 차원에서 실시한다.	(다) 성취기준은 개별 학생의 교육적 요구에 따른 활동 특성을 고려하여 평가 준거를 개별화한다.
(라) 학습 과정 및 학습 수행에 관한 평가가 이루어지도록 한다.	(라) 다양한 평가 요소와 방법을 적용한 다면적 평가로 학생의 교육적 요구에 맞춤화하고 사회적 타당도를 높인다.
(마) 평가 요소는 지식·이해에만 치우쳐서는 안 되며, 과정·기능과 가치·태도를 균형 있게 선정한다.	(마) 디지털 테크놀로지를 적용한 수업 등 디지털 교육 환경에 적합한 다양한 평가 방법을 적용한다.
(바) 지식·이해의 평가에서는 사실적 지식의 습득 여부와 함께 사회 현상의 설명과 문제해결에 필수적인 기본 개념 및 원리, 일반화에 대한 이해 정도 등을 평가하는 데 중점을 둔다.	(바) 백워드 방식의 평가 설계를 통해 교육과정과 교수·학습 활동을 연계하고 통합하여 평가와 일관성을 유지한다.
(사) 과정·기능의 평가에서는 지식 습득과 민주적 사회생활을 하는 데 필수적인 정보 수집 및 활용 기능, 탐구 기능, 의사결정 기능, 비판적 사고 기능, 의사소통 기능, 참여 기능 등을 평가하는 데 초점을 둔다.	
(아) 가치·태도의 평가에서는 국가·사회적 요구와 개인적 요구에 비추어 가치의 내면화와 명료화 정도, 가치 분석 및 평가 능력, 공감 능력, 친사회적 행동 실천 능력 등을 평가하는 데 중점을 둔다.	

공통교육과정	기본교육과정
(자) 다양한 학습자의 유형과 특성을 고려한 맞춤형 평가 방안을 모색한다. (차) 디지털 교육 환경에서의 다양한 평가 방법을 탐색하고 디지털 도구를 활용한 평가 방안을 마련한다.	

2) 평가의 내용

교육과정의 내용 체계는 크게 '지식·이해' '과정·기능' '가치·태도'로 구성되어 있다. 사회과 역시 동일한 내용 체계를 갖추고 있으며, 이에 따라 평가 요소도 '지식·이해' '과정·기능' '가치·태도'로 구성되어 있다. 첫 번째로 '지식·이해'에서는, ① 사회 현상의 이해, 지리와 사회과학의 기본 개념 및 원리, 일반화에 대한 습득 정도, ② 현대 사회의 현상과 특성에 대한 통합적·종합적 이해 정도, ③ 인간 행위와 사회 환경에 대한 다양한 관점의 이해와 수용 정도 등을 측정한다. 두 번째로 '과정·기능'에서는, ① 지리적 현상, 사회 현상을 탐구하는 데 필요한 각종 정보와 자료를 수집·분석·활용하는 능력, ② 지역, 국가, 인류의 당면 문제해결과 관련된 의사결정력 및 실천 능력 등을 측정한다. 세 번째로 '가치·태도'에서는, ① 사회적으로 바람직하고 수용 가능한 가치의 탐색 및 사회의 기본 가치에 대한 이해와 존중, 공감 능력, 친사회적 행동의 실천, ② 문제해결 과정에서의 상호 협력 및 참여 태도, ③ 사회과의 기본 지식에 대한 이해를 확장하는 학습자의 흥미, 관심, 학습 동기와 습관 등을 측정한다.

한편, 기본교육과정에서는 학생이 삶의 장면에서 학습하고 성장하는 것을 돕기 위해 학습 과정 및 수행 능력을 평가하는 것을 원칙으로 하며, '지식·이해'에서는 사회과에서 제시된 정보에 대해서 알고 이해하는 능력을 평가하고, '과정·기능'에서는 살펴보기, 조사하기, 행동 및 실천하기 등의 수행 능력을 통해 평가한다. 또한 '가치·태도'에서는 마음, 흥미, 관심과 태도, 실천 의지를 보이는지에 대한 관찰 등을 통해 평가한다.

　다음 표에서는 각 평가 요소별로 나누어 전반적인 평가 내용을 제시하고, 사회과 하위 교과별로 구체적인 평가 내용을 제시하였다. 〈표 8-2〉에서는 공통교육과정의 평가 내용을 제시하였고, 〈표 8-3〉에서는 기본교육과정의 평가 내용을 제시하였다.

〈표 8-2〉 공통교육과정 평가 내용

목표 영역	평가 내용 및 하위 과목별 사례
지식	• 지역의 지리적 특성, 자연환경과 인간의 상호작용, 인구 분포와 문화 다양성 등에 대한 이해 • 정치적 이념과 원리, 법의 의미와 역할, 경제적 개념과 시장 메커니즘에 대한 이해 • 사회적 변동, 역사적 사실과 지역사, 한국사의 주요 사건과 변화에 대한 이해
	• **지리 인식**: 위치와 영역, 장소와 지역, 공간을 나타내는 지도에 대한 지식 및 이해 • **자연환경과 인간생활**: 기후 특성과 그 영향, 지형 경관과 인문환경의 상호작용 이해 • **인문환경과 인간생활**: 인구 분포와 지역별 인구 특징, 다양한 문화와 도시의 유형, 도시와 촌락의 특징, 경제 활동과 교통·통신의 영향 이해 • **사회·문화**: 사회적 지위와 역할, 문화의 다양성 이해, 사회 변동 양상과 특징 이해 • **역사 일반**: 역사의 시간 개념, 변화와 지속(지역, 교통, 통신, 풍습), 역사 탐구 방법 알기
기능	• 지도와 공간 자료를 활용한 분석, 자연환경과 인문환경 조사, 정치적 및 법적 문제해결 방안 모색 • 경제현상 분석, 사회적 및 문화적 문제의 조사, 역사적 질문 생성 및 사실 분석
	• **지리 인식**: 생활 주변의 주요 장소 조사, 지리 정보 수집하고 비교분석하기 • **자연환경과 인간생활**: 기후 특징 탐구하기, 지도, 기후 그래프, 사진 활용하여 세계의 다양한 기후 비교하기 • **인문환경과 인간생활**: 도시 문제를 파악하고 해결 방안 탐구하기, 문화 변동, 도시 및 촌락의 유형과 변화 분석하기 • **사회·문화**: 문화 다양성으로 인한 문제해결, 사회변화의 양상과 특징 조사하기 • **역사 일반**: 역사적 질문 생성하기, 신뢰성 있는 역사 정보 선택, 분석, 추론하기
가치·태도	• 지리적 정보와 자연환경에 대한 감수성, 정치적 과정과 법적 쟁점에 대한 존중 • 경제활동과 사회적 변동에 대한 적극적 참여, 다양한 문화와 역사적 사실에 대한 존중과 성찰

목표 영역	평가 내용 및 하위 과목별 사례
	● 지리 인식: 장소에 대한 경험 공감 및 장소에 대한 감수성, 자신의 생활공간에서 일어나는 일에 대한 관심 ● 자연환경과 인간생활: 자연환경에 대한 감수성, 기후변화 대응에 대한 관심 ● 인문환경과 인간생활: 여러 국가의 다양한 인구 특징에 대한 관심, 도시문제해결을 위한 실천 노력, 교통과 통신의 변화에 따른 미래 사회에 대한 호기심 ● 사회 · 문화: 문화 다양성을 존중하는 태도, 사회변화에 주체적으로 대응하는 태도 ● 역사 일반: 역사에 대한 관심과 흥미, 타인의 역사적 해석을 존중하는 태도

〈표 8-2〉 기본교육과정 평가 내용

목표 영역	평가 내용 및 사례
지식 · 이해	● 나의 삶: 자신에 대한 이해, 나의 특징과 생활 속 선택 등에 대한 지식 ● 관계의 삶: 가족, 이웃, 친구와의 관계 알기, 가정과 학교에서의 생활 예절 알기, 일상에서의 역할과 책임 알기 ● 시민의 삶: 우리 지역의 자연환경과 인문환경, 우리 지역과 여러 지역 사람들의 경제생활에 대한 이해, 다양한 문화 활동 알기, 학교의 생활 규칙, 민주적 생활 태도 알기
과정 · 기능	● 나의 삶: 자신의 모습 살펴보기, 원하는 활동이나 물건 선택하기, 상황에 맞게 주장하기 ● 관계의 삶: 가족과 이웃이 사이좋게 지내는 모습 관찰하고 사이좋게 지내기, 학교에서, 이웃에게 예의 바르게 행동하기, 다양한 사회적 관계 형태 조사하기 ● 시민의 삶: 우리 지역의 사연 및 인문환경 특징 조사, 설명하기, 우리 지역의 경제생활 모습 살펴보기, 우리 가족의 변화 모습 살펴보기, 지역의 문화 활동 체험하기, 학교생활 규칙 살펴보기, 일상에서 민주적 생활 모습 실천하기
가치 · 태도	● 나의 삶: 나를 소중히 하는 마음, 선택을 중요하게 여기는 태도, 자기 결정 실천 의지 ● 관계의 삶: 가족과 타인을 소중히 여기는 마음, 정직하고 성실한 태도, 가정과 학교에서 예의 바른 태도, 사회적 관계 형성 의지 ● 시민의 삶: 이웃의 생활 모습에 대한 관심, 우리 지역의 경제 활동에 관한 관심, 가족의 변화 모습에 관한 관심, 문화 활동 참여의 즐거움, 민주적 생활 태도와 시민 의식, 학교 규칙을 지키려는 태도, 민주적인 생활 태도 실천 의지

2. 평가 방법

사회과의 평가는 교육과정에 제시된 목표들을 준거로 하여 추출된 각 평가 요소, '지식·이해' '과정·기능' '가치·태도'에 따라 이루어진다. 그러나 평가 요소들은 지식 영역에만 치우치지 않고, 기능과 가치 영역을 동시에 고려하는 종합적이고 균형 있는 평가가 이루어진다.

평가 방법은 크게 두 가지, 즉 '지필평가'와 '수행평가'로 나누어 볼 수 있다. '지필평가'에는 선택형 평가와 서답형 평가가 있다. 그리고 '수행평가'에는 구술시험, 토론법, 면접법(인터뷰), 연구보고서법, 포트폴리오, 프로젝트, 관찰법 등 다양한 방식의 평가가 있다. 반면에 최근에는 학생을 평가의 과정에 참여시켜서 스스로 자신의 학습 활동 과정과 학업의 성취도를 자율적으로 평가하는 수행평가의 방식이 활용되기도 한다. 이처럼 학생이 스스로 평가하는 방식으로는 '자기 평가법'과 '동료 평가법'이 있다. 사회과의 평가 유형과 방법은 〈표 8-3〉에 제시하였다.

〈표 8-3〉 사회과의 평가 유형과 평가 방법

평가 유형		평가 방법
교사의 평가	지필평가	● 선택형 평가: 진위형, 선다형, 연결형 검사 ● 서답형 평가: 단답형, 완성형, 서술형 검사
	수행평가	● 구술시험, 토론법, 면접법, 관찰법, 포트폴리오, 연구보고서법 등
학생의 수행평가		● 자기 평가법 ● 동료 평가법

출처: 박상준(2018), p. 270.

1) 지필평가

(1) 선택형 평가

선택형 평가의 경우, 지식(예: 사회적 사실, 역사적 사건, 지리적 특성)이나 법칙을 이해하고 있는지를 평가하는 데 유용하다. 또한 지식 습득 외에도 이론, 사회적 현상과 같은 개념이나 일반화의 이해 여부 등도 선택형 문항을 통해 평가할 수 있다. 선택형 문항의 대표적인 평가 방법으로는 진위형 문제(참/거짓), 선다형 문제, 연결시키기 문제가 있다.

첫째, 진위형 문제는 제시된 진술의 옳고 그름을 판단하는 문제다. 이 유형은 학생들이 특정 사실이나 이론에 대한 정확하게 이해하고 있는지 평가하는 데 적합하다. 평가 방식은 하나의 진술문을 제시하고, 옳음(○) 혹은 그름(X)으로 판단하게 하는 것이다. 이 유형은 오개념이나 잘못된 것을 알아내기 쉽다는 장점으로 인해 특수교육대상 학생들 중 인지 수준이 낮은 학생들의 지식을 평가하는 방법으로 종종 사용된다. 예를 들어, 식사 시간에 나타나는 행동을 하나씩 제시하고, '식사 예절인 것과 아닌 것'을 고르는 문항 등이 있다. 반면, 추측에 의해 우연히 정답을 할 가능성이 높다는 단점이 있다.

둘째, 선다형 문제는 가장 흔히 사용되는 형태로, 여러 개의 선택지 중에서 정답을 고르는 방식이다. 선다형 문제는 진위형 문제에 비해 우연히 답을 맞힐 확률이 좀 더 낮다. 이 유형은 단순 지식에서 고급 사고까지 다양하게 측정할 수 있다는 장점이 있으나, 문제를 만들기 어렵다는 단점이 있다. 선택지가 여러 개 있기 때문에 의도와는 달리 정답에 대한 힌트를 줄 수 있다.

셋째, 연결형(매칭) 문제는 두 개의 목록이 주어지고, 한 목록의 항목을 다른 목록의 관련 항목과 연결하는 방식이다. 예를 들어, 중요한 역사적 인물들을 그들의 업적이나 사건과 연결하는 것이다. 이 방식은 학생들의 연관 지식을 평가하는 데 유용하다. 특수교육대상 학생들의 경우, 스스로 지식을 말로 혹은 글로 표현하는 것이 어렵지만, 진위형 문항을 사용하는 학생들에 비해 높은 인지 수준을 보이는 학생들에게 사용되곤 한다. 또한 수업 시간에 학습지에도 종종 활용된다.

(2) 서답형 평가

서답형 평가는 선택지를 제시하지 않고 질문에 대한 자신의 지식, 이해도를 글로 서술하여 답변하는 평가 방법이다. 선택형 문항은 관련 지식 없이 추측에 의한 답변이 가능하므로 학생들의 지식을 정확하게 측정하는 데 한계가 있다. 반면, 서답형 평가는 학생들이 정확하게 이해해야만 답변을 할 수 있으며, 따라서 보다 정확한 평가가 가능하다. 또한 학생들의 전반적인 이해도나 사고 능력을 평가하는 데도 유용하다. 서답형 평가에는 크게 단답형, 완성형, 서술형 문제가 있다.

첫째, 단답형 문제는 주어진 질문에 짧게 답변하는 방식으로, 하나의 단어부터 한 문장 정도로 답한다. 이 유형은 사회과에서 알아야 할 용어, 중요한 사실, 기본 개념 등을 평가할 때 유용하게 사용할 수 있다. 단답형 문제의 장점은 추측에 의한 정답을 방지할 수 있으며, 교사의 관점(예: 수업에서 강조한 내용)을 잘 반영한다. 단점은 예상치 못했던 답이 나오는 경우가 있으므로 명확한 정답이 있는 문제를 만들어야 한다. 특수교육대상 학생을 위한 단답형 문제의 예로는 '공공기관의 사례를 말해 보세요./적어 보세요.'라고 하면 답은 '우체국' '도서관' '경찰서' 등이 될 것이다.

둘째, 완성형 문제(빈칸 채우기)는 문장이나 단락에서 중요한 단어나 구절이 빠져 있고, 학생에게 빈칸을 적절한 단어나 구절로 채워 넣어 문장/단락을 완성하게 하는 방식으로 이루어진다. 완성형 문제 역시 사회과에서의 기본적인 지식이나 개념을 이해하고 있는지를 평가할 때 사용한다. 또한 개념 간의 관계나 개념을 일반화시킬 수 있는지에 대해서도 평가할 수 있다. 완성형 문제는 단답형 문제와 유사한 장·단점을 가지고 있다. 완성형 문제의 경우, 특히 답이 모호한 문제를 만들 가능성이 높다는 점에 유의해야 한다. 따라서 간결하고 명확한 답을 요구하는 문항을 개발해야 한다. 예를 들면, 완성형 문제의 좋지 않은 예로는 '세계에서 (　　)가 가장 많은 나라는 중국이다.'이고, 이를 수정하면 '세계에서 인구가 가장 많은 나라는 (　　)이다.'가 될 것이다. 특수교육대상 학생을 위한 완성형 문제의 예로는 단순한 지식을 평가하는 예시 문항으로는 '우리나라의 수도는 (서울)이다.'가 있다. 개념 간의 관계, 즉 비슷한 개념 간의 차이를 알고 있는지 평가하는 예시 문항으로는 '권리는 우리가 법적, 사회적으로 요구할 수 있는 것이다. 예를 들면, 나는 학교에서 배울 수 있는 권리가 있다.

반대로 우리가 법적, 사회적으로 지켜야 하는 책임은 (의무)라고 부르며, 그 예로는 내가 학교에 출석해야 하는 것이 있다.' 이러한 문제에 답하기 위해서는 단순 암기를 넘어서서 개념에 대한 이해가 바탕이 되어야 한다. 그리고 개념에 대한 이해와 함께 실제 문장/상황에서 적용하는 능력을 갖추고 있어야 한다.

셋째, 서술형 문제는 사회적 개념, 사실, 현상에 대해 학생이 알고 있는 혹은 이해하고 있는 지식이나 생각을 한 개 이상의 문장으로 서술하는 방식으로 이루어진다. 이러한 형식은 학생이 이해하고 있는 것을 자신의 언어로 표현하는 것이므로, 학습한 내용에 대한 전반적인 이해도를 평가하는 데 유용하며, 문제해결 능력이나 비판적인 사고력과 같은 사고력을 평가하는 데도 사용할 수 있다. 서술형 문제의 예시로는 '공공기관의 특징을 설명하시오.' '직업 선택의 기준을 설명하시오.' 등이 있다.

연구자들은 지필평가가 교사가 전달한 지식을 학생이 암기해서 응답하는 형식이라고 비판하면서 그에 대한 대안으로 '수행평가'과 '과정평가' 등을 제시하였다. 〈표 8-4〉는 지필평가와 대안적 평가 방식을 비교·분석한 것이다.

〈표 8-4〉 지필 평가 방식과 대안적 평가 방식의 비교

구분	지필 평가	대안적 평가
학습 개념	교사의 전달과 학습자의 암기 중심	학생의 능동적 이해와 의미의 구성
평가 내용	객관적 지식	학습의 과정 및 사고력과 행동의 변화
평가 방법	선택형 평가, 서답형 평가 등	수행평가, 과정 평가 등
교사 역할	지식의 전달자	학습의 안내자·조력자
학생 역할	지식의 수용 지식의 재생	지식의 능동적 이해와 구성 지식의 창조

출처: 박상준(2018)을 참고하여 작성.

2) 수행평가

'수행평가'는 보통 학생 스스로 자신의 지식이나 기능을 나타내도록 답을 구성하

고, 발표하고, 산출물을 만들고, 직접 행동으로 나타내도록 요구하는 평가 방식이다. 이러한 수행평가는 학습 목표의 성취도를 종합적으로 측정하며, 교수·학습 과정을 개선하는 자료로 활용하는 데 의의가 있다.

(1) 사회과 수행평가의 의미

사회과 평가를 적절하게 실시하기 위해서는 '합목적성' '효율성' '공정성'이라는 세 가지 주요 준거를 고려해야 한다. 이들은 서로 상보적이면서도 상반되는 관계를 가지고 있으므로, 한 요소를 중심으로 다른 요소들을 포함시키는 방향으로 접근할 필요가 있다. 과거의 사회과 평가는 공정성과 효율성에 중점을 두었으며, 주로 선다형이나 단답형과 같이 정답이 명확한 지필 평가에 초점을 맞췄다. 이로 인해 교육의 본질을 추구하는 '합목적성'은 상대적으로 소홀히 다루어졌다.

이러한 문제를 극복하기 위해, 이후 평가 방향은 합목적성을 기본 전제로 삼고, 이를 기반으로 다른 준거를 고려하는 방향으로 전환되었다. 즉, 합목적성에 초점을 맞춘 수행평가를 실시하기 시작하였다. 사회과 수행평가의 효과적인 시행을 위해서는 학생들이 다양한 사회적 상황에 직면하고, 그 상황을 해결하는 과정을 경험하게 하는 것이 중요하다. 이를 통해 학생들은 실제 사회에서 발생할 수 있는 문제에 대처하고 해결하는 능력을 기르게 된다. 사회과의 목표가 시민적 자질을 육성하는 데 중점을 두고 있으므로, 다른 교과에 비해 사회과의 수행평가는 특히 중요한 의미를 지닌다(김정호 외, 1999).

사회과 수행평가를 통해 교육 목표인 '지식·이해' '과정·기능' '가치·태도'를 평가하는 것은 학생들에게 사회과의 기본 지식과 민주시민으로서 필요한 지식을 평가하는 데 유용하다. 사회과 지식은 단순히 암기할 내용이 아니라, 사회적 상황에서 적용되고 실생활에 활용될 수 있는 살아 있는 지식이다. 이러한 지식의 습득과 적용 과정을 평가하기 위해서는 실제 사회적 상황을 제시하고 학생들의 반응과 행동을 평가하는 수행평가가 필요하다.

수행평가는 또한 사회에서 요구되는 여러 기능들을 평가하는 데도 적합하다. 이 기능들에는 정보 수집 및 활용, 탐구, 의사결정, 문제해결, 집단 참여 기능 등이 있다. 이러한 기능들은 실제 상황에서의 적용과 실천 과정을 중시하며, 전통적인 평가 방법으로는 측정하기 어렵다. 수행평가를 통해서만 이러한 기능들을 적절히 평가할 수 있다.

사회과 교육의 핵심은 사회 현상에 대한 이해와 그 안에 내재된 가치의 탐구에 있다. 사회 현상은 자연 현상과 달리 가치적 측면을 포함하고 있다. 가치 탐구는 지식 탐구와 통합되어 학생들의 합리적 의사결정 능력 개발에 기여한다. 가치와 태도 영역의 평가는 전통적 방법으로는 어렵지만, 다양한 수행평가 상황을 통해 학생들의 가치관과 태도를 자극하고 평가할 수 있다. 이런 맥락에서, 수행평가는 사회과 교육의 중요한 평가 방법으로 간주될 수 있다.

(2) 사회과 수행평가의 절차

수행평가를 분석해 보면 기본 구성 요소가 있으며, 이를 통해 핵심적인 절차와 단계를 확인할 수 있다. 학자들은 수행평가의 절차를 자신들의 의견에 따라 여러 단계로 쪼개어 발표하였는데, Airasian(1994)에 따르면, 수행평가는 일반적으로 '평가 목적 설정' '수행 기준 파악' '수행 여건 및 상황 제공' '채점 또는 평가' 활동을 포함한다고 하였다. 또한 Rudner와 Boston(1994)은 수행평가의 주요 절차를 다음의 일곱 단계로 제시하였다. '① 바람직한 목적과 목표 확인, ② 기준 설정, ③ 자원 파악(수행 여건 및 상황 파악), ④ 수업 설계 및 진행(수행과정은 수업과정에 포함시킴), ⑤ 평가과제 설계, ⑥ 채점방법 설계, ⑦ 후속 절차 확인' 단계이다.

이에 최용규 등(2014)은 여러 학자의 의견을 종합하여 수행평가 절차를 네 가지 활동, 즉 '학습과제 분석하기' '수행과제 선정/개발하기' '수행을 실천하기' '수행과정 및 결과 평가하기'로 구분하여 정리하였다.

① 학습과제 분석하기

수행평가의 경우에도 일반적인 교육 평가에서와 같이 교육과정을 상세화하고 그 결과를 바탕으로 학습과제를 분석하여 과제들 간의 계열성 및 위계성을 파악해야 한다. 과제들 간의 계열성 및 위계성을 바탕으로 학습과제의 중요성 및 비중을 정하거나 학습과제 제시 순서를 정한다. 이러한 활동은 수업 계획을 수립하는 차원에서 학년 초나, 학기 초에 이루어져야 하며, 이 수업 계획에 따라 평가 계획을 세울 수 있게 된다. 평가 계획은 수업 계획과 동시에 수립되어야 하며, 이는 수행평가에도 동일하게 적용되는 원칙이다. 평가 계획은 전체 수업 계획의 일부로서, 평가의 목적과 의도가 수업 목표 달성과 연결되어야만 평가가 그 기능을 온전히 발휘할 수 있다.

② 수행과제 개발하기

- 1단계 – 학생들이 배우고 실행하게 될 지식과 기능의 유형을 규명하는 단계
- 2단계 – 학생들의 능력을 나타낼 수 있는 구체적인 수행과제 설계의 단계
- 3단계 – 각 수행과제에 대한 채점 체제를 마련하고, 수행의 범주를 명백한 용어로 정의하는 점수를 구성하는 단계

이 단계에서는 수행평가에 필요한 자료와 도구를 준비하며, 학생들이 수행과제를 이해하고 준비할 수 있도록 지도한다. 이때 학생들에게 평가 기준과 기대되는 결과에 대해 명확히 안내한다.

③ 수행 실천하기

이 단계는 수업 과정 중 수행과제를 실행하는 과정이다. 이 과정에서 교사는 수행 목표와 수행 과정이 일관성 있게 이어질 수 있도록 주의를 기울여야 한다. 또한 학생들이 수행과제를 실제로 충실하게 이행할 수 있도록 지원해야 한다. 즉, 수업 목표와 평가 목표가 동시에 달성되고 있는지에 중점을 두고 수행과제를 진행해야 한다.

④ 수행 과정 및 결과 평가하기

수행평가의 마지막 단계에서는 교수·학습 과정에서의 수행 과정이나 수행 결과를 관찰하고 판단하는 활동을 한다. 이 단계에서는 관찰된 내용을 점수화하거나, 근거 자료를 수집하여 미리 정한 기준에 따라 채점하거나 평정하는 등의 평가가 이루어진다. 이후, 평가 결과를 바탕으로 학생들에게 구체적인 피드백을 제공하여, 학생

들은 자신의 강점과 개선점을 파악하고, 교사는 교육과정이나 수업 방법을 개선할 수 있다. 또한 평가 방법에 대한 개선점을 확인하여 평가 조정을 하기도 한다.

3) 수행평가 유형 및 사례

수행평가는 구술시험, 토론법, 면접법(직접 대면하여 대화를 통해 자료나 정보 수집), 실기시험, 관찰법(학생의 활동 상황을 수시로 현장에서 기록), 포트폴리오(교과 과제물이나 연구보고서 등을 누적 정리한 자료집을 이용하여 평가), 연구보고서법 등 다양한 방식으로 이루어지고 있다. 다음에서는 수행평가의 유형에 대해서 정리하고 각각의 사례를 제시하였다.

(1) 구술시험

구술시험은 학생이 학습한 내용에 대하여 자신의 생각과 주장을 직접 발표하게 함으로써 학생의 이해력, 사고력, 의사소통 능력 등을 평가하는 방법이다. 구술시험은 주로 대학원생이 학위논문 심사 과정에서 치르는 시험의 한 형태로 많이 사용되어 왔지만, 초·중등학교에서도 사용될 수 있다. 어느 경우이든 구술시험을 치를 때 교사는 평가 기준표를 작성하여 학생들에게 평가 요소와 내용을 알려 주고, 최대한 공정하게 평가하도록 노력해야 한다.

또한 구술시험은 지필 평가가 어려운 시각장애 학생이나 지체장애 학생에게도 유용하게 사용될 수 있다. 한편, 인지 수준이 낮은 지적장애 학생의 경우 정보처리나 기억하는 방식, 언어적 표현 능력, 이해력 등에서 차이를 보일 수 있으므로 평가의 조정이 필요하다. 예를 들면, 단순화된 언어 사용, 구체적인 질문, 시간 조정, 시각적 자료 활용, 질문의 반복 혹은 재구성, 응답 방식의 다양화 등이 있다. 다음 〈표 8-5〉는 구술시험의 사례로, 일반 학생을 위한 사례와 지적장애 학생들을 위해 조정된 시험의 사례를 제시하였다.

〈표 8-5〉 구술시험의 사례

구분	▸ 다음 문제에 대한 자신의 생각이나 주장을 5분 이내로 발표하시오.
일반 학생	1. 왜 고조선과 삼국시대의 초대 왕들은 건국신화를 만들었는가? 2. 건국신화가 왕의 통치에 주는 효과는 무엇인가?
특수교육대상 학생	1. 삼국시대에는 어떤 나라들이 있었나요? 나라의 이름을 말해 보세요. 2. 우리나라 역사에서 기억나는 왕을 한 명 말해 볼래요? 그 왕이 한 일을 말해 보세요.

(2) 토론법

토론법 기반 시험은 학생들의 토론 과정을 종합적으로 평가하는 방식이다. 이 방법은 학생들이 어떤 주제나 문제에 대해 토론하며, 그 과정을 평가하는 것을 말한다. 토론법을 통해 학생들의 탐구력, 비판적 사고력, 문제해결력과 같은 사고력을 파악할 수 있다. 또한 의사소통 능력과 협동 능력과 같은 관계 형성에 대한 능력도 평가할 수 있다. 특히 찬반 대립 토론 평가법은 학생들이 개별적이거나 소그룹으로 찬반 토론을 진행하며, 교사는 토론의 내용과 진행 방식, 자료의 다양성과 충실성, 논리성, 반대 의견에 대한 존중 태도 등을 종합적으로 평가한다. 찬반 대립 토론법을 시행할 때는 평가 기준을 명확히 하여 학생들에게 미리 알려 주고, 공정한 평가를 진행해야 한다.

특수교육대상 학생에게 토론법 기반 시험은 어려운 과제가 될 수 있으므로, 학생의 특성이나 요구에 따른 조정이 필요하다. 먼저, 토론의 주제를 이해할 수 있도록 개별화된 지원과 자료를 제공해야 한다. 감각장애의 경우, 수화나 자막, 점자자료 혹은 음성으로 자료를 제공해야 한다. 또한 이해하기 쉽게 추가 자료를 제공할 수도 있다. 토론 과정에서는 다양한 표현 방식(UDL 원리 참고)으로 자신의 의견을 제시할 수 있는 환경을 준비해 주어야 한다. 또한 장애의 특성에 따라 정보를 처리하고 응답하는 데 더 많은 시간이 필요할 수 있으므로, 평가 시 충분한 시간을 제공하여 모든 학생들이 자신의 의견을 충분히 개진할 수 있도록 한다. 그리고 평가 기준은 학생의 다양한 능력과 특성을 고려하여 유연하게 적용한다. 다음 〈표 8-6〉는 토론법의 사례로, 일반 학생들에게 활용되고 있는 사례와 지적장애 학생에게 적용할 수 있도록 수정된 사례를 제시하였다.

〈표 8-6〉 토론법의 사례

구분	주제: 학생 인권 조례의 제정에 대해 어떻게 생각하는가?
	토론 문제
일반 학생	1. 학생 인권 조례에 찬성하는 입장에서 제시하는 근거는 무엇인가? 2. 학생 인권 조례에 반대하는 입장에서 제시하는 근거는 무엇인가? 3. 당신은 학생 인권 조례의 제정에 찬성하는가 반대하는가를 말하고, 그 이유를 제시하시오. 4. 객관적 자료와 근거에 의거하여 상대방의 주장에 반박해 보시오.
특수 교육 대상 학생	※ 학생 인권 조례에 대한 기본적인 정보를 이해하기 쉽게 설명해 준다. 1. 학생 인권 조례가 있으면 어떤 좋은 점이 있을까요? 예를 들어, 학교에서의 규칙이나 친구들과의 관계에 어떤 변화가 있을지 생각해 봅시다. 2. 학생 인권 조례가 있으면 어떤 어려운 점이나 문제가 생길 수 있을까요? 학교의 규칙이나 친구들 사이에서 생길 수 있는 문제에 대해 이야기해 봅시다. 3. 당신은 학생 인권 조례가 필요하다고 생각하나요? 아니면 필요하지 않다고 생각하나요? 왜 그렇게 생각하는지, 자신의 경험이나 느낌을 바탕으로 말해 주세요. 4. 친구가 학생 인권 조례에 대해 어떻게 생각하는지 들어 보고, 그 친구의 의견에 대해 당신의 생각을 말해 주세요. 친구의 의견이 당신과 다르더라도 괜찮아요. 서로 다른 생각을 나누어 보는 것이 중요합니다.

(3) 면접법

면접법은 교사와 학생 간의 대화를 통해 정보를 수집하고 평가하는 방법이다. 이 방법은 교사가 제시하는 질문에 학생이 답변하는 과정을 중점적으로 평가하며, 이 점에서 구술시험과 유사하다. 하지만 구술시험은 주로 특정 주제나 문제에 대한 학생의 인지적 능력을 평가하는 데 초점을 맞춘다면, 면접법은 주로 정의적 영역이나 행동적 영역의 평가에 초점을 맞춘다. 면접법을 통해 학생들의 민주적 가치에 대한 신념과 태도, 문제해결을 위한 합리적 접근, 공공선에 대한 헌신, 사회성과 협동 정신, 사회참여 의지 등을 확인할 수 있다.

특수교육대상 학생들의 경우, 면접 질문과 평가 기준을 장애 유형과 수준에 맞게 조정해 줄 필요가 있다. 앞서 제시된 평가 방법과 마찬가지로, 이해하기 쉬운 언어 사용, 구체적인 질문, 시간 조정, 응답 방식의 다양화, 평가 기준의 유연성 등 여러 가지 측면에서 조정이 필요하다. 감각장애나 지체장애 학생들은 보조공학이 적절하게 지원된다면 면접법을 활용한 평가를 무리 없이 진행할 수 있다. 그러나 발달장애 학생과 같이 인지 수준이 낮거나 문제행동을 보이는 경우, 정의적 영역이나 행동적 영역의 평가를 위해서는 면접법보다는 관찰법이 선호되는 편이다. 면접법 평가 기준의 사례는 〈표 8-7〉에 제시하였다.

〈표 8-7〉 면접법의 평가 기준 사례

평가 요소		평점		
		3	2	1
가치에 대한 헌신	민주적 가치에 대해 얼마나 확신하고 실천하는가?			
문제의 합리적 해결 태도	문제의 합리적 대안에 대해 합의하려고 노력하는가?			
사회성	타인을 배려하고 원만하게 의사소통하는가?			
협동 정신	문제를 해결하기 위해 타인과 협동하려고 노력하는가?			
사회참여의 태도	문제해결을 위한 사회 활동에 기꺼이 참여하는가?			
합계				

(4) 실기법

실기법은 학생들이 실제로 특정 활동을 수행할 때 그 과정과 결과를 평가하는 방식이다. 이 방법은 학생들이 사회과에서 배운 이론적 지식을 실제 상황에 적용하는 능력을 평가하는 데 유용하다. 실기법은 역할극, 모의 투표 및 선거 등 다양한 형태로 이루어질 수 있다. 실기법을 활용한 평가는 특수교육대상 학생들에게도 유용하게 활용될 수 있다. 특히 일상생활 관련 능력을 평가하는 데 적절하다. 그러나 실제로 수행을 하는 방식으로 평가가 이루어지므로 지체장애, 감각장애 학생들은 움직임, 시·청각, 촉각을 고려한 활동 등을 고려해야 하며, 보조공학 등의 지원이 요구된다. 〈표 8-8〉에서는 실기법의 사례로서, 일반 학생을 위한 것과 지적장애 학생을 위해 조정된 것을 함께 담아서 제시하였다.

〈표 8-8〉 실기법의 평가 사례

형태		정의 및 사례
역할극	일반 학생	학생들이 특정 사회적 상황이나 역사적 사건을 재연하는 역할극을 통해, 그들이 배운 내용을 실제 상황에 어떻게 적용할 수 있는지를 평가한다. 예를 들어, 역사 수업에서 배운 특정 시대의 중요한 사건을 재연하거나, 현대 사회문제에 대한 토론을 역할극으로 펼칠 수 있다.
	특수교육 대상 학생	학생들에게 소방관, 의사, 경찰관 등 지역사회에서 중요한 역할을 하는 사람들을 연기하게 하여, 그들의 중요성이나 업무를 실제 상황에 적절하게 적용하는 능력을 평가한다.
모의 투표 및 선거	일반 학생	학생들이 실제 선거와 유사한 모의 투표나 선거 활동을 수행하도록 함으로써, 민주주의와 선거 과정에 대한 이해 및 사회적 참여에 대한 태도 등을 평가한다.
	특수교육 대상 학생	학급 대표 선출을 위한 모의 선거를 실시한다. 학생들에게 후보로 나서거나 투표 과정에 참여하게 하여, 민주주의와 선거 과정에 대해 실제 상황에서 적용할 수 있는 능력을 평가한다.

(5) 관찰법

　관찰법은 교사가 수업 중에 학생의 학습 활동을 직접 관찰하면서 평가하는 방식으로써, 학생들이 어떻게 학습하고 상호작용하며 문제를 해결하는지를 평가할 수 있다. 교사의 관점에서 학생의 학습 활동을 관찰하여 평가하는 것이므로, 주관적 평정이나 편견을 최소화하기 위해 보다 체계적인 접근이 필요하다. 첫째, 목적을 설정해야 한다. 즉, 관찰할 특정 행동이나 상황을 명확히 정해야 한다. 둘째, 체계적인 관찰을 계획해야 한다. 언제, 어떻게 관찰할지에 대한 기준을 정해 놓아야 하며, 평가도구는 무엇을 사용할지, 어떻게 평가할지(예: 체크리스트, 관찰 평가지, 관찰 기록지) 미리 결정하고 사전에 준비해야 한다. 가능하면 관찰한 내용은 즉시 기록하는 것이 좋다. 셋째, 관찰 시에는 객관성을 유지해야 한다. 개인적인 의견이나 해석을 배제하고 객관적으로 관찰하고 기록해야 한다. 〈표 8-9〉에 교사 관찰 평가지의 사례를 제시하였다. 사례 1은 일반 학생에게 활용되고 있는 것이고, 사례 2는 지적장애 학생들의 특성을 반영하여 조정한 것이다.

〈표 8-9〉 교사 관찰 평가지(예)

활동(차시)	역량 (관찰 행동)	평가 내용		
		우수	보통	미흡
사례 1 (일반 학생)				
민주 정치 과정을 분석하기 (1차시)	정보분석활용 능력	정치 과정을 체계적으로 분석했고, 정치 과정에서 투입과 산출의 사례를 구분해 적용하였다.	정치 과정을 체계적으로 분석했지만, 정치 과정에서 투입과 산출의 사례를 구분해 적용하지 못하였다.	정치 과정을 체계적으로 분석하지 못했고, 정치 과정에서 투입과 산출의 사례를 구분해 적용하지 못하였다.
정치 참여의 의의와 유형을 분석하기 (2차시)	정보분석활용 능력	정치 참여의 의의를 정확히 설명하였고, 참여 유형을 종류별로 구분해 제시하였다.	정치 참여의 의의를 정확히 설명했지만, 참여 유형을 종류별로 구분해 제시하지 못하였다.	정치 참여의 의의를 정확히 설명하지 못했고, 참여 유형을 종류별로 구분해 제시하지 못하였다.
정치 참여를 실천하기 (3차시)	창의적 사고력	정치 참여의 유형별로 실천 방안을 작성하였고, 실천 방안을 구체적으로 제시하였다.	정치 참여의 유형별로 실천 방안을 작성했지만, 실천 방안을 구체적으로 제시하지 못하였다.	정치 참여의 유형별로 실천 방안을 작성하지 못했다.
사례 2 (특수교육대상 학생)				
우리 학교와 지역사회 탐방하기 (1차시)	학생의 탐구 및 흥미 표현 (학생이 탐방 중 발견한 것에 대해 질문하고, 관찰한 내용을 공유하는 행동)	학교와 지역사회의 장소에 관해 여러 가지 질문을 하며, 발견한 내용을 적극적으로 공유한다.	몇몇 장소에 대해 질문하고 내용은 공유하지만, 전체적으로는 소극적이다.	학교나 지역사회에 대해 질문하지 않고, 발견한 내용을 공유하지 않는다.
우리 반의 규칙 만들기 (2차시)	협동 및 참여 태도 (규칙에 대한 아이디어를 제시하고, 다른 학생들의 의견에 반응하는 행동)	규칙 만들기에 대한 다양한 아이디어를 제시하고, 동료의 의견에 적극적으로 반응한다.	규칙 만들기에 대해 몇몇 아이디어를 제시하고, 다른 의견에 소극적으로 반응한다.	규칙 만들기에 대한 아이디어를 제시하지 않고, 다른 의견에 반응하지 않는다.

활동(차시)	역량 (관찰 행동)	평가내용		
		우수	보통	미흡
우리 반의 대표 선출하기 (3차시)	참여 및 의사결정 과정 이해 (후보자 선정 및 투표 과정에서의 참여도와 의사결정 과정을 보여 주는 행동)	후보자 선정과 투표에 적극적으로 참여하고, 의견을 명확히 표현한다.	후보자 선정이나 투표에 참여하지만, 의견을 분명히 표현하지 않는다.	후보자 선정이나 투표에 참여하지 않고, 의견을 표현하지 않는다.

(6) 포트폴리오법

포트폴리오법은 학생들이 일정 기간 동안 수행한 다양한 활동과 과제의 결과물을 모아 개인의 학습 과정과 성취도를 평가하는 방법이다. 이 방법은 학생의 학습 과정과 발달을 포괄적으로 이해하는 데 유용하다. 포트폴리오법은 다음과 같은 특징이 있다.

첫째, 다양한 형식의 자료를 통해 평가할 수 있다는 것이다. 학생들은 보고서, 프로젝트, 예술 작품, 실험 결과 등 다양한 형태의 작업물을 포트폴리오에 포함시킬 수 있다.

둘째, 개별화된 평가가 이루어진다는 것이다. 각 학생의 포트폴리오는 그들의 특별한 학습 경험과 성취를 반영한다. 또한 각 학생의 발달 과정과 학습의 진전도를 시간에 따라 보여 주므로 학생 개인의 변화 과정을 종합적으로 평가할 수 있다.

셋째, 자기 평가가 가능하다는 것이다. 학생들은 자신의 작업을 선택하고, 그것에 대해 반성하며, 자신의 학습 능력을 평가하는 기회를 가질 수 있다. 따라서 자신의 장·단점, 잠재 가능성, 변화 과정 등을 스스로 인식할 수 있다.

넷째, 교사와 학생, 학생들 간의 상호작용이 이루어진다는 것이다. 학생들의 작품을 보면서 교사와 학생 간의 대화와 피드백이 이루어진다.

이러한 포트폴리오법의 특성은 특수교육대상 학생 평가에서 강조하는 것과 매우 유사하다. 따라서 포트폴리오법은 특수교육대상 학생을 위한 평가 방법으로 유용하게 사용될 수 있다. 이는 개별화된 교육 계획과 연계할 수 있으며, 과정중심평가의 수단으로도 사용할 수 있다. 또한 다양한 형태의 작품(결과물)을 허용하므로, 다양한 표현 수단을 필요로 하는 특수교육대상 학생들에게 매우 적합한 방법이라고 할 수 있다.

사회과 수행평가에서 포트폴리오법을 사용할 수 있는 주제로는 학생들의 학습 과정과 창의성을 잘 나타낼 수 있는 것들이 좋다. 구체적인 예로는 내가 사는 마을의 역사, 우리나라의 전통 문화 체험하기, 세계 여러 나라 알아보기, 내가 살고 싶은 도시 계획하기, 환경보호와 우리의 책임 등이 있다. 포트폴리오법은 단순한 지식의 습득을 넘어서 학생들의 사고, 분석, 창의성을 평가하는 데 효과적이다. 그러나 평가자는 객관성을 유지해야 하고, 또 상대적으로 많은 시간과 노력이 요구된다. 〈표 8-10〉에 포트폴리오법의 사례를 제시하였다. 사례 1은 일반 학생에게 적합한 사례이고, 사례 2는 지적장애 학생에게 더 절적한 사례이다.

〈표 8-10〉 포트폴리오법의 사례

사례 1 (일반 학생)

‣ 주제: 내가 사는 지역의 홍보 자료집 제작
‣ 작성 방법:
  1. 내가 사는 지역의 지리, 역사, 문화 유적지, 경제생활, 행정기관 등에 대한 자료를 수집한다.
  2. 수집한 자료를 체계적으로 잘 배열한다.
  3. 내가 사는 지역을 알리는 홍보 자료집을 완성한다.

사례 2 (특수교육대상 학생)

‣ 주제: 우리 동네 탐험하기
‣ 작성 방법:
  1. **동네 지도 그리기**: 자신이 사는 동네의 지도를 그린다. 지도에는 학교, 집, 공원, 가게 등 중요한 장소를 포함한다.
  2. **내가 좋아하는 장소 소개하기**: 동네에서 자신이 좋아하는 장소에 대해 그림을 그리고, 그곳에서 무엇을 하는지 간단한 문장으로 설명한다.
  3. **동네의 특별한 이벤트 기록하기**: 지역 축제, 행사 또는 계절의 변화와 같은 동네의 특별한 이벤트에 대해 그림이나 사진과 함께 기록한다.
  4. **가족과의 활동 포함하기**: 가족과 함께한 동네 활동(예: 공원에서의 소풍, 시장 방문 등)에 대한 사진을 붙이거나 그림을 그린다.
  5. **자연 관찰 일기**: 동네의 자연을 관찰하고, 그것에 대한 그림이나 글을 일기 형태로 작성한다.
  6. **친구들과의 대화 기록**: 동네 친구들과의 재미있는 대화나 활동을 그림이나 짧은 글로 기록한다.
  7. **나만의 책자 만들기**: 나만의 동네 소개 책자를 만든다. 이때 스티커나 색종이 등을 사용하여 책자를 더 흥미롭게 꾸밀 수 있다.

(7) 연구보고서법

연구보고서법은 '프로젝트법'으로 불리기도 한다. 연구보고서법은 학생들이 특정 주제에 대하여 체계적으로 자료를 수집하여 분석하여 그 결과를 연구보고서로 제출하도록 하는 평가 방식이다. 연구보고서의 제출은 연구의 주제와 범위에 따라 개별적으로 할 수도 있고, 소집단을 형성하여 함께 할 수도 있다. 학생들은 연구를 수행하고 보고서를 작성하는 과정에서 가설 설정, 자료 수집과 분석 방법, 결론 도출 방법, 보고서의 작성법 등을 학습하고, 따라서 교사는 연구보고서법을 통해 학생들의 탐구 능력, 정보 수집 및 분석 능력, 글쓰기 능력을 평가할 수 있다. 〈표 8-11〉에 연구보고서법의 사례를 제시하였다. 사례 1은 일반 학생에게 적절한 방법이며, 사례 2는 지적 장애 학생에게 적절한 것으로서 연구 문제가 아닌 활동 절차의 형태로 제시하였다.

〈표 8-11〉 연구보고서법의 사례

사례 1 (일반 학생)

‣ 주제: 인류의 기원과 고대 문명의 형성
‣ 연구 문제:
  1. 고대 문명의 발생지는 어느 지역인가를 조사하라.
  2. 고대 문명이 발생했던 지역의 특징은 무엇인가를 분석하라.
  3. 인류 문명이 발달했던 지역들의 공통된 특성을 일반화해 보라.

사례 2 (특수교육대상 학생)

‣ 주제: 우리 지역의 환경 문제와 해결 방안
‣ 활동 절차:
  1. 주제 이해하기: 교사는 우리 지역의 환경 문제에 대해 쉽게 이해할 수 있는 자료(예: 짧은 동영상, 그림책, 실제 사진 등)를 제공한다. 예를 들어, 쓰레기 문제, 공기 오염, 물 부족 등 지역에서 흔히 볼 수 있는 환경 문제를 소개한다.
  2. 정보 수집과 탐색: 학생들은 간단한 활동을 통해 환경 문제에 대해 더 알아본다. 예를 들어, 교사가 준비한 질문지나 체크리스트를 사용하여 학교나 집 주변의 환경 상태를 관찰하고 기록할 수 있다.
  3. 환경 문제에 대한 간단한 보고서 작성: 학생들은 자신이 관찰한 환경 문제에 대해 간단한 보고서를 작성한다. 이 보고서는 관찰한 환경 문제와 그에 대한 자신의 생각을 제시하기 위한 것으로서, 문장, 단어, 혹은 그림으로 표현할 수 있다.
  4. 해결 방안 제안하기: 학생들은 관찰한 환경 문제에 대한 해결 방안을 제안한다. 이는 재활용 캠페인 참여, 쓰레기 줄이기, 물 절약 등 간단하고 실천 가능한 방안으로 한다.

5. **포스터 제작:** 학생들은 제안한 해결 방안을 포스터로 만든다. 포스터에는 그림, 슬로건, 간단한 설명 등을 포함하여 환경 문제해결을 위한 메시지를 전달한다.
6. **발표와 공유:** 완성된 보고서나 포스터를 가지고, 수업이나 부모님 앞에서 발표한다.

☞ 수행평가에서는 포스터를 연구보고서의 대체 수단으로 사용할 수 있음

 논의해 볼 문제

1. 사회과의 평가 요소별로 적합한 평가 방법을 찾아봅시다.

2. 사회과의 평가 내용을 선정하여 수행평가 계획을 세워 봅시다.

3. 사회과에서 사용되고 있는 평가 문항을 장애의 수준에 맞게 조정해 봅시다.

 참고문헌

교육부(2022a). 사회과 교육과정. 교육부 고시 제2022-33호(별책7).

교육부(2022b). 기본교육과정. 교육부 고시 제2022-34호(별책3).

김정호, 박선미, 이명희, 강운선(1999). 사회과 수행평가 논리와 정착화 방안. 사회과 교육, 32, 303-327.

박상준(2018). 사회과 교육의 이해(제3판). 교육과학사.

최용규, 정호범, 김영석, 박남수, 박용조(2014). 사회과 교육과정에서 수업까지(2차 수정판). 교육과학사.

Airasian, P. W. (1994). *Classroom Assessment* (2nd ed.). McGraw-Hill.

Rudner, L. M., & Boston, C. (1994). Performance assessment. *ERIC Review, 3*(1), 2-12.

제9장

사회과 수업 설계

학습 목표

1. 사회과에서 성취기준의 의미와 특징을 설명할 수 있다.
2. 사회과 교육과정-수업-평가의 일체화 과정을 이해하고 필요성을 설명할 수 있다.
3. 기본교육과정 사회과 교육과정 재구성의 중요성을 이해하고 이를 실제 수업 설계에 적용할 수 있다.

핵심 용어

성취기준, 교육과정-수업-평가-기록 일체화, 교육과정 재구성

미래 사회는 변동성, 불확실성, 복잡성을 특징으로 교육 현장에서 이러한 변화에 대응할 수 있는 역량 함양이 지속적으로 강조되고 있다. 사회과 교육에서 교육과정 성취기준은 역량 도달의 수단으로, 교사가 이를 통해 수업활동을 구현하고 학생들이 교과 역량을 함양할 수 있도록 돕는다. 또한 현재 교육과정의 실행은 분절된 교육이 아니라 교육과정 성취기준을 기반으로 하여, 교육과정-수업-평가-기록이 일체화되도록 재맥락화되어 있다. 이러한 유기적 관계로 수업이 진행되었을 때 교사의 전문성은 향상되고 학생들은 수업에서 진정한 의미에 배움에 도달할 수 있다.

특수교육대상자들에게 사회과는 빠르게 변화되는 미래 사회에서 독립적으로 살아가는 데 필수적인 교과이다. 이러한 사회교과는 학생들이 사회 공동체 구성원으로 성공적인 역할을 수행하는 데 중요한 역할을 하며, 학교생활 전반뿐 아니라 지역사회와 사회통합에도 필요한 역량을 함양하도록 한다. 따라서 특수교육대상 학생들에게 수업은 지나치게 방대한 양의 교육 내용보다는 유의미한 학습이 가능할 수 있도록 재구성되어야 하며, 다양한 방식으로 사회교과에 흥미를 가지고 필요한 역량을 함양할 수 있도록 해야 한다.

이 장에서는 사회과에서 제시하는 성취기준, 교육과정-수업-평가의 일체화, 이를 기반으로 한 교육과정 재구성에 대한 내용을 소개한다. 먼저, 성취기준의 의미와 특징의 전반적인 내용을 살펴보고, 기본교육과정에서 어떠한 역할을 지니는지 확인한다. 다음으로 교육과정-수업-평가-기록의 의미와 교육과정에서 중시하고 있는 현행 패러다임의 변화를 살펴본다. 마지막으로, 이를 기반으로 한 교육과정 재구성의 필요성과 각 단계별 적용에 대해 구체적으로 살펴본다.

1. 특수학교 성취기준

1) 성취기준의 의미와 특징

교육과정은 초·중등학교의 교육 목적과 교육 목표를 달성하기 위해 제공되는 공통적이고 일반적인 기준으로, 교육 현장에서 가이드라인 역할을 한다. 교육과정 문서 체제에서 가장 실질적인 영향력을 발휘하는 항목은 교육과정 성취기준이다. 2015 개정교육과정에서는 교육과정 성취기준을 "학생들이 교과를 통해 배워야 할 내용과 이를 통해 수업 후 할 수 있거나 할 수 있기를 기대하는 능력을 결합하여 나타낸 수업 활동의 기준"이라고 정의한다. 이 정의에 따르면 교육과정 성취기준이란, 교과 교육과정의 목표와 내용의 진술문이라고 할 수 있다. 이러한 교육과정 성취기준은 현행 교육과정에서 제공하는 교육 목표와 교육 내용 중 가장 하위의 항목으로 편성되어 있다. 따라서 교과 교육과정의 가장 상세한 목표와 내용의 진술문이라고 정의할 수 있다.

교육과정 성취기준에서 제시하는 '학교 수준 교육과정'은 상위 수준 교육과정을 바탕으로 각 학교의 여건과 실태를 고려하여 각 학교에서 여건에 맞게 개발되는 교육과정을 의미한다. 국가 수준 교육과정에서 학교의 다양한 교육 활동을 일정한 기준과 틀에 따라 계획하고 관리하는 것은 교사가 학생에게 적합한 교육과정을 운영하는 데 걸림돌이 될 수 있으며, 학생들에게 일률적인 학습 경험을 제공할 위험성이 있다. 따라서 교사는 교육과정 성취기준을 준거로 하여 학습 목표를 세우고, 교수·학습 활동을 구성하고 전개하며, 평가를 계획하고 실행할 수 있다. 현재 대한민국은 2009 개정교육과정부터 총론 차원에서 교육과정과 교수·학습 및 평가 활동을 일체화할 것을 강조하고 있다. 2015 개정교육과정에서도 교사에게 교육과정을 기반으로 수업과 평가를 일관되고 통합된 방식으로 운영하도록 요구하고 있으며, 이에 기반이 되는 것이 바로 성취기준이다. 교육과정에 제시된 성취기준은 교수·학습 및 활동의 실질적인 기준으로서, 각 교과목에서 가르쳐야 할 내용(지식, 기능, 태도)과 그러한 내용 학습을 통해 학생들이 성취하거나 보여 줘야 할 능력과 특성을 명료하게 진술한 것이다. 따라서 교육과정 성취기준은 교과서 집필기준과 함께, 교과서를 작성하는 가장 기초적이고 중요한 근거가 된다.

교육 내용은 교실에서 이루어지는 교육 활동의 내용이며, 교육과정 문서상의 내용으로, 성취기준은 교육 내용을 통해 도달해야 하는 학문적 지식을 구체화한다. 이러한 측면에서 교육과정보다 교육 평가의 맥락에서 성취기준에 대한 본격적 논의가 실시되었다. 성취기준은 교과에서 교사가 가르치고 학생들이 배워야 할 지식과 기능을 제시하는 '공식적 지침서'로, 교사의 수업 계획 수립의 토대가 된다. 또한 교사들이 수업을 준비하고 실시할 때 직접적으로 영향을 미치는 '교과 교육의 출발점'이기도 하다. 2022 개정교육과정은 2015 개정교육과정과 동일하게 핵심 역량과 교과 역량을 제시하면서 역량 기반 교육과정의 특성을 보인다. 또한 사회과의 경우 2022 개정교육과정에서도 2015에서 제시한 사회과 교과 역량을 그대로 반영하고 있다. 2015 개정 사회과 교육과정에서의 성취기준은 "학생들이 교과를 통해 배워야할 내용과 이를 통해 수업 후 할 수 있거나 할 수 있기를 기대하는 능력을 결합하여 나타낸 수업 활동의 기준(교육부, 2015)"을 의미한다. 즉, 2015 개정교육과정 상에서 제시되는 성취기준은 학습기준으로서의 성취기준의 맥락을 이어가고 있는 것으로 볼 수 있다. 반면, 2022 개정 사회과 교육과정 문서에서는 성취기준과 관련하여 '지식·이해' '과정·기능' '가치·태도'를 모두 담아내도록 제안하고 있으며, 교육 내용으로서 지식만이 아니라 기능이나 가치 및 태도까지 포함하여 종합적인 측면의 학습이 다뤄져야 한다고 강조하고 있다. 2022 개정 사회과 교육과정은 2015 개정교육과정과 동일하게, '창의적 사고력, 비판적 사고력, 문제해결력 및 의사결정력, 의사소통 및 협업 능력, 정보 활용 능력'을 역량으로 설정하고, 내용 체계와 성취기준의 진술에서 이러한 역량을 반영하도록 하고 있다. 또한 2022 개정 사회과 교육과정에서는 성취기준에 대하여 '영역별 내용요소(지식·이해, 과정·기능, 가치·태도)를 학습한 결과 학생이 궁극적으로 할 수 있거나 할 수 있기를 기대하는 도달점'이라고 설명하고 있다.

성취기준은 기능적 측면과 내용적 측면으로 구분할 수 있다. 일차적으로, 성취기준의 기능은 역량 함양의 수단으로, 2022 개정교육과정은 구성 항목으로서 총론에서 추구하는 인간상, 핵심역량 및 교과교육과정의 교과 역량, 핵심 아이디어, 내용 요소, 성취기준 등이 제시되어 있다. 세 가지 범주에 속하는 내용으로 제시되는 것이 곧 학습 내용을 이루며, 이를 바탕으로 성취기준이 진술되는 것이다. 또한 항목 간 관련성으로 교육과정 설계의 개요는 구체화될 수 있다. 세부적으로 사회과 교육과정 설계의 개요는 "내용 체계는 영역별로 교과 역량을 함양하는 데 필요한 핵심 아이디어를 도출하고, 그에 기초하여 학생이 학습해야 할 내용 요소를 학년군별 및 학교급별로 제시하였다."라고 제시되어 있다. 따라서 성취기준은 역량 함양을 위한 수단 중 하나로, 교사는 학생들의 역량 함양을 위하여 교육과정을 설계하고 활용할 수 있다. 또한 성취기준은 내용 기준과 평가 기준의 근거가 된다. 2022 개정교육과정 총론에서는 "학교와 교사는 성취기준에 근거하여 교수·학습과 평가 활동이 일관성 있게 이루어지도록 한다."라고 명시하고 있다. 이는 성취기준이 교수·학습과 평가를 설계할 때 활용하는 근거임을 알 수 있다.

다음으로 성취기준의 내용적 측면은 지식, 기능, 가치·태도를 포함하는 학습 내용을 다면적으로 드러내며, 동시에 성취기준과 내용 체계 간의 연계성을 높인다는 특징을 지닌다. 따라서 성취기준은 측정 가능하도록 제시한 행동 목표와는 다르게 교사에 의하여 수업 활동으로 구체화될 수 있는 지침으로, 다양한 측면의 학습 범주를 다루도록 구성되어 있다. 구체적으로, 성취기준은 내용 체계의 범주인 지식·이해, 과정·기능, 가치·태도에 속한 요소에 근거하여 진술하도록 제시한다. 예를 들어, "[4사01-02] 디지털 영상 지도 등을 활용하여 주요 지형지물들의 위치를 파악하고, 백지도에 다시 배치하는 활동을 통하여 마을 또는 고장의 실제 모습을 익힌다."라는 예시처럼 지식·이해(예: 주요 지형지물들의 위치를 파악), 과정·기능(예: 문제를 파악하기 위하여 다시 배치하기 등), 가치·태도(예: 지역에 대한 관심) 측면의 요소가 모두 포함되어야 한다. 또한 성취기준의 내용적인 측면은 학생들이 학습 후 발휘해야 할 목표로 하여, 이를 통해 역량의 구성 요소인 지식, 기능, 가치 및 태도가 학생들의 성취를 거쳐 복합적으로 발현되는 수행의 형태로 제시하도록 한다.

2) 기본교육과정에서의 성취기준의 의미와 특징

사회과는 학생이 한 사회의 일원으로서, 생활연령에 맞는 풍부한 삶의 경험을 누려야 한다는 것을 특히 강조하고 있다. 사회과의 목표는 학생들이 사회에서 살아가는 시민으로서의 자질을 함양하는 데 있다. 기본교육과정의 사회과는 일반 교육과정의 내용 축약이 아닌, 한 사회 구성원으로서 갖추어야 하는 기본적인 지식과 기능 및 가치를 학습한다는 차원의 중요성을 강조한다. 일반적으로 기본교육과정 사회과는 일상생활에 필요한 독립적인 기본 생활능력과 습관을 길러, 민주사회에서 독립적이고 능동적인 사회 구성원으로서 기능할 수 있는 기술과 능력을 기르는 데 주안점을 둔다. 학생들은 사회과 교육을 통해 생활연령에 적합한 사회적, 문화적 경험을 다양하고 체계적으로 배우고, 민주시민의 자질을 함양하여 능동적인 사회 구성원으로서 더불어 살아가는 방법을 배운다. 이 과정에서 사회 구성원들과 상호작용하며 사회적인 존재로 성장하는 역동적인 과정을 교과에 담고 있으며, 내용 요소를 통합적으로 구성하고 타 교과 및 비교과 활동과도 매우 밀접하게 연계하도록 한다. 따라서 사회과 내용은 학생의 삶에 의미 있는 경험으로 재구성되므로 학생이 행복한 미래의 삶을 영위할 수 있도록 하는 데 필수적이다.

사회교과는 기본 생활 습관 형성과 대인관계 확장에 어려움을 보이는 특수교육 대상 학생들이 민주시민의 구성원으로 살아가기 위해 중요한 의미를 지니는 교과이다. 기본교육과정에도 역시 사회과 교육과정에서는 사회과 핵심 역량을 바탕으로 영역별 내용 요소와 성취기준과 범위를 고려하여, 학생에게 필요한 직간접적인 경험을 토대로 수업을 계획하고 운영할 것이 명시되어 있다. 2022 기본교육과정의 사회과는 '나의 삶' '관계의 삶' '시민의 삶'으로 구성되어 있다. 이는 기존의 사회과 내용 영역을 지리, 역사, 정치, 법, 경제, 사회, 문화 등으로 나누는 분과적 구성 방식 대신 학생의 삶을 중심으로 통합적으로 접근한 방식이다. 이러한 구성은 2015 개정 특수교육 기본교육과정 사회과 내용 영역의 틀을 유지한 것으로 학생들의 경험과 삶의 맥락에서 사회과 학습이 이루어지도록 설계되었다. 이러한 내용에 도달할 수 있도록 '성취기준'은 주로 '과정·기능'과 '가치·태도'를 중심으로 기술되어 있다. 그리고

'지식·이해'는 사회적 경험이 곧 학습이라는 관점에 기초하여 활동 및 수행 과정에서 자연스럽게 수반될 수 있는 것으로 본다. '교수·학습'은 학생이 경험하는 실생활 장면이 곧 교수·학습이 이루어지는 곳이자 학습 과제라는 관점을 기본으로 한다. 또한 '평가'는 사회과를 통해 생활연령에 맞는 다양한 사회생활 경험 여부를 기본 방향으로, 사회적 타당도와 과정을 중시하는 평가로 제시되어 있다.

사회과 교육과정의 성취기준은 중도·중복장애 학생에게 적용하기에 지나치게 높은 수준일 수 있다. 특히 장애의 정도가 심한 중도·중복장애 학생의 경우 사회과 수업에 따른 학생의 성취 수준과 이해 정도를 파악하는 데 어려움이 있다. 이러한 특성으로 평가의 객관성을 확보하기 어렵고, 양적인 평가 방식 또한 곤란할 수 있다. 또한 학생의 개별화된 특성을 반영하더라도 학생들의 성취를 구체적으로 평가하는 데는 제한점이 따른다. 그러나 일반 학생과 동일한 교육적 경험은 반드시 동일한 내용과 수준을 경험하는 것이 아니라, 같은 사회 구성원으로서 요구되는 것을 익히기 위해 필요한 교육적 경험을 공유한다는 측면으로 이해되어야 한다. 즉, 교과의 본질을 추구하기 위해서는 교과적 속성을 강화하는 동시에 학습의 내용뿐만 아니라 교수·학습의 과정 및 방법에서도 과학적 근거를 바탕으로 한 교수·학습 모형 및 기법을 적용하는 것이 중요하다. 예를 들어, "[4사회01-01] 나의 여러 모습을 살펴보고 나를 좋아하는 마음을 가진다."라는 예시는 지식·이해(예: 나의 모습 등 자신에 대한 인식), 과정 기능(예: 모습 살펴보기 등을 통한 표현 및 인식 형성 등), 가치·태도(예: 긍정적 태도 형성)를 수행할 수 있도록 구성되어 있다. 또한 이를 위하여 '거울 속 나의 모습(예: 생김새, 차림새) 살펴보기' 등과 같은 활동의 예를 제시하는 것은 기본교육과정을 통해 교사가 수업의 방향을 설정하는 데 도움을 주며, 나아가 교수·학습을 통해 교과의 본질을 탐구할 수 있도록 한다.

2. 교육과정-수업-평가 일체화

1) 교육과정-수업-평가에 대한 관점

전통적으로 교육학에서는 일반적으로 교육과정, 수업, 평가, 기록을 분리하여 접근하는 경향이 있었다. 이로 인해 교육과정, 수업, 평가, 기록은 학생들에게 유기적인 관계가 아닌 분절적인 경험을 부여해 왔다. 이러한 경향 때문에, 학교 현장에서는 교육과정이란 수업시수를 조정하는 것, 수업은 교과서 진도를 따라가는 것, 평가는 학생의 점수나 석차를 확인하는 것, 기록은 목표 도달 정도를 정리하는 것으로 여기는 관점이 여전히 팽배한 현실이다. 구체적으로, Ralph Tyler는 교육 목표를 설정하고, 설정된 교육 목표의 달성을 위하여 학습 경험을 선정하여 조직하는 순서의 원리를 강조하였다. 또한 평가는 교육 목표 달성 여부를 확인하는 수단이며, 평가 결과는 다시 교육 목표를 설정하는 근거가 되어야 한다고 주장하였다. 이는 목표 중심의 교육과정으로, 교육의 효율성을 강조하며, 주어진 목표 달성을 위한 행동주의적 수업 방식으로 학생들의 성취도를 수치화하고 측정하는 평가 방법을 중시한다. 이러한 전통적인 접근은 교육과정, 수업, 평가가 서로 분절되어 있거나 일부분만 겹쳐지는 것으로, 교사 주도의 수업과 측정 중심의 평가에 초점을 맞추어 실질적 학습보다는 평가를 위한 교육이 이루어지게 한다.

[그림 9-1] Risa Carter의 총체적 수업 일체화 일치, 불일치 유형도

　이러한 교육과정, 수업, 평가는 실제 전혀 일관성이 유지되지 않거나 두 측면만 연계되는 경우가 있는데, 이 경우에는 다음과 같은 문제점이 발생할 수 있다.

〈표 9-1〉 교육과정, 수업, 평가의 불일치 유형

불일치 유형	문제점
교육과정≠수업	• 교육과정·성취기준에 대한 검토 과정이 없고 교과서 중심의 진도 나가기 수업 실시
수업≠평가	• 수업의 내용과 무관한 일제식 평가 실시
	• 수업 내용과 평가의 연관성 부족으로 수업 참여도 저하
교육과정≠수업≠평가	• 전통식 방식으로 교육과정의 검토 없이 교과서 중심의 수업을 실시 하고 일제식 평가로 암기식 학습이 진행되는 상태
교육과정 = 수업≠평가	• 교육과정을 재구성하여 수업을 실시하지만 평가의 어려움이나 한계 를 느끼면서 평가가 제대로 연계되지 않는 상태
	• 학생들의 수업 참여도 저조

출처: 서용선 외(2014).

2) 교육과정-수업-평가 패러다임의 변화

　개정교육과정의 적용으로 인해 학교 현장은 '경쟁과 차별'이 아닌 '협력과 지원'에 지향점을 맞추고 있다. 이러한 현상은 교육과정 사회학 이론과 맥을 함께하는 것으로, 교육과정 측면에서 무엇을 가르쳐야 하고, 수업 측면에서 어떻게 가르쳐야 하며, 학생을 어떤 방식으로 평가하느냐에 따라 사회의 권력과 통제 방식이 학교 차원에서 재맥락화(recontextualized)되고 있음을 의미한다. 이에 따라 교육과정의 실행은 '교육과정-수업-평가'의 일체화를 제안하고 있다. 모든 학생의 학습 경험 성장을 위하여 교육 내용, 교수·학습, 평가는 상호 연관되어 있다. 즉, 교육 내용을 구성하거나 교수·학습을 실행하고, 이를 평가하는 전반적인 과정에서 학생이 핵심 주체가 되어야 한다는 것이다. 따라서 교육 목표 달성 및 교과 역량 함양을 위해서는 모든 학생의 학습 경험 성장을 최우선으로 하여 교육 내용, 교수·학습 및 평가의 일관성이 확보될 때 수업에서 의도하는 교육 목표를 달성할 수 있다. 이는 교육과정 개발 뿐 아니라 실행 단계에서도 지켜야 할 중요한 원칙으로, 전체적인 교육 활동에서 일관성이 갖는 중요성을 강조한다. 이처럼 교육과정, 수업, 평가의 유기적 관계성은 최근 교육 현장에서 주요한 사안으로 떠오르고 있다. 그간 학교 현장에서는 단편적 지식 위주의 교육과정 설계, 교사 중심의 수업 실시, 일제식 혹은 결과 중심의 평가가 주를 이루었으나, 현재는 이들 요소가 상호 유기적인 관계로 연계되어야 함을 인식하고 있다.

교육과정-수업-평가의 일체화는 교사와 학생 모두에게 도움이 된다. 교사들은 수업에 관하여 성찰해 볼 수 있으며, 이를 통해 전문성 또한 향상될 수 있다. 이를 실현하기 위해서는 교육과정 재구성이 선행되어야 하며, 이는 교육과정을 교실 수업으로 실천할 수 있도록 한다. 즉, 교사는 교과에서 강조하는 핵심 개념과 원리를 분석하고 이를 기반으로 내용을 재조직하고 설계한 뒤 수업을 실행한다. 또한 평가 또한 과정 속에서 학습 수행에 대한 평가로서 의미를 지니기 때문에 수업에서 배운 내용과 학습 과정을 평가할 수 있다. 교육과정-수업-평가가 일관성 있게 될 경우 진정한 학생 중심의 수업이 실현될 수 있으며, 이를 통해 피드백과 성찰이 교육과정에 반영됨으로서 선순환되는 과정을 경험하게 된다. 따라서 교육과정-수업-평가는 과정중심 평가에도 연계되는 것으로, 학생 중심의 참여형 수업을 통해 실제 학생들이 배움의 궁극적인 의미를 탐색하고 적극적으로 참여할 수 있다는 점에서 큰 의미가 따른다.

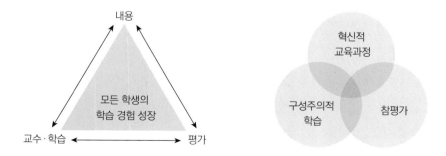

[그림 9-2] 교육 내용, 교수 · 학습 및 평가의 일관성과 새로운 패러다임

출처: 교육부(2015).

최근 학교 현장은 '교육과정-수업-평가-기술'의 일체화로 단순히 시험으로 학생들을 평가하는 것을 넘어, 교육과정을 설계하고 구현하여 교육과정 운영이 교육 및 수업 안에서 하나의 연속적 활동으로 이루어져야 하는 것을 목적으로 한다. 이는 수업에 대한 새로운 관점으로, 교사 주도의 일방적인 강의식 수업이 아니라 학생의 참여를 보장하는 학생 주도의 참여식 수업이라 볼 수 있다. 또한 평가 영역에도 지식암기 위주의 측정 방식이 아니라, 실제적 활용을 중시하는 참평가(authentic assessment)를 강조한다. 이러한 관점은 교육과정-수업-평가-기록에서 평가와 기록의 중요성을 상대적으로 부각하는 결과를 가져왔다. 또한 기존에 분절적으로 인식되었던 교육과정, 수업, 평가, 기록의 관계를 유기적인 흐름 속에서 통합적으로 이해하는 데 기여하였다고 볼 수 있다. 수업의 세 축은 수업 운영의 핵심을 이루는 교재, 학습되는 교육과정으로서 수업, 교육과정의 평가로 구성된다. 또한 '교수-수업-평가', 그리고 '교육과정-수업-평가-기술' 일체화는 교육과정 분석 및 해석으로부터 시작되며, 교사가 국가 교육과정의 성취기준을 재구성하여 수업에 적용하고 이에 근거하여 평가와 기록을 진행하는 것을 의미한다. 따라서 교육과정은 교사가 재구성할 수 있는 교육과정이며, 수업은 배움 중심의 철학과 가치가 반영된 학생 중심의 수업이 된다. 평가는 학생의 전인적 성장을 돕는 과정 중심의 평가가 되고, 기록은 학습과 성장의 과정을 구체적으로 반영하는 학교생활기록부의 기록이라는 의미를 갖기도 한다.

교육과정-수업-평가-기록의 통합적 이해는 성취기준(standard)을 중심으로 단원 수준에서 교과 교육과정을 재구성하여, 학생 중심의 배움 중심 수업을 실천하고 학생들의 학습 경험과 학습 과정을 평가 및 기록하며, 이를 피드백 자료로 활용하는 일련의 수업연구 과정을 확인해야 한다. 성취기준은 수업이 완료된 후에 학생이 반드시 알아야 하고 수행할 수 있어야 하는 기능을 제시하는 축이다. 교육과정, 수업, 평가에서 국가 수준의 교육과정에서 제시하는 성취기준이 제대로 반영되고 있는지 여부는 수업 설계 과정이 얼마나 일관성 있게 설계, 실행되고 있는지와 밀접하게 관련된다. 또한 교육과정이 수업을 통해 어떻게 실현되고 있는지, 교사의 주체성과 자율성이 어떻게 작용하여 교육과정이 수정 및 적용되는지는 교사가 교재를 보다 주체적이고 적극적으로 활용할 수 있도록 한다. 이러한 맥락에서 일체화(alignment)의 의미가 도출되며, 교육과정, 수업, 평가, 기록은 하나의 연속된 교육 활동으로 이해된다.
그리고 각 요소 간 불일치를 최소화하기 위해, 성취기준을 중심으로 유기적이며 통
합적으로 수업을 운영하여 학생들을 삶의 주체로 성장시키는 교육 활동이 되어야 한
다. 즉, 성취기준을 중심으로 가르치는 내용과 가르치는 방법, 그리고 평가하는 내용
이 일치하도록 교육과정-수업-평가-기록을 통합적으로 연계하는 것은 중요하다.

순	단계	내용
1	교육과정의 재인식	• 교육과정의 탐색 – 국가수준 교육과정, 경기도 교육과정
2	학생 요구 분석	• 학생들의 삶 이해하기 – 학생이 흥미를 갖고 참여하는 수업을 위한 학생 이해
3	교과 내 단원 재구성	• 교과에서 학생 배움의 의미 고찰 • 교과 성취기준을 중심으로 단원 내용 재구성 • 재구성 내용을 중심으로 평가 계획 수립 • 평가와 관련한 배움 중심 수업 차시 정하기
4	교과 간, 교과와 비교과 간 통합 재구성	• 학교(학년) 교육목표 또는 발달단계를 고려한 중점 가치 정하기 • 교과 내용 파악하기 • 주제 선정하기 • 주제 교과 단원 구성안 만들기
5	재구성된 교육과정으로 배움 중심 수업 실현	• 배움 중심 수업 관점 이해하기 • 교과 핵심 개념을 중심으로 학습 내용 재구조화 • 교과 특성에 맞는 학생 참여형 수업

6	재구성된 교육과정,
	배움 중심 수업과 연계한 평가
		• 교육과정, 수업과 밀착된 평가도구 개발
		   – 지필/수행, 서술형/논술형, 총괄 평가/성장 중심의 과정 평가, 정의적
		     능력 평가, 학생 참여형 수업에 맞는 관찰 평가 등 평가 방법 다양화

7	교육과정의 재인식	• 교사에게는 교수 학습의 질 개선, 학생에게는 성장 중심의 정보 제공
8	결과 기록	• 학생의 학업 수행에 대하여 구체적으로 기록

[그림 9-3] 교육과정-수업-평가-기록 모형

출처: 경기도교육청(2016), 교육과정-수업-평가 모형 재구성.

3. 기본교육과정 사회과의 교육과정 재구성

사회교과는 일상생활과 밀접한 연관이 있는 교과로, 특수교육대상 학생들의 생활 습관을 형성하고 주변에 관심을 가지며 일상적이고, 사회적인 적응 기술을 습득할 수 있도록 하는 데 역할을 하는 핵심 교과이다. 급변해 가는 사회 현상을 경험하고 미래 사회를 살아가야 하는 특수교육대상 학생들이 시대의 흐름에 맞게 적응하며 독립적으로 살아가기 위하여 사회과 교육은 필수적이다. 특수교육대상 학생에게 사회과를 지도할 때에는, 사회·문화적 경험을 고려하기에 앞서 학생들의 정신연령과 생활 연령 수준, 흥미와 관심 그리고 개별화 교육계획(IEP)의 목표를 일차적으로 고려하여야 한다. 그 뒤 개개인의 수준과 요구에 적합한 교육적 경험을 제공하며, 학교의 특성, 지역성 및 시사성을 함께 고려하는 효율적인 교수·학습 전략을 지향해야 한다. 특수교육대상 학생들의 경우 성취수준을 토대로 교육과정을 재구성하고, 학습자의 경험과 주도성을 강조하며 소수의 핵심 아이디어를 중심으로 가르친다 하더라도, 발달단계와 수준에 맞는 내용과 요소를 가르치는 것은 여전히 어렵다. 구체적으로, 생활연령만을 고려하여 지도하는 경우에는 학습 내용이 자칫 너무 어려워질 수도 있고, 정신연령만을 고려하여 지도하면 반드시 필요한 내용을 가르치지 못할 수도 있다. 따라서 두 요건을 모두 충족할 수 있도록 균형 있게 지도하여야 한다. 또한 흥미와 관심에만 치우친 내용이 아니라, 생활에 필요한 내용들까지도 포함할 수 있도록 지도해야 한다.

1) 단원 선정 및 수업 내용 재구성

수업의 재구성은 교과서의 단원을 분석하여 수업 내용을 재구성하거나, 교사의 인식에 따라 재구성을 수행하는 방식으로 이루어질 수 있다. 대부분의 경우 교과서 단원을 분석하여 수업 내용을 분석하며, 이는 교육과정의 성취기준을 기반으로 재구성하기 때문에 '교육과정 재구성'과 '교과서 재구성'이라는 말이 혼재되어 사용된다.

수업 내용을 재구성하기 위해서는 내용 제시의 순서 변경, 내용의 추가, 내용의 축약 등의 방법을 사용할 수 있다. 내용 제시의 순서 방법은 교과서 단원의 순서를 변경하여 가르치는 방법이다. 내용의 추가는 교과서에 제시된 내용을 깊이 있게 학습하도록 하거나 관심을 가질 수 있도록 보충 설명으로 제시하는 방법이다. 마지막으로, 내용의 축약은 내용이 지나치게 방대하거나 수업시간이 부족할 경우, 교사가 성취기준을 기반으로 내용을 축약하고 이에 따라 재조직하여 학습이 효과적으로 이루어질 수 있도록 하는 방법이다. 수업 내용을 재구성할 때는 교과 간 융합을 통한 재구성도 수행할 수 있다. 이는 교과서 자체의 통합이 아닌 교육과정을 바탕으로 다양한 교과의 교육과정을 융합하여 재구성하는 방법으로 학생들에게 융합을 통하여 사회과에서 추구하는 역량을 기르도록 한다. 또한 교과 간 융합은 프로젝트 수업, 토론식 수업, 노래 중심 수업 등 다양한 방식으로 수행될 수 있으며, 학생들은 이러한 수업을 통하여 교과에 대한 흥미를 가지고 자신의 재능과 창의성을 발휘할 기회를 가질 수 있다. 예를 들어, 국어 교과와 융합한 경우에는 국어과의 성취기준을 활용하여 학생들에게 사회과와 관련된 주제를 제시하고, 이를 바탕으로 토론 수업을 할 수 있다. 또한 미술 교과와 융합하는 경우에는 사회과와 관련된 내용에 대하여 미술과에서 제시하는 표현방법과 매체를 활용하여, 그림일기나 책표지 제작 등의 활동을 수행할 수 있다. 이러한 교과 간 융합 활동은 학생들에게 창의력과 융합 능력을 향상시킬 수 있는 동시에, 학생 중심의 수업이 되도록 한다. 그뿐만 아니라 탈교과서 활동으로도 수업 내용을 재구성하여 다양한 방식으로 수행할 수 있다. 교과서의 내용은 절대적인 것이 아니며, 학생과 교사, 교과서가 상호작용하면서 성취기준에 도달할 수 있도록 교육과정을 중심으로 수업을 만들어 나가는 것이 보다 효과적이다. 구체적으로 스마트매체를 활용하여 자신만의 책을 제작한다든지 프로젝트 학습을 수행하는 등의 활동은 학습자의 수준, 흥미, 관심을 반영할 뿐만 아니라, 지역적 특징이나 환경적 맥락을 파악하도록 한다.

사회과는 사회 인식을 통해 민주사회에 참여할 수 있는 시민 육성을 목적으로 하고 있는 교과로, 이는 특수교육대상 학생들에게도 중요하다. 더욱이, 특수교육의 중요한 목표 중의 하나는 특수교육대상 학생들이 졸업 후 살아가야 할 지역사회에 성공적으로 적응하고 공동체의 일원으로서 의미 있는 삶을 살아가도록 하는 것이다. 사회과 교육은 특수교육대상 학생들이 사회생활에서 직면하는 다양한 문제에 대한 의사결정에 참여하고, 책임감 있는 시민으로 성장하여 지역사회에 자립적으로 생활하는 기반을 마련해 준다. 따라서 학생들은 사회과 교육을 통해 단순히 지식을 습득하는 것이 아니라, 민주주의 사회에서 시민으로 살아가는 데 필요한 역량을 갖추고, 사회 현상이나 사회생활과 관련된 이해와 문제해결 능력을 함양해야 한다. 즉, 사회과는 일상생활에 필요한 기본 생활 습관을 형성하고, 사회생활에 필요한 사회적 지식과 기능을 익혀, 사회 현상에 대한 바른 인식을 바탕으로 민주사회 구성원에게 요구되는 가치와 태도를 지닐 수 있도록 교육과정을 재구성하여 실질적인 교육 활동을 수행해야 한다. 따라서 사회과 교육과정에 제시된 성취기준은 사회과 내용의 선정, 조직, 교수 방법의 설계, 평가에 이르는 일련의 교육 활동의 지표가 된다. 성취기준의 내용 요소와 행동 요소가 어떻게 진술되는지에 따라 사회과 수업의 성격이 달라질 수 있다는 측면에서 볼 때 한 영역이 아니라 다양한 영역의 목표 행동 영역을 기반으로 교육과정이 재구성되어야 한다.

구체적으로 기본교육과정 재구성에는 '계획-설계-적용'의 세 가지 단계가 따른다. 첫 번째, 계획 단계는 '대상 학생의 장애 특성 및 교육 우선도를 분석'하는 것이다. 학생의 인지적 능력의 여부나 구체적인 특성을 파악한 후, 학생들의 가능한 활동을 확인한다. 예를 들어, 지적장애와 지체장애를 지닌 중도·중복장애 학생의 경우에는 체육교과나 신체 활동의 중심이 현실적으로 어려울 수 있다. 따라서 사회와 국어 교과를 선택하여 발달 수준에 적합한 기초적인 기능과 특성을 중심으로 일상생활에서 자조 능력을 기를 수 있도록 하는 것이 효과적이다. 두 번째, 설계 단계는 '학생에게 교수할 부분 중 핵심 주제를 파악'하는 것이다. 단원이나 교육과정에서 추구하는 것이 무엇인지 확인하거나 핵심 주제를 먼저 설정하고, 관련된 영역 중 관련 있는 적합한 단원을 선정하는 방법이 있다. 또한 해당 단계에서는 소주제를 선정하여 교육과정 재구성에 기반을 둔 지도 계획을 수립한다. 예를 들어, 15개의 소주제를 선정한다면, 이를 기반으로 학생의 교육적 요구 및 선호도를 고려하고 각 회기마다 성취기준, 단원, 수업 목표, 관련 용어, 주제와 표현 등을 확인하도록 한다. 이후, 주제에 따라 교수·학습 과정안을 작성하여 학생들을 수업하는 가이드라인을 구성해야 한다. 세 번째, 적용 단계는 수업을 실행한 후 '평가 및 환류 과정을 통해 학생들이 목표에 도달하였는지 확인'하는 것이다.

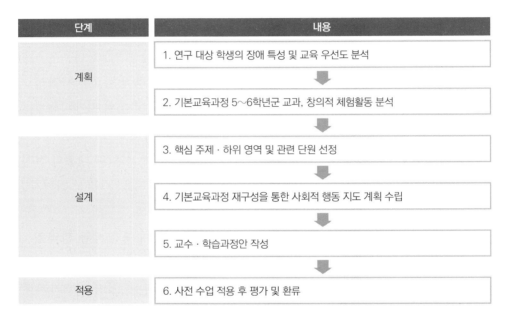

단계	내용
계획	1. 연구 대상 학생의 장애 특성 및 교육 우선도 분석
	2. 기본교육과정 5~6학년군 교과, 창의적 체험활동 분석
설계	3. 핵심 주제 · 하위 영역 및 관련 단원 선정
	4. 기본교육과정 재구성을 통한 사회적 행동 지도 계획 수립
	5. 교수 · 학습과정안 작성
적용	6. 사전 수업 적용 후 평가 및 환류

[그림 9-4] 기본교육과정 재구성 절차

출처: 박호영, 송승민(2022), p. 6.

2) 교수 · 학습 방법의 재구성 및 적용의 실제

사회과 교육과정에 따라 수업을 계획하고 교수·학습을 진행할 때에는 학생들이 사회 현상에 대해 흥미와 관심을 갖고, 인간 생활 및 사회 현상의 원리를 발견하여 이를 실제 생활에 적용하도록 수업을 전개하는 것이 중요하다. 이를 위해, 차시별로 교과서를 재구성하고 다양한 활동이 수행될 수 있도록 수업을 전개하는 것은 효과적인 학습으로 이어진다.

사회과 교육과정을 특수교육대상 학생에게 그대로 적용하는 것은 어려우며, 학생들의 교육적 경험도 다양하다. 따라서 전반적인 모든 영역을 지도하기보다는, 학생들에게 필요한 내용을 영역별로 선별하고 다양한 방식으로 적용하는 것이 필요하다.

'나의 삶' 영역은 학생이 자율적인 생활태도를 기를 수 있도록, 타인에 대한 의존을 최소화하는 경험을 반복적으로 제공하는 것을 교수·학습 방향으로 제시하고 있다. 따라서 교수·학습 방법에서도 생활 전반에서 이루어질 수 있도록 구성해야 하며, 더욱이 기초생활 습관 형성에 목적을 두고 장기적인 계획을 통해 진행되어야 한다. 또한 단원 확장이나 타 교과와의 통합을 통해 재구성하여, 실습으로 이어질 수 있도록 하는 것이 필요하다.

'관계의 삶' 영역에서는 학생들이 주변의 다양한 사람과 관계를 형성하는 실질적 경험을 통해, 사회 도덕적 인성과 사회적 능력을 계발할 수 있도록 하는 것을 교수·학습 방향으로 제시하고 있다. 그러나 특수교육대상 학생들의 경우, 관계 형성이 제한적이며 추상적인 개념을 이해하고 수행하는 데 어려움을 경험한다. 또한 생활 속에서 이러한 개념을 적용하는 것이 어렵기 때문에, 이웃에 대한 개념을 지도하는 것에도 한계점을 지닐 수 있다. 따라서 해당 영역에서는 또래교사를 활용하여 학생들이 자연스러운 관계를 형성할 수 있도록 하거나, 게임 기반 학습 혹은 게이미피케이션 등을 활용한 수업을 통해 보다 쉽게 접근할 수 있도록 하는 것이 효과적이다.

'시민의 삶'은 학생이 시민으로서 누릴 수 있는 삶의 경험을 통해 다양한 사회 활동에 참여하고, 공동체 의식을 함양하며 문화를 향유할 수 있는 기회를 제공하는 것을 교수·학습 방향으로 제시하고 있다. 그러나 시민의 삶은 특수교육대상 학생들의 실제 삶과 동떨어져 있는 경우가 많으며 내포된 개념 또한 실제로 경험하기 어려운 부분들이 많다. 따라서 실질적 경험이 가능할 수 있도록 구성하거나, 인터넷 지도, QR코드, 태블릿 PC 등과 같은 멀티미디어 자료를 활용하여 제재에 대한 간접 경험이 가능하도록 하는 것이 효과적이다. 더욱이 해당 영역은 실제 삶과 동떨어져 있는 경우가 많기 때문에, 제재를 일상생활과 연관이 있는 것들로 구성하는 것이 효과적이다. 예를 들어, 규범, 법, 관습, 국가유산보다는 경제 생활, 소비 활동, 저축 등과 같이 일상생활에 꼭 필요한 내용들로 주제를 선정하고, 이를 바탕으로 교육과정을 재구성하여 제시하는 것이 효과적이다.

3) 평가 영역의 재구성

2022 기본교육과정 사회과에서는 평가 시 학생의 특성을 고려하여 다양한 방식의 평가 방법을 적용하고, 그 결과를 교수·학습 개선에 활용하도록 평가 방향을 제시하고 있다. 특히, 학생이 생활연령과 교육적 요구에 적합한 다양한 사회생활 경험을 향유하였는가를 평가의 핵심 방향으로 설정하고, 학생이 실제 생활 속에서 학습하고 성장할 수 있도록 돕기 위해 학습 과정 및 수행에 관한 '지식·이해' '과정·기능' '가치·태도'를 종합적으로 아우르는 과정을 중시하는 평가를 적용하도록 하고 있다. 또한 내용 영역별로 평가의 중점을 바탕으로 성취기준에 적합한 평가 방법을 적용하고 학생의 장애 특성과 학습 양식을 고려한 평가 방안을 적용하도록 한다.

기본교육과정을 재구성하고 교육과정-수업-평가-기록의 일체화를 평가로 실행하기 위한 방법으로는 과정중심평가가 있으며 이는 백워드 설계(Backward Design) 모형 단계에 따라 적용할 수 있다. 백워드 설계 모형은 '거꾸로 교육과정'이라는 별칭으로 불리기도 하는데, 기존에 수업 목표-수업 활동-평가의 순으로 계획하던 것과는 반대로, 먼저 목표를 설정한 후 학생들이 핵심 개념을 제대로 이해하였는지를 드러낼 수 있는 증거가 될 수 있는 평가 과제를 포함한 계획을 수립하여, 목표와 평가 과제에 적합한 학습 활동과 경험을 설계하는 방식이다. 백워드 설계 모형에서의 단원 설계는 '바라는 결과 확인' '수용 가능한 증거 결정' '학습 경험과 수업 설계'의 3단계로 이루어진다. 이 과정에서 핵심 질문을 개발하고, 실생활 맥락과 밀접하게 관련된 수행평가 과제를 개발하며 학생들의 이해를 돕는 동시에 확인하는 평가 과제를 계획한다. 따라서 핵심 질문이라 할 수 있는 성취기준에 제시한 명사와 동사를 분석하여, 평가준거 성취기준으로 내용과 수행으로 분류한 뒤, 이를 바탕으로 핵심질문을 만들 수 있어야 한다. 이때 학생들이 배워야 할 요소를 구체화하여 제시해야 하며, 학습 과정을 통해 수업 중이나 수업 후에 결과로 나타날 수 있도록 수행 요소를 관찰 가능한 외현적 행동 동사로 표현해야 한다. 또한 학생들이 장애 정도에 특성에 따라 유의미하게 참여할 수 있도록 수업을 구성하는 것이 중요하다.

〈표 9-2〉 기본교육과정 평가 준거의 재구성

> 교육과정 성취기준:
> [4사회03-05] 학교생활에서 지켜야 하는 규칙을 살펴보고 이를 지킨다.

평가준거 성취기준 개발을 위한 교육과정 성취기준 재구성: [4사회03-05] 학교생활에서 지켜야 하는 규칙을 살펴보고 이를 지킨다.

내용	학교생활의 규칙을	수행	지켜야 하는 규칙을 알고 지닌다.
• 학교, 학급에서의 등에서의 구체적인 규칙 • 학급 시간표, 학교 교칙		• 교실에서 지켜야 하는 규칙을 살펴본다. • 식당에서 지켜야 하는 규칙을 확인한다. • 규칙을 지키는 바른 행동을 고른다. • 규칙을 지키지 않았을 때 일어날 수 있는 일을 예상한다.	

제9장의 내용을 요약해 보면 2022 개정교육과정에서는 사회과 성취기준에 '지식·이해' '과정·기능' '가치·태도'를 모두 포함하도록 제안하고 있으며, 교육 내용으로서 지식뿐 아니라 기능이나 가치 및 태도까지 포함하여 종합적인 측면의 학습도 다루고 있다. 또한 성취기준에 대하여 '영역별 내용 요소를 학습한 결과, 학생이 궁극적으로 할 수 있거나 할 수 있기를 기대하는 도달점'이라고 설명하고 있다. 2022 기본교육과정의 사회과는 '나의 삶' '관계의 삶' '시민의 삶'이라는 세 가지 영역으로 구성되어 있으며, 성취수준은 일반 학생과 동일한 내용과 수준을 경험하는 것이 아닌, 같은 사회 구성원으로서 요구되는 것을 익히기 위해 필요한 교육적 경험을 공유한다는 측면으로 이해되어야 한다.

수업은 교육 목표 달성 및 교과 역량 함양을 위해서 모든 학생의 학습 경험 성장을 최우선으로 두고 교육 내용, 교수·학습 및 평가의 일관성이 확보될 때 수업에서 의도하고 있는 교육 목표에 달성할 수 있다. 이를 위해서는 교육과정 재구성을 토대로 교육과정-수업-평가-기록의 일체화가 실현되어야 하며, 이때 학생 중심의 참여형 수업이 실현될 수 있다.

특수교육대상 학생에게 사회과를 지도할 때에는 사회·문화적 경험을 고려하기에 앞서, 개별화 교육계획(IEP)의 목표를 일차적으로 고려해야 한다. 학생 개개인의 수준과 요구에 적합한 교육적 경험을 제공하고, 학교의 특성, 지역성 및 시사성을 함께 반영할 수 있도록 교육과정을 재구성하여 효율적인 교수·학습이 수행될 수 있도록 하는 것이 필요하다.

 논의해 볼 문제

1. 사회과 기본교육과정의 한 대단원을 선정하여 교육과정 재구성 방안을 구체적으로 설계하고 토론해 봅시다.

2. 사회과 기본교육과정에서 한 가지 특정 영역 혹은 한 학년을 선택한 뒤, 성취기준을 평가 준거 성취기준으로 재구성해 봅시다.

 참고문헌

교육부(2015). 2015 초등학교 사회과 교육과정. 교육부 고시 제2015-74호.

교육부(2022). 2022 초등학교 사회과 교육과정. 교육부 고시 제2022-33호.

경기도교육청(2016). 2016 교육과정 정책 추진계획.

김기환, 이신애, 구정화, 이하영, 장규종(2023). 2022 개정 초등학교 사회과 교육과정 성취기준 진술 내용 분석. 교육논총, 43(3), 89-106.

나경훈, 이동원(2023). 교육과정 실행의 관점에서 본 2022 개정 초등사회과 교육과정의 주요 특징과 논쟁점. 사회과 교육연구, 3(2), 19-38.

박남수(2017). 특수교육 기본교육과정 초등사회과의 성취기준과 교사용 지도서의 단원목표 분석. 특수교육 저널: 이론과 실천, 18(4), 183-201.

박호영, 송승민(2022). 기본교육과정 재구성에 기반한 스크립트 지도가 중도중복장애 학생의 사회적 행동에 미치는 효과. 특수교육교과교육연구, 15(4), 1-26.

한경화(2020). 특수교육 교육과정-수업-평가 일체화를 위한 수업설계 프로그램 개발 연구. 창원대학교 박사학위논문.

제**10**장

사회과 교재 · 교구 및 매체

학습 목표

1. 사회과에서 활용되는 교재 · 교구 및 매체의 의미를 알 수 있다.
2. 특수교육대상 학생을 위한 교재 · 교구 및 매체를 분류하고 각각의 특성을 설명할 수 있다.
3. 사회과에서 교재 · 교구 및 매체를 활용한 수업의 예를 보고 적용할 수 있다.

핵심 용어

교재 · 교구, 교수 · 학습 매체, 시각자료, 멀티미디어, 디지털 교과 사회과 교육에서 교재·교구와 교수·학습 매체는 교수·학습 과정에서 교육 내용에 대한 이해를 위하여 활용되는 교수 매체, 교수 자료, 시청각 교수, 활동 자료 등을 말한다. 사회과는 주변의 사회 현상, 지표 공간의 환경, 역사 지식 등을 이해하고 실생활과 연결할 수 있어야 한다. 사회과 교육을 구현하기 위해서는 일차적으로 교재·교구와 교수·학습 매체를 활용하여 학생들의 학습 동기를 유발하고 관심을 끌수 있어야 한다. 따라서 사회과 교육은 학생들이 각종 교구 및 디지털 기술, 정보 매체를 활용할 수 있도록 환경이 조성되어야 하며, 지리정보시스템, 미디어, 시사 자료, 지도, 도표, 신문, 등 다양한 교수·학습 자료가 활용되어야 한다.

특수교육대상 학생에게 사회과 교육 내용은 학생 자신의 생활 맥락 안에서 의미 있는 학습 경험을 할 수 있도록 구성되어야 한다. 사회과 교육을 함에 있어 특수교육대상 학생들에게 실제적 경험을 제공하는 것은 학습 효과를 높일 수 있음은 물론이며 다양한 간접 경험을 제공하는 것 또한 큰 의미를 갖는다. 따라서 사회과 수업에서 교사들은 학생들이 풍부한 학습 경험을 할 수 있도록 개별 학습자의 특성뿐 아니라 학습자에게 적합한 매체를 선정하고 각종 실물 자료, 멀티미디어 자료, 시사 자료 등 다양한 교재·교구 및 교수·학습 매체를 수업 시 활용해야한다.

이 장에서는 교재·교구 및 매체와 관련된 개념을 확인하고 실제 수업에서 적용할 수 있도록 사례를 통해 제시한다. 먼저, 사회과 교재·교구 및 교수·학습에 대하여 살펴본다. 다음, 특수교육에서 유용하게 활용되고 있는 시각자료, 동영상, 멀티미디어, 신문, 디지털 교과서, 가상현실 자료의 의미와 특수교육대상 학생에게 적용 시 효과성에 대하여 확인한다. 그리고 사회과 수업에 적용되는 방안을 탐색하기 위하여 최근 이슈가 되는 주제를 기반으로 구체적인 교재·교구 및 매체 적용 사례를 살펴본다.

1. 사회과 교재 · 교구 및 매체의 개념과 기능

교재의 사전적 의미는 '가르치거나 학습하는 데 쓰이는 여러 가지 재료'를 뜻하고, 교구는 '학습을 효과적으로 지도하기 위하여 사용하는 온갖 도구로서 도서 · 지도 · 모형'을 일컫는다(표준국어대사전). 교육 활동에 활용되는 매체는 교재, 교구, 설비 등과 같은 여러 가지 용어로 분류되어 사용된다. 특히 현장에서 교재와 교구, 교구와 설비는 같은 의미로 사용되기도 하고, 때로는 구분하여 사용되기도 한다. 교구란 교육 활동에서 매체를 활용하여 학생들에게 교육 목표를 달성하기 위한 활동을 여러 가지 형태로 제시하는 데 쓰이는 도구나 물품을 말한다. 한편, 교재란 교육 목표를 달성하기 위해 학습자들이 학습해야 할 내용을 포함하며, 각종 정보 제시 기기를 통하여 제시되는 교수자료로 정의할 수 있다. 정보통신기술(ICT)의 발전은 국가와 사회 각 부문의 변혁에 핵심적 요인으로 부각되기 시작하였다. 이러한 변화의 바람은 교재 · 교구에도 영향을 주어 과거의 고정적인 인쇄매체는 유동적인 멀티미디어 매체로 변화되었으며, 이를 현장뿐만 아니라 사이버 공간에서도 활용할 수 있도록 환경의 변화도 나타나기 시작했다. 교과서는 학습 효과를 높이기 위한 다양한 자극을 제공하는 것에 다소 한계가 있다. 텍스트, 사진, 삽화, 도표 등 몇 가지 매체를 활용하여 인지 감각을 자극하고 학습을 유도하지만, 학습자의 다양한 감각을 동시에 자극하지는 못한다. 따라서 교재 · 교구는 수업 내용을 보다 효과적으로 제시하는 데 활용된다.

교수 · 학습 매체는 일반적인 매체의 의미와 기능을 교수 · 학습 상황에 적용했을 때 나타나는 개념이다. 넓은 의미에서 교수 · 학습 매체는 학습 목표를 달성하기 위해 교수자와 학습자 간에 사용되는 모든 수단을 포함한다. 그러나 학습 내용을 전달하고 공유할 수 있도록 돕는 공학적 도구로 정의될 때 이는 교수 · 학습 매체의 좁은 의미에 해당한다. 그러므로 교수 · 학습 매체는 체계적인 수업을 설계하고 활용하는 데 중요한 역할을 하며 학생들이 지식을 구성할 수 있는 능력 및 태도를 갖게 하는 특징을 가지고 있다. 새로운 기술의 급속한 발전으로 디지털 세계는 이미 현실이 되었다. 지식 정보화 사회에서 학생들은 영상 매체를 중심으로 한 사회화 요소에 점점 더 많이 노출되고 있으며, 그 영향력 또한 갈수록 커지고 있다. 학생들은 매체에서 얻은 정보를 바탕으로 자신들의 행동, 신념, 사고 체계를 형성하며 현실 참여를 시도한다. 또 선거와 같은 정치 활동, 시민단체 활동이나 각종 집회 참여, 그리고 생산, 소비, 투자, 저축 등의 경제활동을 포함한 일상적인 다양한 영역에서 영상 매체 정보를 참고하여 판단을 내린다. 반면, 교과서는 교육과정이 개정될 때마다 한 번 출판되고 다음 개정까지는 크게 변하지 않기 때문에 시대적인 변화를 반영하지 못하는 시간 지체라는 한계를 지닌다. 이로 인해 교사와 학생들은 교과서를 구시대적인 자료로 여기게 되고, 결국 주된 학습 자료로서의 의미를 상실하게 된다. 이러한 문제를 보완하기 위해, 교사는 시사적인 학습 자료로서 다양한 매체를 활용하고 있다.

사회과 수업에서 교사는 민주시민의 자질을 함양하려는 사회과 교육의 목표를 달성하기 위해, 정해진 교과 내용을 보조하는 수단으로써 여러 가지 교재·교구 및 매체를 활용한다. 특히 사회과 수업에서 매체로 활용되는 테크놀로지는 내용적 측면에서는 학습의 '소재'로, 방법적 측면에서는 교수의 '수단'으로 기능할 수 있다. 예를 들어, 사회과 수업에서 교재·교구 및 매체 중 하나인 인터넷 뉴스와 소셜미디어는 교과서에 제시된 문제와 이와 관련된 최신 시사 정보를 확인하는 데 유용하다. 또한 온라인 플랫폼에서는 다양한 정보를 손쉽게 검색할 수 있어, 학생들이 사회문제나 쟁점이 되는 내용에 대해 폭넓은 시각을 가지는 데 활용될 수 있다.

2. 특수교육대상 학생을 위한 사회과 교재 · 교구 및 매체의 분류와 특성

1) 시각자료

시각자료는 시각에 의존하는 감각적 방식을 제공하는 것으로 시각장애학생을 제외한 모든 학생에게 적용 가능하다. 시각자료는 교과서, 사진, 컴퓨터 프로그램, 인터넷, 그래프 자료, 삽화 등 내용의 이해를 도우며 어디서나 이용 가능하다. 사회과의 시각자료는 본문의 이해를 돕는 보조 자료의 기능을 넘어, 학습 내용 및 학습 주제를 다양한 방식으로 나타나는 기능을 담당한다. 예를 들어, 지리 교과의 경우, 제한된 수업 시간과 교과서만으로는 학습이 충분히 이루어지기 어렵기 때문에, '지도'와 같은 시각자료는 문자자료를 보완하고 학습효과를 높이는 데 중요한 역할을 한다.

특수교육대상 학생을 위한 교재 · 교구로서 시각자료는 시각장애학생을 제외한 모든 교육과정과 학년에 적용할 수 있으며, 특수교사가 손쉽게 제작하고 제시할 수 있는 장점이 있다. 시각자료는 복잡한 사회 현상이나 관계, 지리적 분포의 특성과 현상을 단순화할 수 있어, 특수교육대상 학생들도 쉽게 이해하고 효과적으로 사용할 수 있도록 돕는다. 또한 시각적 데이터를 활용하거나 가상의 스프레드시트, 코글(Coggle), 깃마인드(Gitmind)와 같은 프로그램을 이용한 브레인스토밍 활동은 상호작용적 매체로서 중요한 역할을 한다. 그러나 시각자료는 사물이나 장면의 단면만을 보여 주므로, 3차원적 관점을 제공해 주는 소프트웨어를 사용하는 것이 효과적일 수 있다. 다만, 지적장애 학생들은 일반화의 어려움으로 인해 시각화된 자료를 이해하기에 어려움을 지닌다. 그리고 시각자료에 많은 단어가 포함될 경우 정보 과부화로 혼란을 겪을 수 있다. 또한 디지털 프로젝터 사용, 고화질 카메라, 스캐너 등은 초기 비용이 높아 접근성이 제한될 수 있다.

서울 관광 지도   지구환경 관련 브레인스토밍

[그림 10-1] 브레인스토밍 활동 기반 시각자료의 예

2) 동영상

사회수업에서는 교육용 동영상의 활용 빈도가 높으며, 이는 구체적이고 실제적인 학습 자료를 제시하는 데 효과적이다. 동영상 자료는 학습에 있어 움직임을 보여 주는 데 적합하여, 직접적으로 제공하기 어려운 자료나 위험에 노출될 수 있는 현상도 안전하게 관찰할 수 있도록 돕는다. 예를 들어, 영화와 드라마는 역사적 사건과 인물을 생생하게 묘사하여 학생들이 인간의 상호작용을 생생하게 관찰하고 분석할 수 있도록 한다. 이를 통해 개인적 태도와 사회적 태도를 형성할 수 있도록 하여, 학습자에게 정서적으로 큰 영향을 미칠 수 있다. 또한 다양한 해결 방식을 토론하거나, 문화적 차이를 깊이 있게 이해하는 과정을 통해 문제해결력 향상에도 도움을 줄 수 있다.

동영상 자료는 시각과 청각에 의존하는 감각적 방식을 제공하기 때문에, 시각장애 학생과 청각장애 학생들을 위해서는 별도의 보조적 장치가 필요하다. 또한 동영상은 고정된 속도로 재생되기 때문에 발달장애나 학습장애 학생 등 일부 학생들은 뒤처질 수 있다. 특히, 지역 환경을 담은 동영상은 사람들의 인터뷰로 마무리되는 경우가 많아 다소 장황하게 느껴질 수 있다. 또한 동영상은 지도나 배선도 등과 같은 시각자료에는 적합하지 않으며, 가끔은 추상적인 의미를 포함하여 발달장애 및 학습장애 학생들이 내용을 있는 그대로 받아들이거나 잘못 이해할 가능성이 있다.

3) 멀티미디어

　멀티미디어는 다양한 매체 형식들을 순차적으로 또는 동시에 활용하는 것을 의미한다. 컴퓨터는 문자, 소리, 그래픽, 이미지, 동영상 등의 다양한 매체를 하나의 통합된 멀티미디어 형태로 제공하여, 기기와 인간 간의 상호작용이 가능하도록 한다. 멀티미디어는 하나의 통합된 정보 형태로 의사를 전달하며, 학생들이 프로그램 안에서 직접 자료를 선택할 수 있게 하여 보다 적극적이고 능동적인 참여가 가능하도록 한다.

　멀티미디어는 개별화된 접근이 가능하여 학습자의 진도와 순서에 따라 활동할 수 있도록 함으로써, 특수교육적 요구를 가진 학생들의 필요를 충족시킨다. 또한 정보 관리에 효율적이며 학생들의 학습 동기를 유발하고 흥미를 높여 주어, 학습된 무기력을 지니거나 주의집중에 어려움을 겪는 학생 그리고 학습장애 학생 등 학업 성취가 낮은 학생들에게 매체별 특징을 통해 다중 감각적 경험을 제공한다.

4) 신문

　신문은 매일 다양한 분야의 소식을 전달해 주기 때문에 시의성과 흥미를 갖추고 있어 교육 자료로 활용하기에 적합하다. 신문을 활용하면 유익하고 실용적인 학습을 제공할 수 있어, 많은 교육 전문가는 신문을 '살아있는 교과서'로 부르기도 한다. 사회과 수업에서는 시사성과 시의성을 지닌 자료로서 신문이 널리 활용되어 왔다. 신문은 실생활과 밀접하게 연관되어 학습 동기를 유발하며, 협동학습을 가능하게 하고 창의력 향상에도 도움이 된다.

　NIE(신문활용교육)은 'News In Education'의 약자로, 신문을 활용하여 학습 효과를 높이는 교육 방법을 의미한다. NIE에서 사용하는 신문은 교과서 위주의 수업이 가지는 경직성과 폐쇄성에서 벗어나, 보다 다양하고 실제적인 자료를 제공할 수 있다. NIE를 활용하는 수업에서는 신문을 통해 교육적 요소를 발견하고 학습하거나, 신문과 친숙해지기 위해 신문을 활용한 다양한 표현 및 공작 활동을 할 수 있다. 또한 신문을 읽고 개별 또는 모둠이 직접 신문을 만들어 보거나, 신문 속 정보의 종류와 중요성을 이해하여 정보에 대한 탐색 능력, 분석 능력, 응용 능력 등의 정보 처리 능력을 기를 수 있다. 구체적으로 NIE 활용 수업 예로는, 서로 다른 관점의 기사를 제시하고 학습자가 이를 능동적으로 재해석하고 글로 표현하는 수업, 스토리텔링 기법을 활용해 신문 기사를 요약하고 글과 그림으로 이야기를 만들어 학습자의 생각을 표현하는 수업, 지속가능발전과 연계 수업 등이 있다.

신문은 청각장애, 경도 지적장애, 학습장애 학생 등 읽기, 쓰기, 언어 능력에 어려움이 있는 학생들에게 효과적이다. 이러한 특수교육대상 학생들은 일반적으로 언어발달이 전반적으로 지연되어 있고, 어휘력이 부족하며 문장 구성 능력이 낮은 경향이 있다. 이에 따라 학업 성취도가 낮으며 부정적인 정서를 지닐 수 있다. 그러나 NIE를 적용하면 독해력뿐만 아니라 어휘력, 언어 이해력, 언어 표현력 등 다양한 언어 능력에서도 향상을 나타낼 수 있다.

4) 디지털 교과서

교육부는 AI 기술을 기반으로 한 디지털 교과서를 개발하고 학교 현장에 전면 보급함으로써, 학생 개별 맞춤형 교육을 실현하겠다는 계획을 발표하였다. 디지털 교과서는 전자교과서와 e-교과서라는 용어와 혼용되며, 기존 서책형 교과서가 가지는 교육 내용 전달의 목적을 넘어 참고서, 문제집, 학습사전 등 방대한 학습 자료를 포함한다. 또한 디지털 교과서는 인쇄 기반 교과서의 문서자료의 기능과 역할을 넘어 동영상, 애니메이션, 가상현실, 하이퍼링크 등 첨단 멀티미디어 기능을 통합적으로 제공할 수 있도록 한다. 디지털 교과서는 실제 수업과 학생의 학습에서 교과서를 다양한 방식으로 적극 활용할 수 있도록 지원한다. 나아가 디지털 교과서는 학생들에게 사회 각 기관의 학습 자료 데이터베이스(DB)와 연계하여 폭넓은 학습 자료를 제공받을 수 있게 한다. 그뿐만 아니라 기존의 서책용 교과서와 유사한 필기, 밑줄, 노트 기능과 학습자의 능력에 맞춘 진도 관리, 평가 기능을 갖추고 있어 학생들은 교과서만으로도 자신의 적성과 수준에 맞춘 개별학습을 할 수 있다. 나아가 AI 기반 디지털 교과서는 교사와 학생에게 사회 현상에 대한 멀티미디어 자료, 학생 맞춤형 실감형 콘텐츠, 피드백 등을 제공함으로써 교과서 관리의 편의성을 높인다는 장점을 지닌다.

디지털 교과서는 특수교육대상 학생들이 시간과 공간의 제약 없이 개별화 교육을 받을 수 있도록 지원하며, 학습 동기 유발에도 효과적이다. 디지털 교과서는 다양한 멀티미디어의 제공으로 장애로 인해 발생하는 정보 접근성의 제약을 최소화시키며 다양한 미디어를 통합적으로 제시하여 교육의 효과를 극대화한다. 또한 디지털 교과서는 보조공학기기와 연결해 보조공학적 지원을 받을 수 있도록 하여 발달장애, 학습장애, 시각장애, 청각장애 등 모든 유형의 특수교육대상 학생에게 효과적으로 활용될 수 있도록 하며, 이들의 개별 요구에 적합한 교육을 제공할 수 있다.

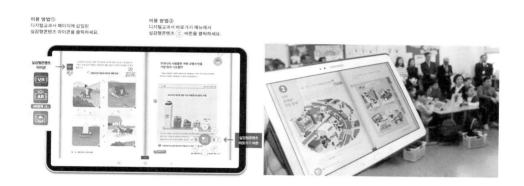

[그림 10-2] 디지털 교과서의 활용

출처: 에듀인뉴스, https://www.eduinnews.co.kr/news/articleView.html?idxno=27610

5) 가상현실 기반 자료

가상현실(Virtual Reality: VR)이란, '컴퓨터 사용을 통한 인공적인 기술로 만들어 낸 특정한 환경이나 상황, 또는 그 기술 자체'를 의미한다. 가상현실은 사용자와 시스템 간의 상호작용을 통해 시·공간을 초월한 경험을 다감각적으로 제공한다. 따라서 수업에서 활용할 경우 학생들은 몰입감으로 인해 학습 효과가 증진되고 학습자 중심의 학습을 촉진하며 적극적인 학습이 가능하도록 한다.

인지 능력에는 제한이 없지만 운동 능력에 제약이 있는 지체장애 학생들은 사회
활동과 지역사회의 실생활 현장에 직접 참여하는 기회가 부족하여 교육과정 접근에
서 소외되기 쉽다. 이로 인해 외부 세계에 대한 경험이 제한되고, 타인과의 관계를
형성하는 데 어려움을 겪을 수 있다. 따라서 사회과 수업에서 가상현실을 활용하면,
시·공간을 초월한 경험을 제공하여 학습경험의 폭을 넓히고, 장애로 인한 물리적
제약을 보완할 수 있다. 이를 통해 학생들은 자신의 속도에 맞추어 학습할 수 있어,
특수교육대상 학생들에게 특히 효과적이다. 또한 사회과의 개념을 불완전하게 학습
할 수 있는 지체장애 학생들은 가상현실을 통해 역사, 지리, 사회생활 문제 및 쟁점
에 보다 몰입하고 체험할 수 있다. 이는 학습동기를 높이는 데 효과적이며, 다감각적
인 정보를 제공함으로써 학습자가 환경을 직접 조작하고, 자신의 학습 과정을 자율
적으로 통제할 수 있도록 지원한다.

Google Expeditions VR App Alternatives   Google Cardboard

[그림 10-3] 가상현실 제공 플랫폼의 예

3. 사회과 교재·교구 및 매체의 분류 활용 수업의 예

1) NIE 활용 지속가능발전교육 수업

NIE 수업은 전통적 교실에서의 수업과는 달리, 기존 교과 영역 및 교육과정에 신문을 적절히 활용하여 학생들이 폭넓게 학습할 수 있도록 한다. NIE 수업은 개별성·다양성을 존중하고, 발견·탐구·경험을 장려하며, 사회적 현안과 논쟁거리가 교수·학습의 주제가 되는 경우가 많다. 또한 NIE 수업은 학습자 중심으로 진행되거나 교사와 학습자가 함께하는 공동의 교수·학습 활동으로 지식과 사실의 의미와 이해를 강조한다.

최근 사회과 교육과정 내용 체계 속에서는 지속가능발전교육이 중요한 역할을 맡고 있다. 지속가능발전교육은 사회적으로 중요성이 점점 커지고 있어, 시사적인 문제를 중심으로 학습자들이 사회 현상에 관심과 호기심을 가지고 정보를 분석하고 해결 방안을 탐구해 볼 수 있도록 구성해야 한다. 그러나 교과서에는 지속가능발전과 관련하여 주로 단순한 개념적 정의나 과거 사례들만을 제시하고 있기 때문에, 실제 생활과 연계된 구체적이고 시사적인 정보와 자료들을 제공하는 것이 필요하다. 따라서 NIE 수업을 통해, 교사는 학습자들이 지속가능한 발전이라는 사회 현상을 일상생활과 연계하여 이해할 수 있도록 지원해야 한다. 이를 통해 주요 용어와 개념을 바르게 이해하고, 현대 사회 구성원으로서 갖춰야 할 가치와 태도를 함양하도록 수업을 설계하는 것이 필요하다.

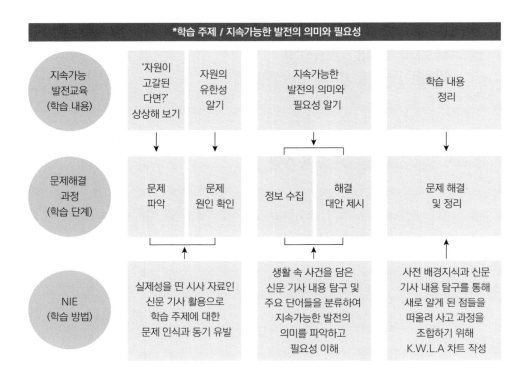

[그림 10-4] 지속가능한 발전을 위한 태도(1~2차시) 학습 전략 구조

출처: 송현경(2018), p. 31.

〈표 10-1〉 지속가능한 발전의 의미와 필요성(1~2차시) 수업 지도안

단원	2. 환경과 조화를 이루는 국토			
소단원	모두를 위한 지속가능한 발전			
차시 학습 목표	지속가능한 발전의 의미와 필요성을 알아봅시다.			
학습 자료	교사	동영상 자료, 학습지	**수업 모형**	문제해결학습 모형
	학생	신문 기사		

학습 과정		교수·학습 과정	시간	자료(⊛) 및 유의점(※)
단계	요소			
문제 파악	동기 유발	⊛ '자원이 고갈된다면? 상상해 보기 - '석유가 사라진다면?' 영상 시청한 후 석유가 사라진다면 우리에게 생길 일 이야기 나눠 보기	10'	
	학습 문제 확인	⊛ 학습 문제 확인 지속가능한 발전의 의미와 필요성을 알아봅시다.	1'	
	학습 활동 안내	⊛ 학습 활동 안내 확인 〈활동 1〉 자원의 유한성 알기 〈활동 2〉 지속가능한 발전의 의미와 필요성 〈활동 3〉 K.W.L.A. 차트 작성하기.	1'	
문제 원인 확인	학습 활동 1	〈활동 1〉 자원의 유한성 알기 - '자원 고갈의 심각성'을 알 수 있는 신문 기사 살펴보기	15'	※우리가 가지고 있는 자원은 한정되어 있기 때문에 후손들이 삶을 영위하기 위해서는 일정한 자원이 필요하다는 점을 파악하도록 한다.
정보 수집 해결 대안 제시	학습 활동 2	〈활동 2〉 지속가능한 발전의 의미와 필요성 - 신문 기사, 교과서 84쪽의 그래프 살펴보며 지속가능한 발전이 필요한 까닭 생각해 보기 - 지속가능한 발전은 환경뿐 아니라 경제, 사회적 평등을 모두 고려한 발전 방향이라는 의미를 알도록 한다.	15'	
문제 해결	학습 활동 3	〈활동 3〉 K.W.L.A. 차트 작성하기 - 신문 기사의 내용을 살펴보고 KWLA 차트로 정리, 발표해 보기	27'	
정리	학습 내용 정리	⊛ 학습 내용 정리 - 지속가능한 발전의 의미와 필요성 - 우리 생활 속에서 지속가능한 개발을 위해 실천할 수 있는 행동 이야기해 보기	10'	
	차시 예고	⊛ 다음 차시 예고 - 지속가능한 발전의 사례 탐구하기	1'	

출처: 송현경(2018), p. 34.

2) 가상현실 체험을 활용한 난민 문제 수업

세계시민교육은 사회과에서 제시하는 세계시민으로서 갖추어야 할 '세계시민성'의 함양을 추구하고, 학생들이 세계 공동체의 일원으로 성장할 수 있도록 하는 데 목적을 둔다. 사회과에서 다루는 세계시민교육은 타문화 및 전 지구적 상호의존성의 이해를 중심으로 세계시민성을 강조하고 있다. 세계시민교육은 인구문제, 환경문제, 안보문제 등과 같은 글로벌 이슈를 다루어야 하며, 지역 공동체나 국가 수준을 넘어 전 세계의 인권 수호와 관련된 학습으로 확대되어야 한다.

최근 발생한 제주도의 예멘 난민 문제와 같은 사례는 인본주의와 인권보호라는 세계시민사회의 가치를 실천하기 위한 필요성을 제기한다. 따라서 난민 문제 수업은 세계시민사회의 역할에 관한 올바른 인식과 사회관을 갖추도록 해야 한다. 또한 난민 문제 조정과 해결이 실질적이고 직접적인 활동으로 발전할 수 있도록 가상현실을 기반으로 설계하는 것은 세계시민교육 차원에서 의미 있고 중요한 방식이 될 수 있다. 난민 문제를 체계적으로 탐구하기 위하여 ADDIE 모형에 따라 '분석-설계-개발-실행-평가'의 단계로 수업을 설계할 수 있다. 구체적인 단계는 다음과 같다.

[그림 10-5] ADDIE 모형에 따른 난민 문제 수업 설계 절차의 예

〈표 10-2〉 난민 문제에 대한 사회과 VR 체험 중심의 수업 설계 재구성

단원	4. 변화하는 세계화 속의 우리			
소단원	3) 함께 해결하는 지구촌 문제			
학습 주제	난민 문제, 어떻게 해결해야 할까?			
차시 학습 목표	난민의 개념을 이해하고 난민 통합 방법과 한국 입국 예멘 난민 문제에 대하여 해결 방법을 모색한다.			
학습 자료	교사	스마트폰, 카드보드 헤드셋	**수업 모형**	탐구학습모형
	학생	활동지		

학습 과정		교수 · 학습 과정	시간	자료(ⓐ) 및 유의점(※)
단계	요소			
탐구 문제 파악	동기 유발	◦ '제주에 몰려든 예멘 난민?' 상상해 보기 - 제주에 몰려든 예멘 난민…… 어떻게? - 영상 시청한 후 난민과 관련된 자료를 보여 주고 자유롭게 의견 주고받기	5'	
	학습 문제 확인	◦ 학습 문제 확인 난민의 개념을 이해하고 난민 통합 방법과 한국 입국 예멘 난민 문제의 해결 방법을 모색한다.	1'	
가설 설정	학습 활동 안내	◦ 학습 활동 안내 확인 〈활동 1〉 난민은 무엇을 의미하는가? 〈활동 2〉 난민을 통합하는 방법에는 어떤 것들이 있는가? 〈활동 3〉 제주에 입국한 예멘 난민 문제를 어떻게 할까?	1'	
탐색	학습 활동 1	〈활동 1〉 난민의 개념 - VR 체험으로 난민의 개념학습 안내 - Google Expedition '난민' 자료 시청을 안내 - VR 체험 후 모둠활동지를 학습	10'	※ 난민의 개념을 명확히 이해하고 VR 장면은 영문 버전이므로 한글로 번역하여 제공한다.
정보 수집 및 처리	학습 활동 2	〈활동 2〉 난민을 통합하는 방법 - Google Expedition에서 난민 통합 방법에 대한 VR자료(교육과 스포츠를 통한 통합)를 시청한 후 자율적인 소집단 활동 안내 - VR 장면의 구성 인물과 대상 설명 글을 보고 문제에 대하여 논의	15'	

학습 과정		교수 · 학습 과정	시간	자료(⑧) 및 유의점(※)
단계	요소			
결론 및 일반화	학습 활동 3	〈활동 3〉 제주 예멘 난민 문제해결 방법 모색 - 사이트의 자료로 제주도 예멘 난민 수용에 관한 바람직하고 합리적인 해결 방법 모색 - 난민 처리를 위한 대안 제시 및 종합	15′	
정리	학습 내용 정리	◉ 학습 내용 정리 - 활동지 진술 및 평가	2′	
	차시 예고	◉ 다음 차시 예고 - 난민 활용과 대응 방안 탐구하기	1′	

출처: 전희옥(2018), pp.144-148.

3) 지적장애 고등학생 대상 가상현실 활용 역사수업

특수교육대상 학생들은 역사 교육을 통해 공동체 의식과 역사적 · 문화적 소양을 기르며, 능동적인 사회 구성원으로 살아갈 수 있다. 그러나 특수교육대상 학생들은 시간의 흐름이나 역사적 사실들을 직접 경험하기 어렵고, 추상적인 역사 개념을 이해하는 데 어려움을 지닌다. 따라서 특수교육대상 학생들에게 가상현실 콘텐츠를 활용한 수업은 해당 시대를 잘 알 수 있게 하며 국가유산에 대해서도 실제적인 느낌을 제공하고, 다양한 각도로 역사를 체험할 수 있도록 돕는다.

가상현실 활용 수업은 특수교육 교육과정의 사회과 역사 영역에서 제시된 학습 내용 중 일대기적 학습이나 역사적 인물 학습이 아닌 국가유산 역사 수업을 주제로 선정하여 진행할 수 있다. 문화유산 수업은 학생들에게 국가유산의 기능을 이해하도록 하고, 과거의 생활과 선조들의 정신을 보고, 듣고, 체험하면서 배울 수 있도록 한다.

학생들은 구글 카드보드를 활용하여 '유네스코 가입 70주년' 애플리케이션과 유튜브에서 제공하는 무형문화재 360° 영상을 가상현실 영상으로 변환하여 체험하게 된다. 교사는 우리나라의 세계유산을 가상현실로 탐방하는 체험을 제공하며, 구글 카드보드에 스마트폰을 결합하여 학생들이 몰입형 가상현실을 체험할 수 있도록 지도

한다. 영상의 소요시간은 약 8분 정도로, 학생들은 몸을 회전시키면서 스마트폰 기기를 움직이며 주변을 탐색할 수 있으며, 영상 재생 중간에 미션을 찾을 수 있게 함으로써 몰입도를 높였다.

유네스코 가입 '70주년 세계유산' 애플리케이션

무형문화재 유튜브(수원화성) VR 영상

[그림 10-6] 가상현실 활용 문화유산 수업의 예

〈표 10-3〉 지적장애 고등학생 대상 역사과 VR 수업지도안 재구성

단원	8. 세계가 사랑하는 문화재			
학습 주제	전통과 역사를 품은 유적지(수원 화성)			
학습 목표	수원 화성을 체험해 보고 아름다움을 표현할 수 있다.			
학습 자료	가상현실(VR)기기, 시청각자료, 사진, 포트폴리오 활동지, 형성평가지	수업 모형	문제해결학습 모형	

학습 과정		교수 · 학습 과정	시간	자료(⑳) 및 유의점(※)
단계	요소			
문제 확인	동기 유발	• '수원 화성' 사진 제시 　－수원 화성 사진을 보며 경험 이야기하기	5'	※경험을 바탕으로 이야기할 수 있도록 유도한다. ⑳ PPT자료
	학습 문제 확인	• 학습 문제 확인 　수원 화성에 대해 알아봅시다.	1'	
	학습 활동 안내	• 학습 활동 안내 확인 　〈활동 1〉 수원 화성에 대한 배경지식 알기 　〈활동 2〉 가상현실(VR) 수원 화성 탐방하기 　〈활동 3〉 포트폴리오 활동지 해결하기	1'	

문제 탐색	학습 활동 1	〈활동 1〉 수원 화성에 대한 배경지식 알기	7'	㉔ 포트폴리오 활동지, 색 연필, 사인펜 등 ※학생이 수원 화성 특징이나 아름다움을 가상현실 체험을 통해 찾도록 도와준다. ※몰입형 체험을 하지 않은 학생들은 체험 영상을 스마트 TV화면을 연결해서 보며 비몰입형 가상현실 체험을 한다.
문제 해결 적용	학습 활동 2	〈활동 2〉 가상현실(VR) 수원 화성 탐방하기 - 가상현실(VR) 기기를 착용하여 360° 자유롭게 움직이며 수원 화성 내부 체험하기 - 활동 1에서 배운 수원 화성의 아름다움과 특징 찾기 - 가상현실(VR)에서 퀴즈 풀기	20'	
결론 및 일반화	학습 활동 3	〈활동 3〉 포트폴리오 활동지 해결하기 - 가상현실(VR) 체험 후 수원 화성의 아름다움을 그림으로 표현하기 - 수원 화성의 역사적 의미 알기	13'	
	학습 내용 정리	◉ 학습 내용 정리 - 형성평가지 해결하기 - 소감 이야기 나누기	2'	
	차시 예고	◉ 다음 차시 예고 - 창덕궁에 대해 알아보기	1'	

출처: 송수희(2021), p. 38.

이 장의 내용을 요약하면 다음과 같다. 교재 · 교구 및 교수 · 학습 매체는 체계적인 수업을 설계하는 데 중요한 역할을 한다. 사회과 수업에서 교사는 학생들이 교육목표에 달성할 수 있도록 다양한 교재 · 교구 및 매체를 학생의 요구와 학습 내용에 맞게 선정한 뒤 수업 시간 중에 활용할 수 있다.

특수교육대상 학생들에게도 교재 · 교구 및 교수 · 학습 매체는 다양한 경험을 제공하며, 주의 집중과 학업 성취를 높이는 데 중요한 의미를 지닌다. 예를 들어, 시각자료는 복잡한 사회 현상이나 특성을 단순화해 주며, 동영상은 발달장애 및 학습장애 학생들이 구체적이고 실제적인 학습 자료로 다양한 사회 현상을 쉽게 이해할 수 있도록 돕는다. 또한 멀티미디어는 학생들이 적극적이고 능동적으로 참여할 수 있는 환경을 제공하며, 특히 특수교육대상 학생들은 매체 특징에 따라 다중 감각적 경험을 통해 학습에 대한 흥미를 유발한다. 신문은 시사성과 시의성을 지닌 자료로 읽기, 쓰기, 언어 능력에 어려움을 지닌 학생들에게 특히 효과적이다. 디지털 교과서는 특수교육대상 학생이 시간과 공간의 제약 없이 개별적인 요구에 적합한 개별화 교육을 받을 수 있도록 지원하며, 가상현실 기반 자료는 인지능력에 제한이 없는 지체장애 학생들이 사회 교과와 관련된 다양한 문제 및 쟁점 등을 체험하도록 한다.

 논의해 볼 문제

1. 사회과 수업에서 교재·교구 및 매체가 지니는 의미와 효과성을 찾아봅시다.

2. 장애 유형 중 한 가지를 선정하여 교재·교구 및 매체 활용 시 주의사항에 대하여 논의해 봅시다.

3. 제시된 사례를 기반으로 자신의 사회과 수업에 교재·교구 및 매체에 주안점을 둔 교수·학습 지도안을 작성해 봅시다.

 참고문헌

권승혁, 이영지, 최수연, 권용주(2018). 생명과학 VR 콘텐츠 활용에서 학습자에게 영향을 미치는 구성 요소 분석. 학습자중심교과교육연구, 18(6), 585-605.

김우리, 옥민욱(2019). 장애 아동의 학습을 위한 증강현실 및 가상현실 기반 중재연구 분석: 학업 성취와 학습 태도를 중심으로. 학습장애연구, 16(3), 51-72.

박은혜, 김정연, 표윤희(2021). 중도중복장애 학생을 위한 교수·학습 자료 활용 실태 및 개선 요구. 특수교육학연구, 55(4), 83-113.

송수희(2021). 가상현실(VR)활용 역사수업이 지적장애 고등학생의 수업참여도 및 학습 목
표달성에 미치는 영향 : 우리나라 문화유산 학습을 중심으로. 단국대학교 석사학위
논문.

송현경(2018). 초등 사회과에서 NIE를 활용한 지속가능발전교육 실행 연구. 경인교육대학교
석사학위논문.

윤요순, 홍미화(2023). 초등 사회교과서 관련 연구에 대한 비판적 담론분석: AI 디지털교과
서 도입에 즈음하여. **사회과수업연구,** 11(1), 73-89.

이미나(2011). 사회문제해결 행동의도 향상을 위한 교과서텍스트 구성전략 연구-기후변화
문제 사례를 중심으로. **시민교육연구,** 43(4), 26-55.

전희옥(2018). 사회과 '가상현실 체험 중심' 수업 사례 개발: Google Expedition 활용을 중심
으로. **사회과 교육,** 57(4), 144-148.

정지훈, 이영선, 박은혜(2021). 지체장애 학생을 위한 가상현실(VR) 기반 사회과 탐구학습
설계와 적용: 학업성취도와 학습몰입도를 중심으로. **교육정보미디어연구,** 27(3), 1121-
1144.

차현진, 손지영(2019). 보편적 학습설계를 적용한 장애학생 디지털교과서 제작 지침 개발 연
구. **컴퓨터교육학회 논문지,** 22(2), 51-66.

최준호(2016). 세계시민교육을 위한 교수·학습과정안 사례연구: 난민문제 수업을 중심으
로. **교육혁신연구,** 26(3), 239-266.

한경근(2017). 인공지능 테크놀로지 시대의 중도·중복장애학생 교육을 위한 제언. **지체중복
건강장애연구,** 60(3), 47-65.

2022 개정교육과정 28
2022 개정 기본교육과정 사회과 31

Decision-Matrix 전략 134
Decision-Tree 전략 134

ICT의 활용 학습 205

NCSS 74
NIE 259
NIE 수업 263

ㄱ

가상현실 261
가상현실 활용 수업 268
가치 26, 147
가치관 26, 147
가치 교육 147
가치명료화 과정 151
가치명료화 모형 149
가치명료화 접근법 149
가치분석 164
가치분석 모형 167
가치분석 모형 단계 168

가치분석의 과정 167
가치 원리의 수용성 검사 171
가치지 155
가치 탐구 114
가치 · 태도 76
가치 판단 164
가치화 27
가치화의 과정 149
감각 27
감정 27
개념 19, 68, 86, 184
개념 기반 교육과정 66
개념의 속성 91
개념의 예와 비예 91
개념적 지식 20
개념학습 90, 184
개념학습 모형 184, 205
개인적 의사결정 모형 133
거꾸로 교육과정 250
결정적 속성 91, 92
경험주의 교육과정 18
계속성 61
계열 69
계열성 61, 74

공통된 속성 91

과정 66

과정 · 기능 75

과학 27

과학적 문제 126

과학적 탐구 114

관계의 삶 17, 79, 215, 249

관찰법 227

교과 간 융합 246

교과 교육과정 59

교과서 재구성 246

교구 255

교수요목 69

교수 · 학습 매체 255

교육과정 성취기준 235

교육과정-수업-평가 240

교육과정-수업-평가-기술 243

교육과정 재구성 245, 246

교육과정 지역화 73

교육 내용 59, 236

교육 지식 59

교육 평가 211

교재 255

교정과 피드백 88

구술시험 223

국가유산 203

국가유산 학습 203, 206

권위 27

귀납적 발견 과정 47

규범적 근거 164

균형성 66

극화학습 194, 195, 206

극화 활동 195

긍정적 예 92

기능 22, 66

기능적 생활중심 교육과정 18

기능적 측면 236

기본교육과정 238

기본교육과정 재구성 247

기초 기능 23

깊이 있는 학습 70

ㄴ

나선형 교육과정 61, 67, 71

나선형 순환 18

나의 삶 17, 79, 215, 249

내용 선정 64, 80

내용의 지역화 73, 199

내용적 측면 236

내용 제시 88

논리 27

ㄷ

다양성 존중 31

단답형 문제 218

대안적 평가 219

대인관계 역량 16

대표 사례 91

대화 전략 153

독립적 연습 88

독창성 115

동영상 258

디지털 교과서 260

디지털 시민성 40

ㅁ

멀티미디어 259

면접법 225

문제 186

문제중심학습 188

문제해결 과정 123

문제해결력 113

문제해결학습 122, 124, 186, 187, 205

미국 사회과 교육학회 14

미디어 리터러시 교육 40

민주시민 15, 80, 181

민주시민성 181

민주적 가치 31

민주주의 17

ㅂ

반복학습 88

반성적 사고 123

반성적 탐구 이론 43, 50, 54

발견학습 188

방법으로서의 지역화 199

방법의 지역화 73

백워드 설계 250

범위 69

보편적 결과 검사 171

복습 88

본질적 이해 66

부정적 예 92

분산적 접근법 202

비결정적 속성 91

비판적 사고 기능 25

비판적 사고력 114

ㅅ

사고 과정 113

사고 기능 24

사고력 24, 111

사례기반학습 188

사실 19, 85

사실적 근거 164

사실적 지식 19

사실 주장 170

사회 214

사회과 교과 역량 78

사회과 교육 13

사회과 교육과정 62

사회과 프로젝트 학습 189

사회과학 이론 50

사회문제 15

사회 비판 이론 48, 50, 54

사회적 문제 113

사회적 상호작용 30

사회적 상황 95

사회적 책임 31

사회적 행위 114

사회참여 역량 17

사회 현상 14

삶 16

상위 일반화 22

상황모형 95, 184, 185
새로운 사례 검사 171
생태학 16
생태학적 접근 18
서답형 평가 218
서술형 문제 219
선다형 문제 217
선정 59, 60
선택의 과정 151
선택형 평가 217
성취기준 235, 236, 243
세계시민교육 266
속성 92
속성모형 92, 184, 185
수업의 재구성 245
수행과제 222
수행평가 219
수행평가의 절차 221
스트랜드 73
시각자료 257
시간과 공간적 기능 24
시민 14, 37
시민교육 13
시민성 37
시민성교육 13
시민성 전달 모형 이론 52
시민성 전달 이론 38, 54
시민의 삶 17, 79, 215, 249
시범보이기 88
신문 259
신문활용교육 259

실기법 226
실재적 개념 65, 69
심화된 이해 66
쓰기 전략 155

ㅇ

안내된 교수 88
안내된 연습 88
언어 및 관찰 기능 23
역사 28, 63
역사 일반 214
역할 교환 검사 171
연결형(매칭) 문제 217
연구보고서법 231
영속적 이해 61
완성형 문제 218
원형 93
원형모형 93, 184, 185
유연성 115
유창성 115
응답 명료화하기 153
의사결정 기능 25
의사결정력 113
의사결정학습 132
의사결정학습 모형의 단계 135
의사소통 30
인문환경과 인간생활 214
인물사 학습 201
일반사회 63
일반적 사실 170
일반화 19, 87

일반화된 지식 80

일반화 지식 21

일상생활 113

일상생활 문제 122

일상적 문제 126

일체화 243

ㅈ

자기 결정력 16, 18

자기관리 30

자기 존중 31

자연환경과 인간생활 214

자율생활 역량 16

재맥락화 241

적절성 66

전략 66

정교성 115

제시 88

조건적 사실 170

조직 60, 61

존중의 과정 151

주요 아이디어 70

주제접근법 202

중도・중복장애 학생 239

중요성 66

지도 197

지도학습 197, 198

지리 63

지리 인식 214

지속가능 63

지속가능발전교육 263

지속성 66

지식 19, 85

지식・이해 75

지역 199

지역사회 18, 28, 191, 199

지역사회모의교수 193

지역사회중심교수 191, 192, 206

지역연계학습 199, 200, 206

지역화 199

지필평가 217

직관 27

직접교수 87

진술 60, 62

진위형 문제 217

집단적 의사결정 모형 133

ㅊ

참여형 수업 251

참평가 243

창의적 사고 기능 26

창의적 사고력 114

ㅌ

타당성 66

탐구 115, 188

탐구력 112

탐구 및 문제해결 기능 25

탐구의 과정 112, 118

탐구학습 116, 188, 205

탐구학습 모형 117, 188

태도 27

테크놀로지 256
토론법 224
토론 전략 156
통합성 61
통합적 구성 72
특수한 사실 170

ㅍ
평가 88, 211
평가 대상 164
평가 용어 164
포섭 검사 171
포트폴리오법 229
프로젝트 기반 학습 40
프로젝트기반학습 188
프로젝트 학습 189, 205

ㅎ
하위 일반화 22
학급 토론 156
학습 내용 182
학습참여 기능 23
합리적 선택 114
합리적 의사결정 113, 132
합리적 의사결정 모형 133
합목적성 220
해석 및 제작 기능 23
핵심 개념 66
핵심 요소 81
행동의 과정 152
현장체험학습 196, 197, 206
환경확대법 71
활동 52
활동 이론 52, 54

저자 소개

김우리(Woori Kim)

The University of Texas at Austin 특수교육과 졸업(철학박사)
현 전남대학교 특수교육학부 교수

〈주요 저서〉
특수교육 평가: 이론과 실제(공저, 2021, 학지사)
특수교육의 이해(공저, 2019, 학지사)

이예다나(Yedana Lee)

고려대학교 특수교육과 졸업(교육학박사)
현 백석대학교 사범학부 특수교육전공 교수

〈주요 논문〉
지속가능발전교육 내용 요소 분석 연구(공동, 2024)
델파이 분석을 통한 학습지원대상 학생 조기 선별을 위한 어휘 선별 검사
　　　어플리케이션 개발 연구(2023)

특수교육 사회과 교육의 이론과 실제

Social Studies Education for Students with Special Needs:
Theory and Practice

2025년 3월 5일 1판 1쇄 인쇄
2025년 3월 10일 1판 1쇄 발행

지은이 • 김우리 · 이예다나
펴낸이 • 김진환
펴낸곳 • ㈜**학지사**
　　　　　04031 서울특별시 마포구 양화로 15길 20 마인드월드빌딩
대표전화 • 02-330-5114　　팩스 • 02-324-2345
등록번호 • 제313-2006-000265호

홈페이지 • http://www.hakjisa.co.kr
인스타그램 • https://www.instagram.com/hakjisabook

ISBN 978-89-997-3378-9 93370

정가 19,000원

출판미디어기업 학지사
간호보건의학출판 **학지사메디컬** www.hakjisamd.co.kr
심리검사연구소 **인싸이트** www.inpsyt.co.kr
학술논문서비스 **뉴논문** www.newnonmun.com
교육연수원 **카운피아** www.counpia.com
대학교재전자책플랫폼 **캠퍼스북** www.campusbook.co.kr